RDA의 이해

- AACR2에서 RDA로 -

RDA의 이해

- AACR2에서 RDA로 -

김정현 · 문지현 · 김효숙 공저

Chonnam National University PRESS

Introduction to RDA: From AACR2 To RDA

by

Jeong-Hyen Kim · Ji-Hyun Moon · Hyo-Sook Kim

국립중앙도서관 출판시도서목록(CIP)

RDA의 이해 : AACR2에서 RDA로 / 김정현, 문지현, 김효숙
공저. -- 광주 : 전남대학교출판부, 2013.
233p. ; 삽화 ; 26 cm

ISBN 978-89-6849-005-7 (93010)

024.32 - KDC5
025.32 - DDC21 CIP2013000877

머리말

미국의회도서관의 B.B. Tillett은 "만약 도서관을 계속 존속시켜야 한다면, 우리는 도서관을 이용자의 요구에 부합하는 것으로 해야 한다. 점점 더 많은 서비스가 웹에 존재하게 되고, 정보자원에 관하여 필요한 것은 모두 웹에 있다고 많은 사람이 기대하고 있다"라고 하면서 오늘날 도서관의 어려운 환경을 언급하고 있다.

도서관은 웹상에서의 존재감을 얻기 위해 큰 진전을 이루었지만, 오래된 카드목록의 전자 버전을 제공하고 있는 것에 불과한 도서관도 많다. 소장 자료를 열거하고 선형적으로 단순하게 나타내고 있는 목록 접근은 기술된 자원의 디지털 버전에 대한 링크를 포함하는 경우가 있지만, 일반적으로 다른 관계 자원이나 그것을 뛰어넘어 기계처리가 가능한 연결은 제외하고 있다. 기술사항의 단순 나열을 하고 있는 목록 방법에서 컴퓨터 시스템이 이해할 수 있는 식별 특성과 개인, 가족, 단체 및 다른 자원과 관계 표시에 의한 자원 기술로 확장할 필요가 있다. 그렇게 함으로써, 이용자는 필요한 정보를 빨리 얻기 위하여 링크된 대체 자원의 내용을 검색할 수 있다. 그것은 또한 목록 작업을 쉽게 하기 위해 더 나은 시스템에 이르게도 된다.

1990년대 이후 목록과 관련하여 이러한 문제들을 제기하면서 AACR2가 21 세기에는 더 이상 유용한 규칙이 아니라는 우려를 하기 시작했다. 이러한 위기의식을 바탕으로 JSC Joint Steering Committee for Development of RDA는 그동안 수많은 노력과 시행착오를 거듭하면서 Panizzi, Cutter, Lubetzky 등의 선각자로부터 파리원칙과 국제목록원칙규범, FRBR 및 FRAD에 이르기까지 전통을 계승하여 마침내 새로운 규칙으로 태어난 것이다.

그런데 RDA가 출간되지 마자, 일부 조항이 아직 완성도 되기 전에 JSC는 여기에 대한 개정작업을 진행하고 있다. 물론 기본 구조가 바뀌지는 않겠지만 새로운 규칙을 만들기가 쉽지는 않은가보다.

2010년 6월 AACR2의 후속규칙인 RDA Resource Description And Access가 드디어 간행되었다. FRBR 및 FRAD에 기반하여 개체-관계 개념구조를 갖고 있는 RDA의 등장은 영어권을 중심으로 목록법의 변화에 일대 전기를 가져올 것이다. 파리원칙과 ISBD에 의한 1960-70년대 즉, 카드목록이 주류인 시대에 확립된 구조를 근본적으로 재검토하게 되고 인터넷 시대에 있어 정보환경의 커다란 변화에 대응하려는 다양한 의미를 내포하고 있다. 2010년 중반부터 RDA는 과거의 목록작업 관행에 대한 대안을 제공 해왔다. 자원 식별을 위한 새로운 규칙은 오랜 국제 협력에서 태어나 디지털 환경에 적합한 상호 연결된 메타데이터를 만들어 시맨틱 웹semantic web에 적합한 것으로 조직하는 방법을 제공하게 한다.

이 저서는 크게 4개 부문의 본문과 부록으로 구성하였다. 우선 제1장에서는 파리원칙과 국제목록원칙규범, ISBD, AACR, RDA, MARC 형식 등을 중심으로 목록규칙의 발달과정을 기술하였으며, 제2장은 RDA의 발달과 이론적 배경이 되고 있는 FRBR 및 FRAD의 구조와 특성을 분석하였다. 제3장에서는 RDA 구조와 특성, 내용, 평가와 전망 등을 통해 RDA의 전반적인 구조를 파악할 수 있도록 하였다. 특히 RDA 내용에서는 가장 핵심적인 개체의 속성, 개체간의 관계, 매체 및 수록매체유형, 내용유형, 그리고 접근점의 특성과 작성지침 등을 중심으로 상술하였다. 제4장에서는 목록기술에 있어 AACR2R와 RDA의 실제적인 차이점과 RDA 수용을 위한 MARC 21의 신규 필드를 분석한 다음, 이를 바탕으로 RDA 요소와 MARC 21 형식을 적용한 서지레코드와 전거레코드의 실제적인 예시 및 여기에 대한 해설을 제시함으로써 RDA의 이해를 보다 쉽게 할 수 있도록 하였다.

이 저서는 원래 RDA의 비판적 분석을 목표로 기획하였으나 필자의 능력부족으로 RDA의 이해와 해설에 치우친 측면이 있다. 부족하지만 아직 국내에는 RDA에 대한 종합적인 연구서가 없는 점에 위안을 삼으면서 RDA 연구자는 물론 도서관현장의 실무자들도 현장에서 새로운 규칙인 RDA를 곧바로 이해하고 적용할 수 있도록 다양한 예시와 함께 자세하게 설명하였다. 그러나 막상 원고가 완성되고 보니 여전히 부족함과 함께 두려움이 앞선다. 미진한 부분은 앞으로 계속해서 보완할 것을 약속드리며, 독자 여러분의 아낌없는 질정과 지도편달을 기대해 본다. 끝으로 편집에 애써주신 전남대학교출판부 관계자 모두에게 진심으로 감사드린다.

2013년 2월 저자

목차

제1장 목록규칙의 발달 _13

제2장 RDA의 이론적 배경 _31

표목차

그림목차

제1장 목록규칙의 발달

제1장 목록규칙의 발달

1.1 파리원칙 이전

인류는 오래 전부터 인간의 사상을 표현한 문헌을 수집하고 그것을 대상으로 서지정보를 기술하여왔다. 이러한 서지기술의 일들이 바로 목록이다.

목록의 기원은 정확하게 알 수 없지만 기원전 고대 목록을 대표하는 Ashurbanipal 도서관 및 Alexandria 도서관[1]까지 거슬러 올라간다. 그러나 이 당시의 목록은 문헌을 검색하기 위한 수단이라기보다는 단순한 증거기록을 위한 수단 즉, 재산목록의 수단으로 단순히 서지정보를 기술한 것이며, 오늘날의 목록개념과는 다소 차이가 있다. 그 후 1565년 Gesner에 의한 현대적 목록개념인 *Bibliotheca Universalis*의 출현과 1841년 Panizzi에 의한 대영박물관 목록규칙의 등장은 검색수단으로써 근대적 의미의 도서관목록을 발전시키는 계기가 되었다.

그후 오늘날의 목록법이 확립되기까지 많은 노력과 시행착오를 거듭하며 발전하여 왔다. 특히 RDA의 근간이 되고 있는 FRBR의 저작개념과 이용자 과업(user task)의 연원을 추적하면서 파리원칙(Paris Principles) 이전의 대표적인 목록이론이라고 할 수 있는 Panizzi의 대영박물관 목록규칙, Cutter의 사전체목록규칙, 그리고 Lubetzky의 목록사상 등을 중심으로 살펴보기로 한다.

1.1.1 Panizzi의 대영박물관 목록규칙

Panizzi 규칙의 정식 명칭은 *Rules for the Compilation of the Catalogue of Printed Books in the British Museum*이다. 명칭에서와 같이 이 규칙은 대영박물관을 위해 제정된 것이며, 저자기본저록의 원칙을 수립하였다. 이것은 당시 영국내의 Bodleian 도서관이나 Cambridge 대학도서관 등의 목록편찬, 그리고 서구제국과 미국의 목록규칙 발전에도 큰 영향을 미쳤다.

Panizzi 규칙은 당시로서는 매우 포괄적이고 체계적인 규칙이었으며, 근대 이후 목록법

---

1 BC 3세기 중반 Callimachcus가 Alexandria 도서관의 장서에 기초하여 Pinakes 목록을 편찬함.

의 표준화를 제시한 최초의 목록법이란 점에서 그 중요성을 높이 평가받고 있다. 오늘날 Panizzi에 대한 여러 가지 평가가 있겠지만 특히 '이용자 요구'와 '저작'이라는 아이디어는 그가 남긴 중요한 유산이라고 하겠다. 여기에 대한 Panizzi의 글을 일부 인용하면 아래와 같다.[2]

> "… 독자는 자기가 필요로 하는 저작을 알고 있을 수도 있을 것이다. 그러나 그가 서로 다른 판들의 모든 특성을 알 것으로 기대할 수 없을 것이며, 그는 바로 이 정보를 목록으로부터 기대할 권리를 가지고 있을 것이다 … "

또한 Freedman은 Panizzi의 91개 규칙을 분석하여 비록 성문화되어 있지는 않지만 목록의 목적에 대한 Panizzi 사상의 핵심을 다음과 같이 요약하고 있다.[3]

① 이용자가 특정 저자의 모든 저작을 알 수 있도록 저자의 저작을 연관시켜주기 위해

② 해당 저작의 다른 판과 번역서 등을 서로 혼동하지 않도록 특정 판과 번역서 등을 식별하고 구별하기 위해

③ 해당 출판물을 찾는 이용자가 단지 그것만을 찾지는 않겠지만 표현된 저작의 모든 판 등은 물론 관련 저작들을 보여줄 수 있도록 저작의 모든 판 등을 모으기 위해

이를 분석해 보면 ①은 동일저작의 집중성에 해당하며, ②는 자료의 식별기능, ③은 관련 저작의 검색기능을 표현한 것으로 볼 수 있다.

이와 같이 독자의 실제적인 요구를 배려하는 적절한 목록은 독자가 찾고 있는 특정한 저작이 도서관에 있는지의 여부뿐만 아니라 도서관이 그 저작의 다른 어떤 판들과 그 저작과 관련된 다른 어떤 저작들을 가지고 있는지를 밝혀주도록 설계되어야 한다. 그것이 바로 Panizzi의 규칙이 목표로 하였던 것이다. 이러한 목록의 기능은 향후 목록법의 기본사상으로 정착되어 감을 볼 수 있으며, 오늘날까지 거의 변화되지 않고 계속되고 있음을 알 수 있다.

---

2 William Denton. "FRBR and the History of Cataloging," In: *Understanding FRBR: What It Is and How It Will Affect Our Retrieval Tools* / ed. by Arlene G. Taylor(Westport, Conn. : Libraries Unlimited, 2007), p.74.

3 Maurice Freedman. *The Functions of the Catalog and the Main Entry as Found in the Work of Panizzi, Jewett, Cutter, and Lubetzky*(Diss. Rutgers, The State University of New Jersey, 1983), p.104. 남태우, 김창하. 목록법이론(대구 : 태일사, 2007), pp.14-15에서 재인용.

1.1.2 Cutter의 사전체목록규칙

1876년 Cutter의 사전체목록규칙은 당시 미국의 유명한 공공도서관의 하나인 Boston Athenaeum 소장본의 목록을 만들면서 제정된 것이다. 이 규칙은 19세기에 제정된 가장 포괄적인 목록규칙으로서 당시 편목기법의 전형이었다. Cutter는 사전체목록규칙에서 목록의 목적을 저자, 표제, 주제로 자료를 찾을 수 있게 하고, 도서관이 소장하고 있는 특정 자료의 저자, 주제, 문헌의 유형을 알 수 있게 하며, 서지적 특징과 주제적 특징을 나타내어 읽을 자료를 선택할 수 있도록 하는 세 가지를 언급하면서 이를 실현하기 위한 목록작업의 원칙을 체계화하여 나타내었다.

당시 목록 배열방법의 흐름을 조명해보면 19세기 초에는 다양한 주제배열과 함께 색인을 함께 사용하는 분류순 저자목록과 알파벳순 저자목록 모두가 출현했다. Panizzi는 저자목록이 가장 유용성 있고 합리적인 형식이라고 주장했다. 그런데 Cutter의 사전체목록규칙은 저자명, 서명, 주제명을 알파벳순으로 배열함으로써 표목에 의한 검색 접근점을 다양화하여 검색의 효율성을 극대화한 규칙이다. 여기에 대해 P.S Dunkin은 Cutter의 목록법 정신이 경험주의에 입각한 그의 연구에서 비롯된 것임을 밝히고 있다. 또한 1904년 사전체목록규칙 제4판의 서문에서도 "목록법은 기술이지 과학이 아니다. 어떠한 규칙도 경험과 현명한 판단을 대신할 수는 없다"라고 하면서 경험의 결과를 규칙으로 성문화함으로써 규칙의 실용성을 추구하였다. 이러한 실용주의적 접근은 Cutter의 이용자 편의성과 습관 중시의 원칙이며, 이것이 그의 목록법에 대한 기본사상이기도 하다.[4]

한편 Denton은 FRBR의 이용자 과업이 Cutter의 목적들에서 유래되었다고 밝히고 있다.[5] 물론 FRBR에는 어디에도 Cutter에 대한 언급이 나타나 있지 않다. 그렇지만 예를 들면, '특정 개인이나 단체가 책임을 가지고 있는 저작들을 구체화해주는 모든 구현형들을 검색하기 위해서'와 '구현형에 구체화 되어 있는 저작들에 책임을 가지고 있는 개인 및 단체의 이름이 알려져 있을 때 특정 구현형을 검색하기 위해서' 등은 Cutter의 목적과 유사한 부분이다. 실제로는 FRBR에서 가능한 과업들의 전체 세트는 Cutter가 명시한 것보다 더 포괄적이며 이용자들에 훨씬 더 많은 것을 허용해 준다. FRBR의 이용자 과업들은 Cutter와 현재 사이의 도서관 변화를 반영하고 있는 것이다.

4 남태우, 김창하. 전게서, p.214.

5 William Denton. *ibid.*, pp.81-82.

1.1.3 Lubetzky의 목록이론

20세기 기술목록의 위대한 이론가인 Lubetzky는 당시의 복잡한 편목규칙들을 단순화하고 기본적인 원칙을 공고히 하기 위한 작업을 하였다. 이러한 작업의 결과 Lubetzky는 1953년 Cataloging Rules and Principles을 발간하였으며, 이는 1961년 파리에서 개최된 국제목록원칙회의(ICCP: International Conference on Cataloguing Principle)에서 통과된 파리원칙(Paris principles)의 핵심이 되었다. 그리고 그는 1967년 발간된 영미목록규칙(AACR)의 초안을 작성하기도 하였다.

Lubetzky는 1936년 발표된 Pettee의 논문[6]에서 '저작'의 개념에 대한 영향을 받았다. 물론 Pettee는 Panizzi와 Cutter뿐만 아니라 1674년의 Bodleian Library의 T. Hyde까지 거슬러 올라가 편목의 역사를 조사하여 어렴풋이 윤곽이 제시되어 있던 저작의 개념을 밝혀냈다. Lubetzky는 이를 토대로 '저작'이라는 개념의 완전한 개발을 시작하였으며, **Cataloging Rules and Principles**에서 다음과 같이 언급하였다.[7]

> "… 목록의 목적 즉, 특정 저작의 모든 저작들을 보여주고 모든 판과 번역본을 함께 모으는 것에 대한 필요성은 어떤 저작의 저작들이 저자명의 변경이나 번역, 번자, 심지어는 오식의 결과로 서로 다른 이름아래 발행될 수도 있고, 어떤 저작의 판이 비슷한 이유 때문에 서로 다른 표제아래 발행될 수도 있다 …"

이것은 FRBR에서 저작, 표현형, 구현형에 관한 언급과 거의 일치한다. Lubetzky는 파리원칙의 작성과 AACR 초안 작성에 이르기까지 계속적으로 이러한 '저작'의 사고방식을 주창하였다.

1.2 파리원칙과 국제목록원칙규범

국제수준에서 서지정보의 유통과 교환을 위한 원칙이 1961년 10월 파리에서 개최된 국제목록원칙회의에서 승인되었으며, 이것이 오늘날 파리원칙으로 알려져 있다.[8] 그 후 IFLA

---

6 Julia Pettee. "The Development of Authorship Entry and the Formulation of Authorship Rules as Found in the Anglo-American Code," *The Library Quarterly*, Vol.6, No.3(July 1936), pp.270-290.

7 William Denton. *ibid.*, p.95.

8 *Statement of Principles Adopted by The International Conference on Cataloguing Principles,*

에서는 이용자의 편의와 온라인 목록 환경 및 미래의 시스템을 설계하는데 초점을 두고 2003년 독일의 프랑크푸르트에서 개최된 제1회 국제목록전문가회의(IFLA Meetings of Experts on an International Cataloguing Code: IME ICC)에서 새로운 국제목록원칙(안)을 발표하였다. 이듬해부터 대륙을 순회하며 각국의 목록전문가 의견을 수렴하여 2009년 2월 최종적으로 국제목록원칙규범(Statement of International Cataloguing Principles)을 확정하였다.[9]

1.2.1 파리원칙

IFLA가 주최한 국제목록원칙회의에서 목록에 관한 주요 원칙이 합의됨에 따라 붙여진 이름이 파리원칙이다. 회의 결과 모두 9개의 결의안이 채택되었으며, 첫 번째 결의안에 저록작성원칙규범(Statement of principles)이 포함되어 있다(부록에 한국어 번역 전문을 수록함). 또한 이 결의안에서는 원칙규범을 도서관, 출판사, 서점 및 각국의 책임있는 기관에 가능한 한 널리 알릴 것, 각국에서 목록규칙의 제정 및 개정과 적용을 진행할 것, 국가서지 편찬에 반영할 것을 요구하였다.

이와 같이 원칙규범은 각국의 목록규칙 제정이나 개정을 위한 규범으로 국제적인 합의를 보았다는데 의의가 있으며, 다음과 같이 12개 조항으로 되어 있다.

1. 원칙규범의 범위
2. 목록의 기능
3. 목록의 구조
4. 저록의 종류
5. 복수저록의 사용
6. 저록의 유형별 기능
7. 통일표목의 선정
8. 개인저자
9. 단체아래 저록
10. 복수의 저자
11. 표제아래 저록이 작성되는 저작
12. 개인명에서의 올림말(entry word)

위에서 보는 바와 같이 원칙규범 3항부터 12항까지 목록의 목적과 기능을 효과적으로 달성하기 위해 필요한 저록의 종류와 형식에 대해 언급하고 있다. 특히 제2조 목록의 기능

Paris, October 1961 〈http://www.nl.go.kr/icc/paper/20.pdf〉 [cited 2012. 12. 10].
저록작성원칙규범 : 국제목록원칙회의 채택, 1961. 10 파리, 해설판 / 해설과 예시: 에바 베로나 ; 번역: 김태수, 이재선(서울 : 문헌정보처리연구회, 2005).

9 IFLA. *Statement of International Cataloguing Principles,* 2009 〈http://www.ifla.org/publications/statement-of-international-cataloguing-principles〉 [cited 2012. 12. 10].

에서는 목록의 검색기능을 우선적으로 명시함으로써 서지단위를 중시하는 것으로 추정할 수 있으나 원칙규범 전반적으로는 저작단위를 우선시하였다고 볼 수 있다. 즉, 2.1항이 단일 개별자료가 중요하다는 것을 고려한 것이며, 2.2항은 저작단위의 중요성을 고려한 것이다.[10]

2. 목록의 기능

목록은 다음을 확인하기 위한 효과적인 도구이어야 한다.

2.1 특정 문헌의 소장 여부를 확인하는 것이다.

(a) 그 문헌의 저자와 표제로

(b) 저자가 해당 문헌에 기재되어 있지 않은 경우, 그 표제만으로

(c) 저자와 표제가 식별상 부적절하거나 불충분한 경우, 표제를 대체하는 적절한 대체 수단으로

2.2 (a) 특정 저자의 어떤 저작을 소장하고 있는가?

(b) 특정 저작의 어떤 판을 소장하고 있는가?

한편 1967년 영미목록규칙(AACR)은 이와 같은 목록원칙규범을 수용하여 작성되었다. 그런데 이 원칙가운데 저자 및 서명저록의 표목에 관한 원칙이 각국의 적용 단계에서 해석상 많은 차이가 발생하여 그 적용을 논의하기 위해 1969년 국제목록전문가회의가 코펜하겐에서 개최되었다. 이후 IFLA를 중심으로 목록원칙의 적용에 대한 후속 연구들이 계속 이어졌다.

1.2.2 국제목록원칙규범

1) 국제목록원칙규범의 제정경위

이 규범은 50년 전인 1961년에 제정되어 목록작성에 관한 국제표준개발의 출발점이 됨으로써 그 당시 AACR의 기본이 되었던 파리원칙을 대체하여 국제적으로 합의된 목록원칙이다. 카드목록 시대에 만들어진 원리를 대신하여 오늘날 21세기 초두의 인터넷 환경에 대응하는 새로운 원리를 세계 도서관계에 제시한 것이다.

국제목록원칙규범은 파리원칙이 시대변화와 정보기술의 발전에 따라 수정되어야 한다

10 이재선. "새로운 목록 원칙과 규칙 : ICP, ISBD, RDA를 중심으로," 한국비블리아학회발표논집, 제21집(2009), pp.120-121.

는 IFLA 목록분과위원이었던 러시아 국립도서관의 Natalia Kasparova의 제안으로 시작되었다. 이 제안에 따라 <표 1-1>과 같이 2003년부터 2007년까지 5년에 걸쳐 각각 문화, 언어, 역사가 크게 다른 대륙별로 IME ICC가 개최되었다. 파리원칙의 개발에 참여한 사람은 주로 구미 도서관 관계자에 국한되어 1961년 단 한 차례의 국제회의를 통해 주된 결정이 내려졌다. 반면에 국제목록원칙 개발에 있어서는 서양 도서관 관계자가 주도했다는 점에서는 변화가 없지만, 한국을 포함한 세계 각국의 도서관 관계자들이 충분한 시간을 갖고 함께 검토했다는 점이 다르다고 하겠다.

또한 검토가 시작된 2003년 회의에서 이미 규범 초안이 작성되어 있었지만, 그것이 매년 회의에서 가필이 반복되어졌다. 예를 들면, 2003년 초안에 있던 '표목(heading)'이라는 용어는 2004년 부에노스아이레스 회의의 결의에 따라 '접근점(access point)'에 대한 참조 언어로 격하되고, 2008년 작성된 규범의 마지막 초안 단계에서는 본문과 용어집에서 '표목'이라는 용어는 일절 사용하지 않고, '제어형 접근점(controlled access point)'으로 대체하게 된다. 이와 같이 카드목록 시대의 중요한 용어를 새로운 시대의 것으로 교체하는데 무려 5년의 세월이 걸렸다. 이와 같이 국제목록원칙은 원칙에 대한 합의 과정을 매우 중요시하였다.

현재 영어 원문과 함께 한국어 번역을 포함한 23개국 언어의 번역문을 IFLA 목록분과의 웹사이트[11]에서 볼 수 있으며, 부록에 전문(한국어 번역)을 수록하였다.

<표 1-1> 국제목록전문가회의의 개최 현황

회차	개최연도	개최지	대상지역	참가자
제1회	2003	프랑크푸르트(독일)	유럽 및 북미	32개국 54명
제2회	2004	부에노스아이레스(아르헨티나)	중남미	14개국 31명
제3회	2005	카이로(이집트)	중동	13개국 53명
제4회	2006	서울(대한민국)	아시아	12개국 44명
제5회	2007	더반(남아프리카공화국)	아프리카	10개국 28명

2) 국제목록원칙규범의 적용범위

파리원칙과 국제목록원칙규범의 내용에 있어 큰 차이점은 원칙 적용의 범위이다. 파리원

11 IFLA. *Statement of International Cataloguing Principles,* 2009 <http://www.ifla.org/publications/statement-of-international-cataloguing-principles> [cited 2012. 12. 10].

칙에서는 ① 도서관, 특히 대규모 종합 도서관의 장서를 열거 한 알파벳순 저자서명목록이 대상이며, ② 목록에 수록되는 자료는 인쇄된 도서(인쇄도서와 성격이 유사한 기타 도서관자료)만을 상정하고, ③ 게다가 목록데이터 전체가 아니라 기입의 배열 순서를 결정하는 요소로 표목과 올림말의 선정 및 형식에만 적용되는 원칙이었다. 따라서 기술 데이터의 표준화는 1969년부터 검토가 시작되어 1970년대 이후 자료종별마다 순차적으로 책정되어가는 *ISBD(International Standard for Bibliographic Description)*를 기다릴 수밖에 없었다.

반면 국제목록원칙규범은 ① 도서관계의 온라인 목록 및 그 이상의 것을 대상으로 하며, ② 모든 자료유형(텍스트자료에 한정하지 않음)을 상정하고, ③ 표목에 한정하지 않고, 기술도 포함한 목록 전체, 나아가 전거데이터를 포함한 원칙으로 "모든 유형의 서지자원에 대한 기술목록법과 주제목록법에 대해 일관되게 접근하는 것을 목표로 할 것"[12]을 나타내고 있다.

한편 파리원칙과 국제목록원칙규범은 모두 목록의 목적 및 기능을 규정하고 있지만, 국제목록원칙규범은 목록규칙 제정을 위한 기본원리가 되는 원칙을 '일반 원칙'(general principles)이라는 이름으로 규정한 점이 파리원칙과 크게 다른 점이다. 그 중에서도 최고의 원칙을 '이용자의 편의성'에 두고, '관용법'이나 데이터 요소의 '중요성', 목표 달성에 사용하는 방법의 '경제성', '일관성과 표준화' 등 9가지 원칙을 제시하고, "목록규칙의 각 규정은 정당성을 가져야 하며, 자의적으로 해석되어서는 안된다"고 천명하고 있다.[13]

3) 국제목록원칙규범의 용어와 개념모형

'원칙'(principles)이란 구체적인 기록방법을 결정하는 목록규칙과 달리 그 규정은 추상적이다. 국제목록원칙규범은 파리원칙에 비해 언급된 내용이 더 추상적이다. 그 첫 번째 이유는 인쇄도서에 한정하지 않고, 대상 자료의 종류를 다양함으로써 목록 매체가 카드목록에서 온라인 목록으로 이동한데 기인하고 있다. 예를 들어, 저자(author)라는 용어대신에 텍스트이외의 다양한 자료를 취급하기 위해 창작자(creator)로 변경되었으며, 도서(book)는 서지자원(bibliographic resource)으로, 서지단위(bibliographic unit)는 구현

12 IFLA. *Statement of International Cataloguing Principles,* 2009, p.2. 〈http://www.ifla.org/files/assets/cataloguing/icp/icp_2009-en.pdf〉 [cited 2012. 12. 10].

13 이러한 일반원칙은 아래의 문헌을 근거로 작성되었다.
Elaine Svenonius. *The Intellectual Foundation of Information Organization*(Cambridge, Mass. : MIT Press, 2000), pp.65-85.

형(manifestation)으로 변경되었다. 기본기입(main entries)이나 부출기입(added entries), 목록카드(catalog card)는 서지레코드(bibliographic records)나 전거레코드(authority records)로, 통일표목(uniform heading)은 전거형 접근점(authorized access point)이나 제어형 접근점(controlled access point)으로, 참조(reference)는 이형의 이름(variant form of name)으로 각각 변경되었다.

추상성을 높인 또 다른 이유는 국제목록원칙규범의 배후에 개체-관계(entity- relationship)의 개념모형이 존재하는데 있다. 파리원칙에는 명문화된 개념모형이 없지만, Cutter의 목록기능론, 저자원칙에 근거한 기본기입방식, 단체저자의 개념, 저작과 도서의 대비(문헌단위와 서지단위의 대비)라는 목록이론에 기반하고 있다. 반면에 국제목록원칙규범은 서론에서 파리원칙 시대의 이러한 목록이론을 '세계의 위대한 목록법의 전통'[14]으로 그 계승을 강조하고 있지만, 여기에 더해 국제목록원칙규범에는 개념모형인 FRBR (Functional Requirements for Bibliographic Records: 서지레코드의 기능요건)이 존재한다. 국제목록원칙규범은 이 FRBR과 함께 FRAD(전거데이터의 기능 요건)에 나타난 개념모형을 전제로 작성되어 있다.

1.3 ISBD, AACR, RDA

1.3.1 ISBD

1) ISBD의 발달과정

ISBD는 1969년 코펜하겐에서 개최된 국제목록전문가회의의 결과로 시작되었으며, 서지기술의 내용과 형식에 대한 국제표준이다.[15] 즉, ISBD는 각국의 국가서지 및 목록작성기관에 대하여 권고하는 규정으로 1961년 파리원칙의 최종 산물이라고 볼 수 있다. ISBD는

---

14 IFLA. *op. cit.*, p.1(여기서 '세계의 위대한 목록법의 전통'에 대한 계승은 아래의 Cutter, Ranganathan, Lubetzky의 문헌을 인용하고 있다).
Charles Ammi Cutter. *Rules for Dictionary Catalog*, 4th ed.(Washington, D.C. : Government Printing Office, 1904).
S.R. Ranganathan. *Heading and Canons*(Madras : S. Viswanathan, 1955).
Seymour Lubetzky. *Principles of Cataloging. Final Report. Phase I: Descriptive Cataloging*(Los Angeles, Calif. : University of California, Institute of Library Research, 1969).

15 "Report of the International Meeting of Cataloging Experts, Copenhagen," *Libri*, Vol.20, No.1 (1970), pp.115-116.

세계서지제어의 증진을 위해 기본적인 표준으로서의 역할 즉, 전 세계적으로 즉시에 이용할 수 있고, 국제적으로 수용할 수 있는 형식으로 모든 국가에서 발행되는 모든 자원에 대한 기본적인 서지 데이터를 작성하려는 목적을 지니고 있다. 처음부터 ISBD의 주된 목적은 서지자원을 공유할 때 일관성을 제공하는 것이었다.[16]

1974년 단행본용 ISBD(M)이 처음으로 제정되었으며, 1977년에는 일반공통용 ISBD(G)가 제정되어 ISBD(M)이 개정됨은 물론, 이후 모든 매체들의 ISBD에 기본규칙이 되었다. 1978년 AACR2는 이것을 바탕으로 만들어 졌으며, 1983년 KCR3도 ISBD(M)을 적용하여 제정되었다. 2011년에는 각 매체별로 제정된 ISBD를 하나의 통합된 형태로 제정하기 위한 통합판이 발행되었다.

ISBD가 제정된 이후 대부분의 나라에서는 당시의 ISBD를 바탕으로 해당 목록규칙을 정비하였으며, 이러한 목록규칙을 근간으로 MARC를 제정하게 되어 세계서지제어에 결정적인 역할을 했다고 볼 수 있다. 즉, AACR2도 ISBD를 기반으로 제정되었으며, 그 후속판이라고 할 수 있는 RDA도 ISBD와의 상호 운용성을 고려하여 규칙을 제정하였다. 한국목록규칙도 제3판 이후의 규칙은 ISBD를 수용하고 있다. 이와 같이 ISBD는 국제목록원칙에서 서지기술의 표준으로 제시되었으며, 각국의 목록규칙에도 직접적인 영향을 미치는 중요한 표준이다.

2) ISBD의 기능

모든 ISBD의 주요한 목적은 국가서지기관들과 세계의 모든 도서관 및 정보 커뮤니티 간에 서지레코드의 국제적인 교환을 돕기 위하여 세계적으로 호환성 있는 기술목록의 규정을 제공하기 위한 것이다. 즉, 서지기술을 구성하고 있는 요소들을 명시하고, 이들 요소들이 표시되어져야 할 순서와 이들 요소를 구별해 주는 구두점을 규정함으로써 ISBD는 다음과 같은 목적을 달성하는데 주안점을 두고 있다.[17]

① 서로 다른 정보원으로부터의 레코드들을 상호 교환할 수 있도록 해 줌으로써, 어느 한 국가에서 생산되는 레코드가 다른 나라의 도서관 목록 또는 다른 서지리스트에 쉽게 수용될 수 있도록 한다.

② 언어의 장벽을 넘어 레코드의 해독을 도움으로써, 어느 한 언어의 이용자들을 위해

---

16 ISBD Review Group. *ISBD : International Standard Bibliographic Description*, Consolidated edition(Berlin : De Gruyter Saur, 2011), p.xi.

17 *Ibid.*, p.1.

생산되는 레코드들이 다른 언어의 사용자들에 의해 해석될 수 있도록 한다.

③ 서지레코드들을 전자형태로 변환하는데 도움을 준다.

④ 시멘틱 웹 환경에서 서지데이터의 이동 가능성과 다른 콘텐트 표준과 ISBD의 정보처리 상호 운용성을 고양시킬 수 있도록 한다.

한편 ISBD의 기능은 시각적 디스플레이만은 아니며 요소를 표현하는 형식도 아니다. ISBD는 구두점 규정 이상의 내용을 갖는다. 즉, 데이터 분석을 위한 지침으로 목록자가 데이터를 검색하고 인식하도록 하고, 특정 맥락 내에서 각 데이터 요소의 기능을 정의하고, 기술 영역 내에서 데이터 요소 기술을 위한 알맞은 위치를 정하기 위해 목록자에게 규칙을 제공한다. 가장 중요한 기능은 데이터 요소간의 문법적 관계를 제시하고, 특정하고 의미있는 순서를 제시하여 데이터요소 간의 논리적 위치를 명확히 하는 것이다. 이 기능은 언어적 장벽을 벗어나 데이터 요소의 실재 의미를 이해하도록 한다.[18]

예를 들어 1950년대 작성된 서지기입을 고려할 때 구두점이 표준화되어 있지 않으면 이러한 데이터 요소의 논리적 기능과 관계를 완전히 이해할 수 없다. ISBD 구두점은 데이터 요소를 구분할 뿐만 아니라 논리적 순서를 정의하여 이용자가 구문적 기능과 문법적 가치를 이해할 수 있도록 하며, 나아가 각 데이터영역 내에서도 가능한 한 문법적 구조를 지니고 있어 서지기입을 데이터보다 텍스트로 이해하기 쉽게 되어 있다. 또한 오래된 목록에서 새로운 OPAC으로 서지레코드를 변환할 때 대부분의 경우 과거의 저록을 새로운 ISBD 스키마로 복사하는 것이 거의 불가능하다. 만일 이 서지데이터가 ISBD의 데이터 표현 순서를 적용했다면 이 작업은 훨씬 용이했을 것이다. 이와 같이 ISBD는 목록에 있어 많은 기능과 역할을 하고 있음을 알 수 있다.

3) ISBD 통합판의 특징

ISBD 통합판의 가장 큰 특징은 표제와 책임표시영역(제1영역)에서 GMD를 제거하고, 자원의 유형을 기술하기 위한 방안으로 내용형식, 내용한정어, 매체유형을 기술하는 '내용형식과 매체유형 영역(제0영역)'을 새로 설정한 것이다. 뿐만 아니라 FRBR에 부합할 수 있도록 일부 용어를 변경하고 데이터요소별 기술사항별로 필수여부를 표시하였으며, 이외에도 다음과 같은 중요한 특성을 갖는다.[19]

18 C. Bianchini & M. Guerrini. "From Bibliographic Models to Cataloging Rules: Remarks on FRBR, ICP, ISBD, and RDA and the Relationships Between Them," *Cataloging & Classification Quarterly*, Vol.47, No.2(2009), pp.113-114.

① 텍스트 내에서 중복내용을 제거하고, 통일성을 이루었다.
② 필수, 선택, 조건 대신 필수일 경우만 필수로 표시하였다.
③ 기술 기반을 명시하였다.
④ 멀티파트 단행자원(multipart monographic resource)에 대해 세부 기술하였다.
⑤ 정보원은 용어와 적용의 일관성을 위해 수정되었다.
⑥ 비(非)로마자 스크립트의 요구를 반영하였다.
⑦ ISBD와 대응되지 않는 고서자원의 기술 규정을 제거하였다.
⑧ 한정어는 요소와 다르다는 것을 명시하였다.
⑨ 제5영역을 '자원기술영역(material description area)'으로 재명명하고, 인쇄자원 및 다른 자원과 일관성 있게 기술되도록 하였다.
⑩ 제6영역을 '총서 및 다권본 단행자원영역(series and multipart monographic resource area)'으로 확장하였다.
⑪ 새로운 용어 정의가 많이 추가되었다.

1.3.2 AACR

영어권에서는 파리원칙을 받아들여 다시 영국과 미국이 하나의 목록규칙을 제정하기 위한 기구를 만들었다. 하지만 여전히 실제적인 관행의 차이가 상당히 존재하였으며, 결국 1967년 영미목록규칙(Anglo-American Cataloging Rules: AACR1)은 영국판과 북미판으로 각각 발간되었다. 그런데 파리원칙에서는 '표목의 선정과 형식'에 대한 합의만 있었기 때문에 이러한 상황이 예견되었으며, 그 후 컴퓨터에 의한 서지정보의 처리를 고려하여 국제표준을 지향함으로써 ISBD가 제정되었다. 이것을 바탕으로 두 개로 나뉘어 있던 영미목록규칙이 다시 개정되어 1978년 영미목록규칙 제2판(Anglo-American Cataloging Rules: AACR2)이 발간되었다. 이는 표목과 기술의 분리, 도서이외의 자료도 대등하게 취급, 컴퓨터처리를 전제, 국제적인 서지정보의 유통을 고려하고 있는 점들이 특징이라고 하겠다.

그 후 1988년과 1998년, 2002년에 AACR2를 부분적으로 개정하였다. 그런데 이 모든 개정판에서 전자자료와 연속간행물, 계속자료에 대해 인터넷 확산과 같은 목록환경의 변화들을 반영하여 규칙변화를 시도함으로써 개정조항이 포함되었으나 기본적으로는 AACR2

19 ISBD Review Group. *op. cit.*, p.xvi.
이미화. "ISBD 통합판의 서지기술 특징 및 고려사항에 관한 연구," 한국문헌정보학회지, 제46권 제4호(2012), p.175.

와 동일한 구조를 따르고 있다.

1.3.3 RDA

JSC(Joint Steering Committee for Development of RDA)에서는 2010년 AACR을 전면 개정하여 새로운 규칙이라고 할 수 있는 RDA(Resource Description and Access)를 발간하였다.[20] 이는 전통적인 도서관목록이 아니라 웹 기반 환경에서 사용할 수 있으며, 모든 매체에 대한 서지기술과 접근점을 제공하기 위한 다국적 내용의 표준을 지향하고 있다.

RDA의 탄생 배경은 바로 FRBR의 탄생과 그 맥을 같이 한다고 할 수 있다. 따라서 RDA를 논하기 위해서는 FRBR의 탄생배경을 간과할 수 없는 바, 먼저 이를 살펴보기로 한다. FRBR의 개념 모형은 IFLA의 연구진 보고서에서 그 기원을 찾을 수 있다. 1990년대 초 IFLA 목록분과(Cataloging Section)에서는 서지레코드의 기능적 요건을 연구하기 위해 여러 국가의 대표들로 연구진을 구성하였다. 수년간의 연구 끝에 연구진은 1997년 최종보고서를 IFLA 상임 목록위원회(IFLA's Standing Committee on Cataloging)의 승인을 얻어 1998년 Functional Requirement of Bibliographic Records : Final Report로 출판하였다.

연구진에게는 두 가지 목적이 있었는데, 첫 번째 목적은 서지레코드를 이용할 이용자들의 요구를 위해 서지레코드에 기록할 데이터들 간의 관계에 대한 명확하고도 구조화 된 틀을 제공하는 것이고, 두 번째 목적은 개별국가의 국가서지기관에서 만드는 레코드에 대해 기능적인 기본수준을 권고하는 것이었다. 이 최종보고서에서 연구진들이 개발한 개체-관계 모형에 대한 이론이 등장하게 된다.[21]

이어 IFLA는 FRBR 모형을 확장하고, 전거데이터(Functional Requirements for Authority Data, FRAD)와 주제전거데이터(Functional Requirements for Subject Authority Data, FRSAD)를 포함하기 위해 새로운 연구진을 구성하였는데 이것이 The Working Group on Functional Requirements and Numbering of Authority Records (FRANAR)이다. 이 FRANAR에서 FRAD를 개발하였고, 2009년에 최종보고서가 출판되었다. 그리고 FRSAD는 지금도 개발 과정에 있다.

IFLA에서 발표한 FRBR은 AACR2의 후속 개정판을 개발하는 과정에 결정적인 영향을

20 Joint Steering Committee for Development of RDA. *RDA : Resource Description & Access* (Chicago : American Library Association, 2010).

21 IFLA Study Group on the Functional Requirements for Bibliographic Records. *Functional Requirements for Bibliographic Records: Final Report*(Munich: Saur, 1998), p.10.

미치게 되었다. 1978년 개정되어 여러 번 개정된 AACR2는 전통적인 카드목록의 잔재를 탈피할 수 없었으며, 목록규칙 대부분은 자료형태별로 목록규칙이 만들어진 것으로 규칙자체에 철학이나 이론이 결여된 부분이 많았다. 이에 1997년 토론토에서 개최된 'AACR의 원칙과 미래의 발전에 관한 국제회의'(International Conference on the Principles and Future Development of AACR)에서 많은 사람들이 AACR에 대한 문제점을 제기함에 따라 AACR 개정위원회(Joint Steering Committee for revision of AACR)는 기존의 AACR2R과는 다른 접근법으로 새로운 목록규칙을 개발하기로 하였고, 2007년까지 새로운 판인 *AACR3 : Resource Description & Access*란 서명으로 발행하기로 하였다.[22] 그러나 최근에 와서 영미목록규칙 개정 합동조정위원회와 영미목록규칙대표위원회가 AACR을 대신할 규칙으로 *Resource Description & Access*로 표현하여 공표하고 2010년 인쇄자료로 출판함에 따라 RDA가 바야흐로 국제적인 표준서지기술 규칙으로 자리매김하게 되었다.

1.4 MARC 형식

MARC란 MAchine-Readable Cataloging의 약어로서 흔히 기계가독형 목록이라고 하며, 이는 무수한 서지정보를 일관성 있게 축적하여 둠으로써 시스템간 서지정보의 공유는 물론 시스템내에서 컴퓨터에 의한 원활한 정보처리를 목적으로 사용된다.

MARC은 원래 전통적인 카드목록을 만들 때 컴퓨터의 힘을 빌어 신속하고 대량으로 업무를 처리하기 위한 취지에서 비롯되었으며, 처음부터 새로운 규칙을 제정하려는 것은 아니었다. 따라서 MARC을 설계할 때 기존의 목록형태를 그대로 적용하였으며, 컴퓨터가 인식할 수 있도록 서지기술의 각 요소들을 하나하나 목록의 규칙대로 코드화 시켰다. 오늘날 온라인 목록의 관점에서 보면 구조적으로 불합리한 점도 많아 보이지만 의도했던 원래의 목적은 충분히 달성했다고 볼 수 있다.

오늘날 모든 도서관에서 MARC을 이용한 자료처리가 일반화되어 있지만 미국 의회도서관에서 처음 도서관의 전통적인 검색수단인 목록을 컴퓨터로 처리하려는 시도를 할 때만 해도 크게 주목되지 않았다. 그렇지만 미국 의회도서관에서 1950년대 초부터 자신의 도서관업무를 자동화하기 위한 위원회를 구성하고 업무개발을 위한 타당성을 검토하기 시작하였으며, 길버트 킹(G.M. King)을 중심으로 구성된 조사반의 권고에 따라 1960년 초부터

22 Joint Steering Committee for Revision of AACR. *2004 Annual Report*, 5JSC/Annual report/2004, 30 March 2005, p.3 〈http://www.rda-jsc.org/docs/annrep04.pdf〉 [cited 2012. 12. 10].

가능성 검토와 함께 개발계획을 수립한 후, 1965년 MARC Ⅰ을 완성하게 되었다. 돌이켜 보면 이는 전세계 도서관계에 혁명적인 변화의 서곡이라고 해도 과언이 아니다. 그후 이를 수정 보완하여 1968년 MARC Ⅱ가 제정되었는데 이는 미국의 국가적인 표준인 USMARC Format for Bibliographic Data뿐만 아니라 세계 각국의 MARC개발의 기초가 되었다. 즉, 캐나다의 CANMARC, 호주의 Australian MARC, 영국의 UK MARC, 독일의 MAB, 중국의 Chinese MARC, 일본의 JapanMARC 및 우리나라의 KORMARC 등이 개발되고, MARC 레코드의 국제적인 교환을 위하여 국제도서관협회연맹은 UNIMARC을 제정하게 되었다.

최근 인터넷의 확산과 더불어 네트워크자원의 서지기술에 대한 다양한 요구를 수용하기 위해 미국 의회도서관과 캐나다 국립도서관은 1999년 공동으로 USMARC을 개정하여 오늘날의 MARC 21을 제정하게 되었다. MARC 21은 단행본, 문서 및 사본자료, 전자자료, 지도, 악보, 시각자료, 계속자료 등에 관한 서지적인 정보를 종합적으로 표현할 수 있도록 설계되어 있다. MARC 21은 1999년판이 발간된 후 2012년 10월 현재 15차례의 개정 작업이 이루어졌으며, 여기에는 'RDA in MARC' 등을 비롯하여 최근 발간된 RDA의 내용을 수용할 수 있는 내용도 포함되어 있다.[23]

한편 KORMARC(한국문헌자동화목록법)은 표준포맷의 기본구조는 ISO 2709를 따르고 있으며, MARC 21과 공통적으로 호환될 수 있는 구조로 레코드가 설계되어 있다. 1980년 KORMARC 단행본 실험용포맷을 개발한 이래 많은 변화와 발전을 거듭하여 2005년 KORMARC 형식 통합서지용이 KS로 제정되었다. 앞서 언급한 바와 같이 MARC 21은 이미 RDA의 제정과 함께 변화된 내용을 반영하여 수정하였다. 국립중앙도서관에서도 이러한 변화에 대처하고자 MARC 21 Update no.13(2011)을 기초로 개정안을 마련하고 개정작업을 진행하고 있다.[24] 그런데 RDA와 MARC 21의 관계에서와 같이 목록규칙을 먼저 정비한 다음 이를 반영하여 MARC 21에 구조화 것과 마찬가지로, 한국목록규칙 제4판을 정비한 다음 이를 수용하여 KORMARC 형식에 반영하는 수순이 바람직하다고 생각된다. 그렇지 않으면 이미 지난날 경험한 바와 같이 목록 레코드 작성을 위한 기본적인 규칙이 또 다시

---

23 Library of Congress. *MARC 21 Format for Bibliographic Data: 1999 Edition Update No.1 (October 2001) through Update No.15(September 2012).* 〈http://www.loc.gov/marc/bibliographic/ecbdhome.html〉 [cited 2012. 12.10].

24 국립중앙도서관. "한국문헌자동화목록형식(KORMARC)-통합서지용 개정(안) 소개 및 의견수렴," 전국도서관대회 워크숍, 제49회(2012. 10), p.5.

이원화되기 쉽다. 이를 방지하기 위해서는 한국도서관협회의 한국목록규칙 제4판과 국립중앙도서관의 KORMARC 형식 통합서지용에 대한 개정 작업을 동시에 진행해야 할 것이라 생각된다.

제 2 장
RDA의 이론적 배경

제2장 RDA의 이론적 배경

2.1 RDA의 발달과 이론적 배경

2.1.1 RDA의 발달

AACR2가 RDA로 개정된 배경은 무엇보다 전자자료와 네트워크 정보자원에 대응하기 위해서였다. 즉, "AACR2가 너무 복잡하고 구시대적인 카드목록의 개념에 너무 의존하고 있어 새로운 형태의 전자자료에 적용하는 것은 매우 곤란하다"는 비판이 제기되었기 때문이다.

2002년 9월 AACR2R 2002개정판 간행 후 JSC는 AACR2를 부분적 수정으로 한정하고,[25] 2003년 10월 AACR3으로 개정할 것을 표명하였다. 그때 개정방침으로 ① 1997년 IFLA에서 제정한 FRBR의 정의와 용어를 도입하고, ② 전거제어에 관한 규칙(Part 3)의 신설 등이 거론되었다. 2004년 12월에는 AACR3 제1부(기술부) 초안을 JSC구성단체에 제시하기에 이르렀다. 그러나 많은 사람들의 비판을 수용하기 위해 2005년 4월 개정방침을 다시 검토하게 되었다. 그리고 전자자료와 디지털환경의 변화에 대응하기 위해 AACR3에서 RDA라는 새로운 방식을 취하기로 결정하였다. 'Cataloging'이라는 단어를 포함하지 않고 'RDA'(원래는 AACR3의 부제였음)라고 명하게 된 것은 이때 부터였다.[26]

2.1.2 RDA의 제정 취지

RDA는 구체적으로 어디에 주안점을 두고 책정된 것일까? RDA 제정의 취지서(prospectus)[27]에 따르면 RDA 설계의 중요한 요점은 IFLA에서 제안한 '서지 및 전거데이터의

---

25 AACR2R 2002 개정판에서는 제3장(지도자료), 제9장(전자자료), 제12장(계속자료)의 개정이 이루어졌다. 이후 2005년까지 수정사항이 제출되었다.

26 Deirdre Kiorgaard. 2005 Annual Report, 5JSC/Annual report/2005, 4 April 2006, p.3 〈http://www.rda-jsc.org/docs/annrep05.pdf〉 [cited 2012. 12. 10].

27 Alan Danskin. RDA : Resource Description and Access. A Prospectus, 5JSC/RDA/ Prospectus/Rev/7, 1 July 2009 〈http://www.rda-jsc.org/docs/5rda-prospectusrev7.pdf〉 [cited 2012. 12. 10]. RDA Prospectus는 2005년 7월 27일 처음 제출된 이후 2009년 7월 1일까지 모두 7회 개정되었다.

개념모형에 대한 준거'와 '데이터 기록(recording)과 표시(presentation)의 분리'이다.[28]

전자의 '서지 및 전거데이터의 개념모형'이란 FRBR과 FRAD에 해당되며, 이것은 ① 온갖 종류의 콘텐트와 매체를 대상으로 하고, ② 새로이 출현한 자료의 특성에 적응하기 위해 유연성과 확장성, ③ 광범위한 기술환경에서 기능하는 데이터에 필요한 적응성을 갖춘 기본적인 준거를 RDA가 제공하게 될 것이라고 설명하고 있다.

후자에 대해서 RDA는 ① FRBR과 FRAD에서 정의하고 있는 개체(entity)에 연결된 속성(attribute)과 관계(relationship)를 반영한 데이터의 기록에 관한 규정이며, ② 데이터의 축적과 표시에 관한 어떠한 구조나 구문에도 관계없이 적용 가능한 데이터기록에 관한 규정이며, ③ ISBD와 MARC 21형식 등에서 제시하고 있는 데이터요소의 표시형식에 관한 규칙은 분리하여 부록으로 나타낸다고 밝히고 있다.

이러한 요점을 구체화하여 '디지털세계를 위해 설계된 새로운 표준'[29]이 RDA이다.

2.1.3 RDA의 이론적 배경

RDA의 이론적 배경이 되고 있는 개념 모형은 앞절에서 언급한 바와 같이 FRBR과 FRAD이다. 즉, RDA의 자원을 기술하는 데이터 요소는 FRBR에서 정의한 저작, 표현형, 구현형, 개별자료라는 개체와 관련된 속성 및 관계를 반영하고 있으며, RDA의 자원관련 개체를 기술하는 데이터 요소는 FRAD에서 정의된 개인, 가족, 단체, 장소라는 개체와 관련된 속성 및 관계를 반영하고 있다. 여기에는 저작, 표현형, 구현형, 개별자료 및 개인, 가족, 단체, 장소 각각의 정의가 나타나 있다.

한편 FRAD는 FRBR과 마찬가지로 IFLA에서 제정하였으며, 전거데이터에 관한 개념모형이다. FRBR의 제2집단 개체 즉, 개인이나 단체에 가족을 추가하여 3개의 개체에 대해 같은 기법으로 분석하여 전거데이터의 기능과 요소를 명확히 하고 있다. 이용자 과업은 FRBR과 달리 탐색(find), 식별(identify), 확인(clarify), 이해(understand)의 4개 개체로 되어 있다.[30]

---

28 *Ibid.,* pp.1-2.

29 *Ibid.,* p.1.

30 이것은 RDA에서 언급되고 있는 이용자 과업이지만 이 과업은 FRAD 초안(2007년 4월에 제정된 FRAR을 말함)에 기초한 것이다. 그러나 2009년 2월 간행된 FRAD에는 탐색(find), 식별(identify), 관계부여(contextualize), 근거제시(justify)의 4개 개체로 변경되었다.

2.2 FRBR의 구조와 특성

2.2.1 FRBR의 발달

IFLA에서는 1961년 파리원칙과 1971년 ISBD(M)을 비롯한 일련의 규칙을 발표한 이후, 도서관이 처한 환경이 크게 변화함에 따라 1990년 스톡홀름에서 개최된 서지제어 회의에서 서지제어용 도구의 개정이 필요하다는데 인식을 같이하게 되었다. 여기서 서지레코드의 기능요건을 새로이 정의하기 위한 연구의 필요성이 거론되었으며, 그 후 관계 전문가들의 연구결과 1997년 FRBR에 대한 최종 보고서[31]가 발표되었다.

Cutter는 목록의 기능을 '첫째는 이용자가 알고 있는 저자명이나 표제, 주제명으로 자료를 검색하게 하고, 둘째는 도서관이 소장하고 있는 특정 도서를 저자명, 주제명, 문헌의 유형으로 보여주며, 셋째는 특정 판(서지적) 또는 저작의 특성(문자나 주제별)에 다라 자료의 선정을 지원하는데 있다'고 하였다.[32] 즉, 저자명이나 표제, 주제명, 판표시, 소장내용 등을 기술하여 둠으로써 이용자가 원하는 정보를 찾을 수 있도록 하는 것이 목록의 목적이다. 이것은 FRBR이 저작수준에서 작품의 표제와 저자를 기술한 다음, 특정 작품에 관한 판표시, 언어표시, 물리적 특성을 표현형이나 구현형 수준에서 기술하게 하는 구조와 연결되고 있다.

이와 같이 목록의 이용자 지향형에 대한 배경을 바탕으로 FRBR의 구조를 생각하여 보면, 누구에 의해 창작된 어떤 제목의 작품인가를 식별하는 개념을 정점으로 하여 그 아래에 판이나 언어의 차이를 구별하는 표현형이 연결되고, 다시 물리적 특성이나 소장상황을 기술하는 구현형이나 개별자료 수준이 연결되어 있는 것이다. 이러한 이용자 지향형의 배경은 일찍이 Cutter와 Lubetzky에서 AACR과 ISBD, 그리고 FRBR로 이어진다고 생각되며, 특히 최근에 Tillet[33]이나 Smiraglia와 Leazer[34] 등이 주장한 '목록에 있어 관계성'을 도입하

31 IFLA Study Group on the Functional Requirements for Bibliographic Records. *Functional Requirements for Bibliographic Records: Final Report*(Munich: Saur, 1998).

32 Charles Ammi Cutter. *Rules for Dictionary Catalog*, 4th ed.(Washington, D.C. : Government Printing Office, 1904), p.12.

33 Barbara B. Tillett. "Bibliographic Relationships," in *Relationships in the Organization of Knowledge*(edited by Carol A. Bean and Rebecca Green. Dordrecht : Kluwer Academic Pub., 2001), pp.19-35.

34 R. P. Smiraglia and G. H. Leazer. "Derivative Bibliographic Relationships; the Work Relationship in a Global Bibliographic Database," *Journal of the American Society for Information Science*, Vol.50(1999), pp.493-504.

여, ISBD나 UNIMARC 매뉴얼 등을 바탕으로 서지기술 및 표목 규칙의 구조 재편을 시도한 것이라고 할 수 있다. 즉, 목록의 역사적 배경을 바탕으로 FRBR에서 이용자 지향형의 저작 개념이 정립되고, 이 저작개념을 중심으로 관계성을 도입하여 서지세계(bibliographic universe)의 개념준거로서 FRBR이 제안되었다 할 수 있다.

목록에 있어 관계성을 도입하면, 무엇보다 저작 간의 집합형성이나 전거제어에 유리하며, 지금까지 목록규칙에서 제대로 취급하지 못하였던 네트워크 전자자료나 멀티미디어와 같은 자료를 수용할 수가 있다. 오늘날 목록작성에 필요한 정보자료의 증가와는 달리 이를 위한 투자 가능 예산 및 인력의 감소 경향으로 최소수준의 목록을 하지 않을 수 없는 상황이다. 그런데 메타데이터에 비해 목록규칙이나 MARC은 기술을 위한 기술을 하는 경향이 있고 복잡하며, 이용자지향이 아니라는 비판도 있다. 이러한 문제를 해결하고자 제안된 것이 FRBR이며, 이는 목록레코드의 데이터요소를 이용자 요구와의 관계에 착안하여 재편한 것이다. FRBR의 목적을 보다 구체적으로 요약하면 다음과 같다.

- 서지레코드로 기록된 데이터와 이용자 요구를 연결시키기 위해 명확히 구조화된 전거를 제공하고 있다.
- 각국에서 작성된 서지데이터베이스 시스템을 위해 공통의 개념모형을 작성한다.
- 각국에서 작성된 서지레코드의 기본수준을 제시한다.

이와 같이 FRBR은 도서관에서 지금까지 작성해 온 서지레코드를 분석하여 다양한 정보원에 대해 이용자의 요구에 부응할 수 있도록 필요한 요소를 하나로 통합하였다고 볼 수 있다. 그 내용은 서지데이터베이스 구축에 필요한 항목을 제시하고, 항목 간에 관계를 표시한 서지모형 즉, 서지레코드의 구조를 나타내기 위한 개념모형이다. 또한 이 개념모형은 데이터베이스를 구축할 때 사용되는 모형화의 방법으로도 의미가 있으며, FRBR에서는 개체-관계 모형이라고 하는 방법을 사용하고 있다. 이러한 개념모형을 사용함으로써 각국 도서관이 국가서지를 작성하여 국가 간에 서지레코드를 공유할 수가 있다.

2.2.2 FRBR의 구조

관계형 데이터베이스 작성을 위한 모형화 방법의 하나인 개체-관계 모형은 개체와 관계가 데이터베이스를 사용하여 처리되는 대상과 그 관계를 나타내는데 사용되고 있다. 개체는 데이터베이스가 대상으로 하고 있는 영역에서 인식되는 개체를 나타내는 것이며, FRBR에서는 서지적 영역을 대상으로 정보원과 관련하여 이용자가 검색할 때 중요하다고 생각되는 것을 10개의 개체로 추출한 후 그것을 3개의 집단으로 나누고 있다.[35]

제1집단은 '서지레코드에 기술되어 있는 지적 예술적 활동의 성과'로서 정보원을 이용자가 어떻게 인식하고 있는 가를 〈그림 2-1〉와 같이 4개의 개체 즉, 저작(work), 표현형(expression), 구현형(manifestation), 개별자료(item)로 표현하고 있다.

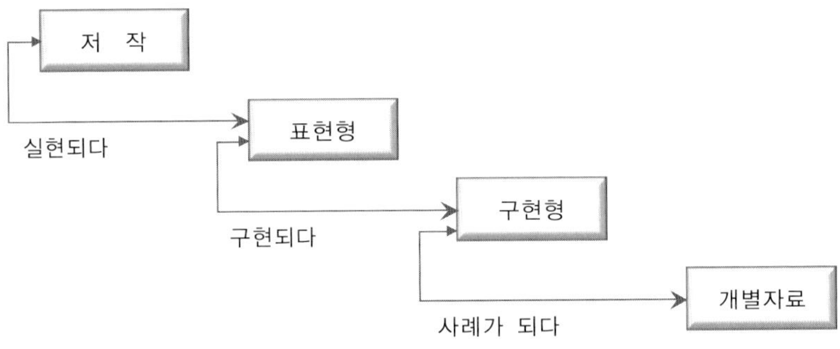

〈그림 2-1〉 FRBR: 제1집단 개체와 개체간의 관계

제2집단은 지적 예술적 내용, 물리적 생산, 배포, 생산물의 관리, 보관에 책임을 갖는 것으로서 개인저자, 단체저자, 출판사, 도서관 등을 개인과 단체라는 두 개의 개체로 나타내고 있다. 〈그림 2-2〉에서와 같이 개인 또는 단체는 제1집단의 4개 개체인 저작을 창조하고, 표현형을 실현하고, 구현형을 제작하며, 개별자료를 소장하는 기능을 하고 있다. 즉, 저작은 추상적인 관점으로서 독창적인 지적 예술적 창작물을 나타내고, 표현형은 저작의 지적 예술적 창작물을 실현(실감, 이해, 현실화)한 것을 나타낸다. 구현형은 지적 예술적 내용을 물리적으로 구체화(구현)한 것을 나타내며, 개별자료는 그 일례를 나타낸다.

제3집단은 지적 예술적 활동의 대상이 되는 주제(테마, 개념, 인물, 사건, 시대, 영역 등)를 개념, 대상, 사건, 장소의 4개 개체로 나타내고 있다.

〈그림 2-3〉에서와 같이 이러한 3개 집단의 관계는 제2집단이 주체가 되어 제3집단을 대상으로 작용하면, 그 결과 제1집단의 성과가 생겨나는 것으로 되어 있다. 따라서 3개 집단가운데 제1집단이 정보원 자체를 기술하는 핵심적인 부분으로 구성되어 있음을 알 수 있다.

35 IFLA Study Group on the Functional Requirements for Bibliographic Records. *op. cit.,* pp.13-17.

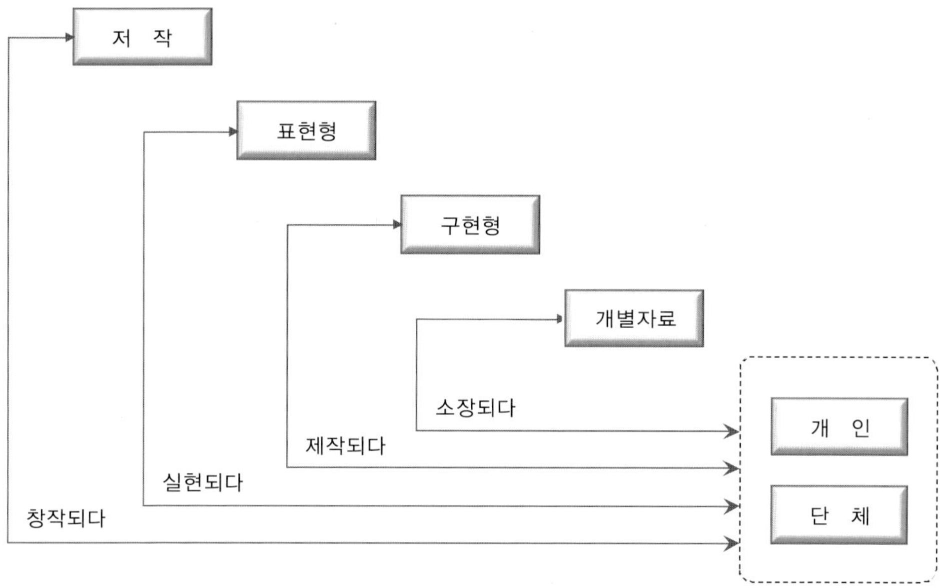

〈그림 2-2〉 FRBR: 제2집단의 개체와 제1집단 개체와의 관계

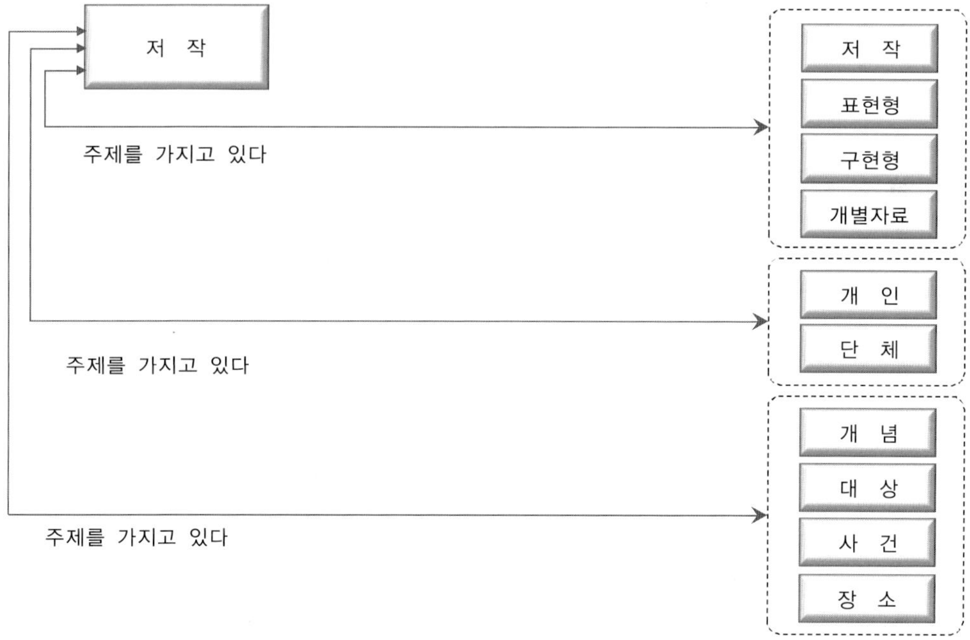

〈그림 2-3〉 FRBR: 저작과 제1, 2, 3집단 개체와의 관계

여기서 FRBR의 핵심이라고 할 수 있는 제1집단을 〈그림 2-4〉를 통해 좀 더 자세하게 분석하면 아래와 같다.[36]

〈그림 2-4〉는 FRBR에 있어 저작, 표현형, 구현형, 개별자료의 관계를 헤밍웨이(Ernest Hemingway: 1988-1961)의 「노인과 바다」와 「누구를 위하여 종을 울리나」를 예로 들어 나타낸 것이다. 즉, 헤밍웨이의 「노인과 바다」라는 추상적인 저작 개체아래에 영문 원본, 프랑스어 번역, 독일어 번역, 한국어 번역이라는 4개의 표현형이 연결되어 있다. 표현형 가운데 특히 한국어 번역에는 단행본으로 5곳의 출판사에서 발간된 구현형이 연결되어 있으며, 이들 도서는 각 도서관에 개별자료로 소장되어 있다. 또한 헤밍웨이의 또 다른 작품인 「누구를 위하여 종을 울리나」는 새로운 저작으로 변형되어 영화로 제작되었으며, 이 영화는 영어판과 한국어 자막판으로 표현되었다. 그리고 35 mm 필름으로 제작되어 극장에서 상영된 후, 다시 DVD로 제작(구현)되었으며, 일부 도서관에 개별자료로 소장되어 있다.

1) 저작

저작이라는 개체는 지적 예술적 창작물이며, 추상적인 것이다. 보다 구체적으로 말하면, 학술적인 연구와 독창적인 문학작품이나 음악작품 등이며, 그것이 언어나 음성으로 표현되기 이전의 상태를 가리킨다.

이와 같이 저작은 동일 작품에서 유래한 다양한 표현형식의 차이점을 보고 싶거나, 동일 작품에서 유래한 어떤 하나의 표현형식에서 다른 표현형식을 보고 싶을 경우에 표현형식의 차이점을 구별하고 있는 표현형을 하위 수준으로 하여 작품을 식별한다. 다만 저작은 동일 작품에서 유래한 것이라도 의역, 개작, 아동용으로 각색, 풍자적으로 개작, 초록, 발췌, 요약, 문학작품에서 드라마로 각색한 것 등은 별개의 다른 저작으로 구별하여 기술된다. 음악 작품의 경우, 편곡은 구별되지 않지만 변주곡이나 완전한 개작은 다른 저작으로 구별하여 기술된다. 즉, 〈그림 2-4〉에서와 같이 소설 「누구를 위하여 종을 울리나」에서 영화라는 저작으로 변형(각색)된 저작은 관련은 있지만 별개의 저작으로 간주한다.

---

36 김정현. "FRBR에 의한 국제표준번호들의 저작개념분석," 한국도서관정보학회지, 제35권, 제1호 (2004), pp.220-223.
김정현. "서지적 관계를 기반으로 한 한국어 도서의 저작유형 분석," 한국도서관정보학회지, 제38권, 제3호(2007), p.190.

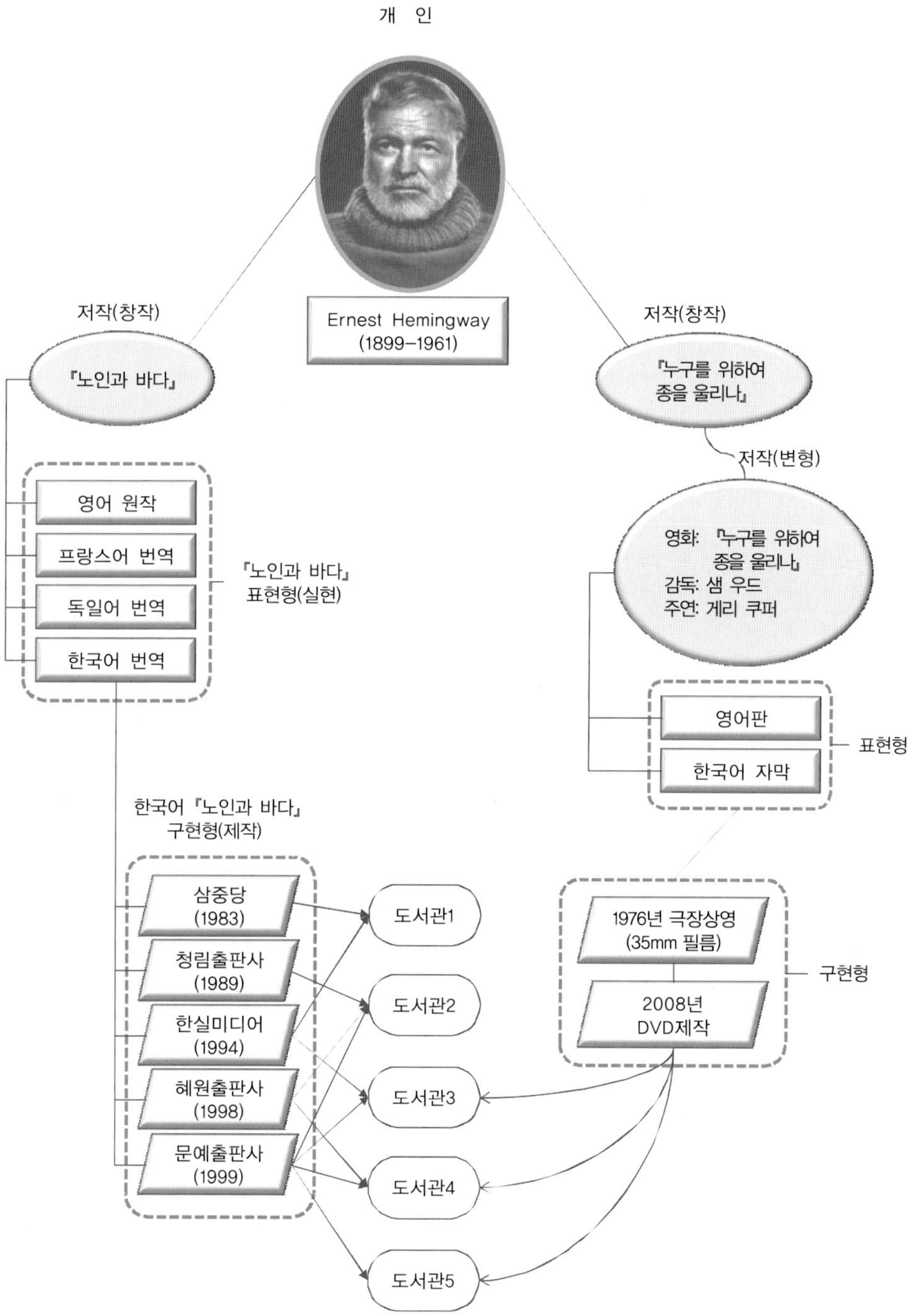

〈그림 2-4〉 FRBR의 예시: 헤밍웨이의 작품

2) 표현형

표현형이라는 개체는 문자, 숫자, 악보기보법, 무용기보법, 음향, 화상, 실물, 동작, 또는 그것을 조합한 형식으로 표현의 차이를 동일 저작아래에서 구별하여 기술하기 위한 기능을 한다. 이 개체는 원문, 번역문, 영화 시나리오, 라디오방송 시나리오 등과 같은 표현형식을 기술하며, 서체나 지면배치와 같은 물리적 형식은 그 하위의 구현형에서 기술한다.

원작의 형식변경(예: 문어체에서 구어체로 변조)이나 번역과 같이 다른 언어로 변경된 것은 원작과 동일 저작으로 간주한다. 표현형의 수준에서 식별되는 것은 크게 ① 내용이 변화된 것(예: 개정, 갱신, 축소, 증보), ② 본문의 열이 변화된 것(예: 번역, 악곡의 편곡, 문장표현에서 특정 단어・어구・문장이 변화된 것, 음악작품의 표현에서 음표나 구절법이 변화된 것), ③ 내용이 추가된 것(예: 악곡에 성부(parts)나 반주를 추가한 것, 외국영화의 대사를 자국어로 녹음하거나 자막이 첨부된 것) 등이다.

예를 들면, 도서의 경우 초판과 개정판, 원전과 번역판 등은 각각 표현형 수준에서 구별된다. 표현형은 "초판대신에 제2판을 보고 싶다", "어떤 작품의 한국어판을 원한다"와 같은 이용자의 요구에 대응할 수 있는 부분이다. 표현형을 하위에 둠으로써 저작 자체는 초판과 개정판, 원전과 번역판, 원곡과 편곡을 식별하지 않는다.

〈그림 2-4〉에서 헤밍웨이의 「노인과 바다」라는 추상적인 저작 아래에 영문 원본, 프랑스어 번역, 독일어 번역, 한국어 번역이라는 네 개의 표현형이 연결되어 있으며, 새로운 저작으로 변형되어 영화로 제작된 「누구를 위하여 종을 울리나」는 영어판과 한국어 자막판이라는 두 개의 표현형이 연결되어 있다.

3) 구현형

구현형은 추상적인 것(저작)이 표현형식을 수반하여(표현형) 물리적으로 구체화된 것에 대해 기술하도록 설정된 개체이다. 즉, 구현형은 지적내용(저작)과 그 표현형식(표현형)이 동일한 것이므로 물리적인 대상이 다른 것을 구별한다. 구체적으로는 원고, 도서, 연속간행물, 지도, 포스터, 녹음물, 영화, 비디오, 점자, CD, DVD 등과 같은 물리적인 매체를 수반하고 있는 자료를 대상으로 그 특징을 구별하며, 이용자에게 어떤 매체로 정보원을 제공할 수 있는가를 알 수 있도록 하는 부분이다. 이와 같이 구현형은 동일한 작품에서 동일한 표현형식에 맞춘 것을 물리적인 형식의 차이에 따라 구별할 수 있도록 한다.

〈그림 2-4〉에서 「노인과 바다」의 표현형가운데 특히 한국어 번역에는 단행본으로 다섯 곳의 출판사에서 발간된 구현형이 연결되어 있으며, 영화로 표현된 「누구를 위하여 종을

울리나」는 35 mm 필름으로 제작되어 극장에서 상영(구현)된 후, 다시 DVD로 제작(구현)되었다.

4) 개별자료

개별자료는 구현형의 일례를 나타낸다. 구현형과 개별자료는 물리적인 형식을 기술하기 위한 개체로서 기능을 한다. 즉, 어떤 매체로 유통되며, 어디가면 그것을 입수할 수 있는가를 이용자가 알 수 있도록 도와주는 개체이다.

〈그림 2-4〉에서 다섯 곳의 출판사에서 발간(구현)된 한국어 번역본 「노인과 바다」와 DVD로 제작(구현)된 「누구를 위하여 종을 울리나」는 각 도서관에 개별자료로 소장되어 있다.

이와 같이 저작과 표현형은 한 개의 저작에 복수의 표현형이 관계되어 있으며, 표현형과 구현형간에는 서로 복수의 개체를 관련시킬 수가 있다. 구현형과 개별자료간은 한 개의 구현형에 복수의 개별자료가 관련될 수 있도록 되어 있다. 즉, 다양한 저작의 유형을 하나의 레코드에 집중시켜 이들 간에 서로 관계를 지워줌으로써 서지레코드의 관계성을 높일 수가 있고, 기존의 서지레코드보다 훨씬 이용자지향으로 발전될 수 있다.

2.2.3 FRBR의 특성

FRBR의 일반적인 특성을 요약하면 아래와 같다.[37]

① IFLA 용으로 개발된 모형이다

FRBR은 IFLA의 전문가와 자문위원들에 의해 1992년부터 1997년까지 수행된 서지레코드의 기능요건에 관한 연구 결과이다. 이 연구는 서지레코드가 제공하고자 하는 정보가 무엇인지를 분명하고 정확하게 제시하며, 그에 대한 이해를 공유하고, 이용자의 요구에 해답을 제시하기 위해 서지레코드가 무엇을 추구해야 할 것인가에 대한 틀을 제공하는 것을 목적으로 한다.

---

37 Patrick Le Boeuf. *Brave New FRBR World : Prepared for the 4th IFLA Meeting of Experts on an International Cataloguing Code(IME ICC 4), August 16-18, 2006, Seoul, South Korea* 〈http://www.nl.go.kr/icc/paper/2-1.pdf〉 [cited 2012. 12. 10].
Patrick Le Boeuf. 멋지고 새로운 FRBR의 세계, 이성숙 역 〈http://www.nl.go.kr/icc/down/070502_09_Kor.pdf〉 [cited 2012. 12. 10].

② 참조모형이다

FRBR은 참조모형이다. FRBR 최종 보고서에 언급되었듯이 FRBR은 일반적으로 이해를 공유하기 위한 틀이라는 것이다. FRBR을 통해서 우리는 동일한 구조를 생각할 수 있고, 동일한 명칭아래 동일한 개념을 지시할 수 있다. 또한 FRBR을 통해서 동일한 방식으로 구조화될 수 없는 데이터를 비교할 수도 있다.

③ 개체-관계 모형이다

FRBR은 개체-관계 모형이다. 이것은 도서관 목록이라는 특수한 환경과 관련된 사물의 여러 일반 부류인 '개체'와 이러한 부류 하나 하나와 관련된 일련의 특성인 '속성', 그리고 이 다양한 부류의 사례 간에 존재하는 관계를 정의한 것이다. FRBR에서 정의된 개체는 세 개의 집단으로 나눌 수 있으며, 여기에 대해서는 이미 앞절에서 설명하였다.

④ 데이터 모형이 아니다

FRBR을 '데이터 모형'이라고 부를 수 있는가? 각각의 개체에 대해 FRBR이 정의하고 있는 속성은 너무 일반적이어서, 대부분의 경우에 그것을 다듬지 않고서는 이 모형을 구현하기 어렵다. 예컨대 표제(title)는 여러 가지 성질을 가질 수 있으며, FRBR에서는 저작과 표현형, 구현형의 개체 각각에 대해 표제 속성을 정의하고 있으나, '표제 개념'에 대한 이러한 범주는 우리가 실제로 필요로 하고 현재 사용하는 표제의 유형을 포괄하기에는 충분하지 않다.

⑤ ISBD가 아니다

FRBR을 '새로운 유형의 ISBD'라고 할 수 있는가? 위와 동일한 이유에서 보면 그렇지 않다. FRBR에서는 데이터 요소의 구조 방법이나 표현방식에 대해서는 언급하지 않고 있으며, 그래서 단순히 기술을 읽는 것만으로 구조를 이해할 수는 없다. 그 대신에 FRBR에서는 데이터 요소를 유형화하고, 이들 데이터 요소들이 각각의 고유한 레코드 중에서 어떻게 상호 관련되어 있는가를 제시하기 위한 지적인 틀을 제공한다.

⑥ 목록규칙이 아니다

마찬가지로 FRBR은 목록규칙이라고 할 수 없다. FRBR은 규정이 아니며, 일상적인 실무에서 어떻게 서지정보를 기술해야 하는가에 대해서는 언급하지 않고 있다. FRBR은 단지 개념 수준에 위치한다고 할 수 있다. 그렇다고 해서 FRBR이 실용성이 없다는 것을 의미하는 것은 아니다. 우리는 FRBR의 서지정보 처리 방식에 기반하여 실제로 운영되는 다수의 시스템을 가지고 있다. 또한 미래의 국제목록규칙은 이 모형에서 강조한 개념에 의해 만들어질 가능성이 있다.

2.3 FRAD의 구조와 특성

2.3.1 FRAD의 발달

앞절에서 언급한 바와 같이 FRBR에서는 목록 이용자의 관심 대상을 개체로 파악해 이것을 크게 3개의 집단으로 나누고 있다. 그런데 FRBR에서 상세한 모형을 제시한 것은 제1집단의 개체뿐이며, 제2집단과 제3집단의 개체에 대해서는 "일반적으로 전거레코드에 수록되는 부차적인 데이터를 수용할 수 있도록 모형을 확장할 수 있다. 특히 주제전거와 시소러스, 분류표의 핵심인 개체 및 이들 개체 간의 관계에 대한 추가 분석이 필요하다"[38]고 하면서 향후 과제로 남겨두었다. 여기서 '전거레코드에 수록되는 부차적인 데이터'는 도서관 목록이나 서지파일의 서지적 인용, 서지레코드 등에 있어 제어형 접근점의 기초로 사용되는 개인명, 가족명, 단체명 또는 저작명에 관한 정보의 집합이다.

이러한 배경에서 1999년 4월 전거레코드의 기능요건 및 번호배정 실무진(FRANAR 워킹그룹)이 발족된 후, 전거레코드에 기록된 개체개념 모형을 개발하기 시작하여 그 성과가 2009년 6월 '전거데이터의 기능 요건'(Functional Requirements for Authority Data: FRAD)으로 나타났다.

FRAD는 이전에 '전거레코드의 기능 요건(Functional Requirements for Authority Records: FRAR)'이라고 하였지만, 2005년 7월에 발표된 FRAR 초안에 논의된 의견에는 FRAR 개념모형의 대상이 전거 '데이터'인지, 아니면 전거 '레코드'인지 상당한 혼란이 있었다. 모델을 만들고 개념화하는 대상은 어디까지나 전거데이터이기 때문에 제목은 '전거데이터의 기능 요건'으로 변경되었다.

2.3.2 FRAD의 구조

FRAD는 〈그림 2-5〉와 같이 서지개체가 이름이나 식별기호로 식별되며, 도서관이나 박물관, 기록관 등의 목록작성 과정에서 이들 이름과 식별기호가 제어된 접근점의 작성 기반으로 사용된다. 이를 보다 완전한 형식으로 제시하면 〈그림 2-6〉과 같다.[39]

---

38 IFLA Study Group on the Functional Requirements for Bibliographic Records. *op. cit.*, pp.5-6.

39 IFLA Working Group on Functional Requirements and Numbering of Authority Records (FRANAR). *Functional Requirements for Authority Data: a Conceptual Model: Final Report* (München : Saur, 2009), pp.19-24.
IFLA 전거레코드의 기능 요건 및 번호배정 실무진. 전거데이터의 기능 요건(FRAD): 개념모형.

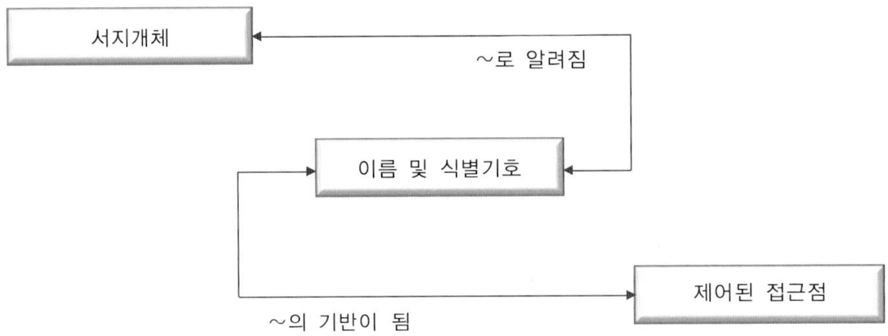

〈그림 2-5〉 FRAD: 개념모형의 핵심기반

〈그림 2-6〉의 상단에 나타난 바와 같이 서지개체를 개인, 가족, 단체, 저작, 표현형, 구현형, 개별자료, 개념, 대상, 사건, 장소 등 11개 요소로 제시하고 있으며, 그 중간부분에는 이들 개체를 식별하기 위한 이름과 개체에 부여된 식별기호, 전거데이터로 등록된 이름과 식별기호에 기반한 제어된 접근점이 제시되어 있다. 그리고 하단에는 접근점의 내용과 형식을 결정함에 있어 도구가 되는 두 개의 개체 즉, 규칙과 서지기관이 나타나 있다.

2.3.3 FRAD의 특성

FRAD는 제어형 데이터에 관련된 기능 요건을 나타낸 것이다. 이 모형의 일반적인 특성을 요약하면 아래와 같다.[40]

① FRBR과 마찬가지로 개체 관련 분석방법은 개체의 속성과 관계를 이용자 과업과 연결하고 있다.

② 기록관 등과 연계를 고려하여 FRBR의 10개 개체에 제2집단의 개체로 '가족'이 추가되어 서지개체가 모두 11개로 정의되어 있지만, 주제에 관한 제3집단의 개체인 '주제' 특성과의 관련은 정의되지 않은 상태이다.

③ 상기의 서지개체와 관련된 개체로서 name(개체가 알려진 '이름'), identifier(개체에 부여되는 '식별기호'), controlled access point(전거 파일에 등록된 이름과 식별기호에 근거한 '제어형 접근점'), rules 및 agency(접근점의 내용과 형식을 결정하는 수단이

김태수 역(서울 : 국립중앙도서관, 2012), pp.17-22.

40 和中幹雄. "動向レビュー: 目録に関わる原則と概念モデル策定の動向," カレントアウェアネス, No.303(2010. 3), pp.24-25.

되는 '목록 규칙' 및 '데이터부여 기관')가 FRAD의 새로운 개체로서 정의되었다.

④ 전거데이터 이용자는 전거데이터 작성자, 사서, 일반 이용자로 대별되고 있다.

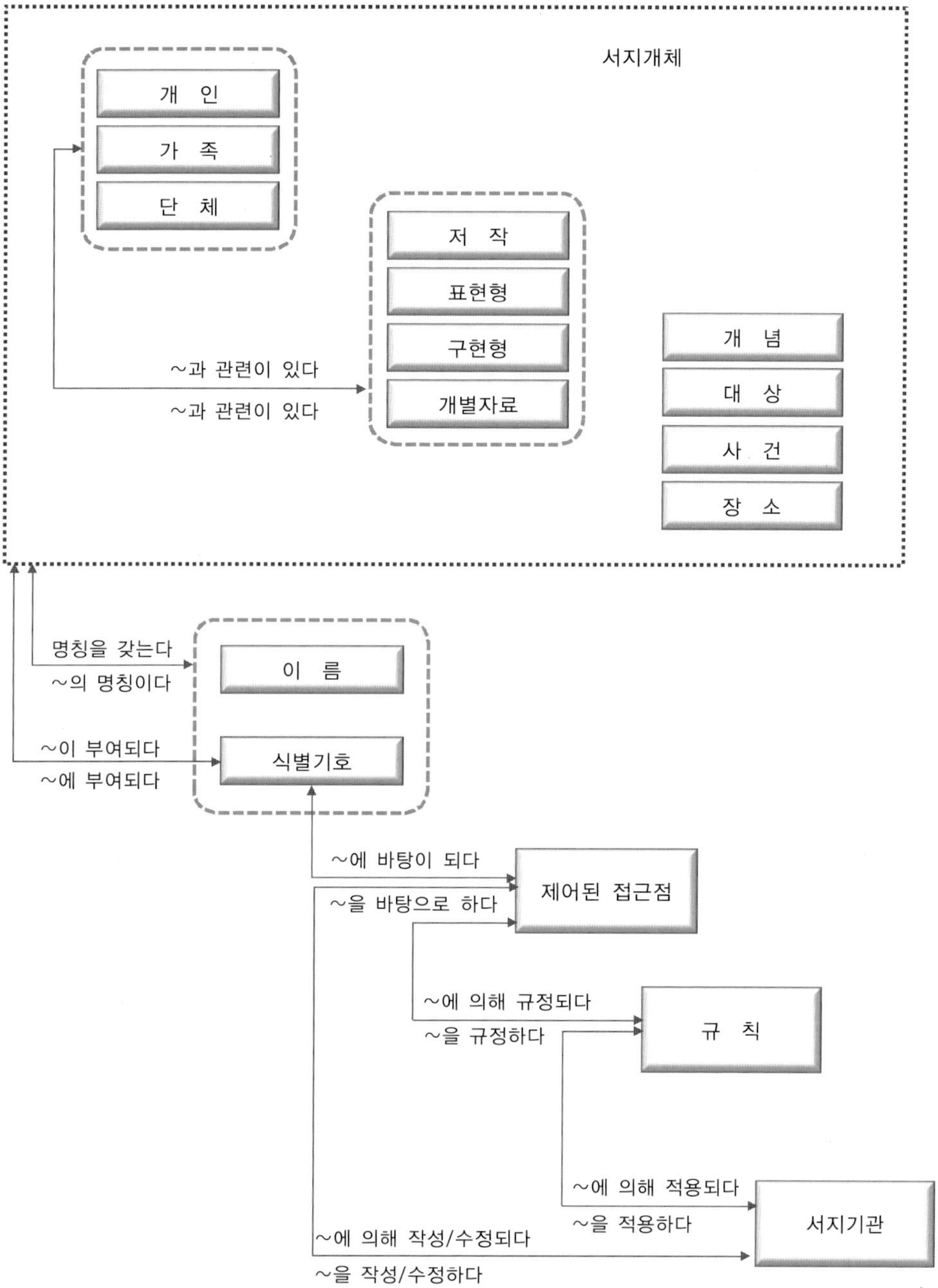

〈그림 2-6〉 FRAD: 전거데이터의 개념모형

⑤ 이용자 과업으로 find(발견)와 identify(식별)는 FRBR의 이용자 과업과 동일하지만, FRBR의 select(선정)와 obtain(입수)을 대신하여 contextualize(개인, 단체, 저작 등의 개체를 문맥에 적용시켜 개체 간의 관계를 명확히 함)와 justify(전거레코드 작성자가 제어형 접근점을 위해 특정 명칭이나 형식을 선택한 이유를 문서화)가 정의되어 있다.

⑥ 전거데이터는 다음과 같은 기능을 할 수 있다.[41]

a) 결정의 데이터 문서화

목록자가 새로운 서지레코드를 위해 적절한 제어형 접근점을 선정하거나 새로운 접근점을 작성할 때 결정을 데이터문서로 하게 된다.

b) 참고도구로서의 역할

전거데이터에 기록된 정보는 특정 개인이나 단체, 저작과 다른 개체를 구별할 때 사용되는 정보를 제공할 뿐만 아니라, 기존의 접근점이 적절하지 않거나 새로운 접근점이 필요한지 결정해야 할 때도 목록자에게 도움을 줄 수 있다.

c) 접근점 형식의 제어

서지레코드에서 접근점의 형식을 제어하거나, 자동화환경에서 전거데이터 자체가 변경되었을 때 그러한 접근점을 변경하는데 사용할 수 있다.

d) 서지파일 접근 지원

이용자로 하여금 탐색한 이름의 형식에서 서지파일에서 사용한 이름의 형식으로 안내함으로써 전거데이터는 서지레코드의 접근을 지원한다.

e) 서지파일과 전거파일의 링크

전거데이터는 서지파일과 전거파일을 연결하는데 이용할 수 있다. 예를 들면, 이용자 요구에 가장 적합한 언어로 데이터 요소를 변환하는 방식으로 전거데이터를 이용할 수 있다.

---

41 Glenn E. Patton. "From FRBR to FRAD: Extending the Model," *World Library and Information Congress, 75th IFLA General Conference and Council*, 23-27 August *2009, Milan, Italy* 〈http://conference.ifla.org/past/ifla75/215-patton-en.pdf〉 [cited 2012. 12. 10].

제3장 RDA의 구조와 내용 특성

제3장 RDA의 구조와 내용 특성

3.1 RDA의 구조

3.1.1 RDA의 구성 기반

RDA는 AACR2와 마찬가지로 실제적인 여러 가지 사용법으로 구성되어 있다. 그러나 RDA의 이러한 사용법은 AACR2와는 달리 새로운 표준의 모양이나 구조, 내용을 정의하는 이론적인 틀에 바탕을 두고 있다. RDA에 반영된 핵심은 FRBR와 FRAD라고 하는 2개의 개념모형이다. FRAD는 FRBR의 확장형 즉, FRBR의 실현을 위해 적용되는 개념이다. 이 두 개의 모형은 서지정보를 조직하고 이용하는 서지세계를 반영하고 있다. 이 모형은 이용자들이 정보를 찾는 과정에 알고자 하는 이용자 과업과 다양한 서지정보와 전거데이터를 통해 이용자들이 성공적인 정보탐색을 할 수 있도록 지원하는 것으로 구성되어 있다. FRBR와 FRAD는 이용자들이 정보탐색을 보다 잘 할 수 있도록 이론적이면서 논리적으로 전개하고 있다.

RDA는 첫 페이지 첫 문장에서 '자원발견을 지원하기 위해 데이터를 체계화하기 위한 일련의 지침과 사용법[42]'(a set of guidelines and instructions on formulating data to support resource discovery)이라고 기술하고 있다. 여기에서 '자원발견을 지원하기 위해' 라고 표현한 부분은 RDA의 속성을 나타내는 중심적인 메시지이다. 이것은 RDA가 이용자들에게 초점을 두고 설계된 표준이라는 점과 자원발견 과정에 이용자들이 겪는 일이나 행위에 초점을 두었다는 것을 의미한다. RDA의 모든 규칙은 이용자와 이용자들이 정보탐색을 원활히 할 수 있도록 하는 일에 관련된다. 이러한 이용자 과업 즉, 정보탐색 과정에서 일어나는 행위는 FRBR와 FRAD에 기초하고 있으며, 이것은 바로 RDA의 시작 부분에서 소개되고 있다.

RDA는 FRBR와 FRAD에서 표현된 이론적인 틀을 설명하면서 내용을 전개해 나가고 있다. 이 이론적 틀은 서지데이터와 전거데이터에 관한 새로운 사고를 구성하는 토대가

---

42 Joint Steering Committee for Development of RDA. *RDA : Resource Description & Access* (Chicago : American Library Association, 2010), p.1.

되고 있다. RDA는 FRBR과 FRAD 개념 모형의 적용이며, RDA 자체는 개념모형이 아니고 FRBR와 FRAD에 바탕을 둔 일종의 실무 지침서이자 사용법이다.

3.1.2 RDA의 목차

RDA의 목차는 다음과 같이 이루어져 있다.

제7부 개념, 대상, 사건, 장소와의 관계 기록
  제23장 저작의 주제기록에 대한 일반지침
제8부 저작, 표현형, 구현형, 개별자료간의 관계 기록
  제24장 저작, 표현형, 구현형, 개별자료간의 관계 기록에 대한 일반지침
  제25장 관련 저작
  제26장 관련 표현형
  제27장 관련 구현형
  제28장 관련 개별자료
제9부 개인, 가족, 단체간의 관계 기록
  제29장 개인, 가족, 단체간의 관계 기록에 대한 일반지침
  제30장 관련 개인
  제31장 관련 가족
  제32장 관련 단체
제10부 개념, 대상, 사건, 장소간의 관계 기록
  제33장 개념, 대상, 사건, 장소간의 관계 기록에 대한 일반지침
  제34장 관련 개념
  제35장 관련 대상
  제36장 관련 사건
  제37장 관련 장소
부록
  A. 대문자사용법
  B. 약어법
  C. 어두관사
  D 기술데이터에 대한 레코드 구문
  E. 접근점 제어에 대한 레코드 구문
  F. 개인명에 관한 부가 사용설명
  G. 귀족의 칭호, 직위 등
  H. 기독교력에 있어서의 데이터
  I. 관계 표시어: 자원과 자원 관련 개인, 가족, 단체간의 관계
  J. 관계 표시어: 저작, 표현형, 구현형, 개별자료간의 관계
  K. 관계 표시어: 개인, 가족, 단체간의 관계
  L. 관계 표시어: 개념, 대상, 사건, 장소간의 관계
용어집

위에서 보는 바와 같이 RDA의 내용목차는 구성에 있어 AACR2와 크게 차이가 있음을 알 수 있다. 또한 RDA에서 사용하고 있는 용어와 개념, 카테고리는 어디에서 유래한 것인

지 바로 확인할 수 있는데 이러한 개념들은 바로 FRBR과 FRAD에서 사용하는 것들이다. 따라서 RDA의 기본 철학은 FRBR와 FRAD의 개념모형이다. 그리고 RDA는 FRBR와 FRAD의 개념모형에 근거하여 여러 부(section)로 나누고, 각 부는 FRBR의 서지개체에 따라 구분하고 있다. 처음 4개의 부는 RDA의 서지개체 속성기록에 관한 내용이고, 나머지 제5부~제10부까지는 개체들 사이의 관계 기록에 관한 것이다. 개체가운데 주제에 해당되는 부분인 FRSAD는 RDA 구조에는 포함되어 있지만 현재는 대부분 빠져있는 상태이며, 향후 개발될 예정에 있다.

3.1.3 RDA의 서론

RDA 제정의 목적 및 적용범위, 주요 특징, 자원기술과 접근에 관한 다른 표준과의 관계, RDA의 근간을 이루는 개념모형, 자원접근과 기술을 운영하는 목표 및 원리, 구조, 핵심요소, 접근점, 선택사항과 임의사항, 예시, 국제화, 데이터의 부호화 등에 대해 소개하고 있다.

3.1.4 RDA의 속성

RDA의 구조는 기본적으로 FRBR을 근간으로 하고 있다. 즉, RDA의 제1부~제4부에는 FRBR과 FRAD에서 정의된 개체의 속성에 대해 다루고 있다.

제1부는 구현형과 개별자료의 속성 기록에 대한 일반지침과 규정, 수록매체, 그리고 입수와 접근정보의 제공 등에 관해 기술하고 있으며, 제2부는 저작과 표현형의 속성 기록에 대한 일반지침과 규정, 내용기술 등에 관해 기술하고 있다. 제3부는 개인, 가족, 단체의 속성 기록에 대한 일반지침과 규정에 관해 기술하고 있으며, 제4부는 개념, 대상, 사건, 장소의 속성 기록에 대한 일반지침과 규정에 관해 기술하고 있다.

한편 RDA 0.6.2와 1.3에는 제1부의 '구현형 및 개별자료 속성의 기록'에 관한 핵심요소가, 0.6.3과 5.3에는 제2부의 '저작 및 표현형 속성의 기록'에 있어 저작에 적용된 핵심요소와 표현형에 적용된 핵심요소가 각각 제시되어 있다. 그리고 0.6.4와 8.3에는 제3부의 '개인, 가족, 단체 속성의 기록'에서 개인, 가족, 단체의 핵심요소 및 다른 개인, 가족, 단체와의 식별을 위한 부가적인 요소가 제시되어 기록될 구체적인 항목을 파악할 수 있다.

이와 같이 자원의 기술 수준과 관련하여 AACR2R(1.0D)에서는 도서관에 따라 자료의 양과 장래의 증가량을 고려하여 3단계로 구분하여 요소를 기술할 수 있도록 한 반면,[43]

---

43 American Library Association. *Anglo-American Cataloging Rules*, 2nd ed. 2002 revision (Chicago

RDA에서는 기술의 요소를 핵심요소와 비핵심요소로 구분하여 서지수준을 적절하게 조정하고 있다. RDA의 자세한 핵심요소는 '3.3 RDA의 내용'에 제시되어 있다.

3.1.5 RDA의 관계

RDA의 제5부~제10부에는 FRBR과 FRAD에서 정의된 개체의 관계에 대해 다루고 있다. 즉, 제5부는 저작, 표현형, 구현형, 개별자료간의 주요 관계 기록에 대한 일반지침과 규정에 관해 기술하고 있으며, 제6부는 개인, 가족, 단체와의 관계 기록에 대한 일반지침과 규정에 관해 기술하고 있다. 제7부는 개념, 대상, 사건, 장소와의 관계 기록에 대한 일반지침과 규정에 관해 기술하고 있으며, 제8부는 저작, 표현형, 구현형, 개별자료간의 관계 기록에 대한 일반지침과 규정에 관해 기술하고 있다. 제9부는 개인, 가족, 단체간의 관계 기록에 대한 일반지침과 규정에 관해 기술하고 있으며, 제10부는 개념, 대상, 사건, 장소간의 관계 기록에 대한 일반지침과 규정에 관해 기술하고 있다.

한편 RDA 제5부의 조항 17.3에는 저작, 표현형, 구현형, 개별자료간의 주요한 관계 핵심요소가 제시되어 있다. 제6부의 조항 18.3에는 자원과 관련된 개인, 가족, 단체의 관계 기록의 핵심요소, 제8부의 조항 24.3에는 저작, 표현형, 구현형, 개별자료간의 관계 기록의 핵심요소, 그리고 제9부의 조항 29.3에는 개인, 가족, 단체 간의 관계 기록의 핵심요소가 각각 제시되어 있어 기록될 구체적인 항목을 파악할 수 있다.

3.1.6 RDA의 부록 및 용어집

RDA에는 모두 12개의 부록(A~L)이 수록되어 있다. 즉, 대문자 사용법, 약어법, 어두관사, 기술데이터에 대한 레코드 구문, 접근점 제어에 대한 레코드 구문, 개인명에 관한 부가 사용설명, 귀족의 칭호나 직위, 기독교력에 있어서의 데이터, 관계 표시어(자원과 자원 관련 개인, 가족, 단체간의 관계; 저작, 표현형, 구현형, 개별자료간의 관계; 개인, 가족, 단체간의 관계; 개념, 대상, 사건, 장소간의 관계) 등의 정보를 제공하고 있다.

특히 부록 D에는 ISBD에서 제시한 데이터요소와 배열순서, 구두법에 따라 RDA 요소가 어떻게 표현되는지, 또한 MARC 21 형식을 이용하여 서지레코드 구문을 어떻게 기록하는지 지침을 제공하다. 부록 E에는 AACR2의 접근점 표현법과 MARC 21의 전거데이터 형식

: ALA, 2002), pp.1-4~1-5.

AACR2R에서 제1수준의 기술에서는 본표제, 첫 번째 책임표시, 판표시, 자료특성사항, 첫 번째 발행자, 발행년도, 자료의 수량, 주기, 표준번호 등의 요소를 기술한다.

을 이용하여 RDA 요소의 레코드 구문에 대한 지침을 제공한다.

3.2 RDA의 특성

3.2.1 FRBR 및 FRAD를 기반으로 함

RDA의 가장 큰 특징은 앞서 언급한 바와 같이 전체적인 이론적 기반을 FRBR과 FRAD에 두고 있다는 점이다. 즉, RDA는 기본적으로 기술요소를 FRBR과 FRAD에서 제시하고 있는 속성과 관계로 구분하여 각 개체간의 특성을 정의하고 있다.

FRBR은 제1장에서 언급한 바와 같이 IFLA에서 제안한 서지레코드의 개념모형이다. 목록의 대상이 되는 서지적 세계를 개체, 속성, 관계의 3가지로 구분하여 모형화한 다음 서지레코드에 필요한 데이터요소를 제시한 것이다.

여기서 개체는 이용자의 관심 대상을 모형화 한 것으로 크게 3개 집단으로 구분하고 있다. 제1집단은 지적 예술적 창작물 그 자체를 나타내는 개체 즉, 저작을 의미하며, 여기서 저작의 개념을 저작, 표현형, 구현형, 개별자료의 4가지로 구분하여 정의하고 있다. 제2집단은 지적 예술적 창작물에 책임을 지고 있는 개체 즉, 개인, 가족, 단체의 3개로 구분하고 있다. 제3집단은 지적 예술적 창작물의 주제를 나타내는 개체 즉, 개념, 대상, 사건, 장소의 4개 개체로 구분하고 있다.

속성은 각 개체가 지니고 있는 성질이나 특성이며, 개체 고유의 속성(저작의 표제, 저자명, 발행자 등)과 외적으로 부여된 속성(표준번호, 분류기호 등)이 있다. 이용자는 자신이 찾기 원하는 개체가운데 하나 이상의 속성을 사용하여 탐색을 하게 된다.

관계는 개체와 개체간의 관련을 나타낸 것으로 어떤 개체와 다른 개체간의 연결을 말하며, 목록이나 서지 데이터베이스 내에서 이용자 내비게이션을 지원하는 역할을 한다. 앞서 언급한 '저작의 실현인 표현형', '표현형의 구현인 구현형', '구현형의 사례인 개별자료', 또는 '개인이나 단체에 의해 창작된 저작', '개인이나 단체에 의해 제작된 구현형', '개인이나 단체가 소유하고 있는 개별자료', '개념을 주제로 한 저작' 등에 있어 실현, 구현, 사례, 제작, 소유, 주제 등은 모두 '관계'로 파악된다.

또한 이용자 행동 모형인 '이용자 과업'에는 탐색, 식별, 선택, 입수의 4개가 설정되어 있으며, 이는 정보 접근에 관한 행동 분석의 기반이 되고 있다. RDA에서 지원하고자 하는 이용자 과업은 이용자의 정보탐색 과정을 지원하기 위한 과업과 자원과 관련된 개체에 대해 그 속성을 명확히 하여 이용자 과업을 지원하는 두 가지 유형으로 구분된다. 즉, 첫 번째는 서지기술을 통한 이용자의 정보탐색 지원이고, 두 번째는 서지정보의 제어를 통한 탐색지원이다. 이러한 이용자 과업을 성공적으로 달성하도록 하기위한 방안으로 RDA는 FRBR 및 FRAD를 기본구조로 설계하고 있다.[44]

FRAD는 FRBR에서 정의한 서지개체를 출발점으로 하여 지금은 개인, 가족, 단체로 정의하고 있다. 제3집단의 개체는 제1집단의 개체인 저작의 주제를 표현하기 위한 개체이다. 여기에는 개념, 대상, 사건, 장소와 같이 4개의 개체를 포함하고 있다. 또한 여기에는 제1집단과 제2집단의 개체도 저작의 주제가 될 수 있다. 즉, 경우에 따라서는 한 저작이 다른 저작의 주제가 될 수도 있고, 개인이나 단체가 주제로 취급되는 경우도 있음을 의미한다.

이와 같이 RDA는 처음부터 끝까지 FRBR 및 FRAD의 사상과 내용을 근간으로 그 내용이 전개되고 있으며, 특히 이러한 논리성과 철학성이 기존의 AACR2R과 같은 목록규칙과 차별화 되는 점이다.

3.2.2 자원의 물리적 측면과 내용적 측면을 구분

RDA의 특징 가운데 하나가 자원유형을 전반적으로 자료의 물리적 측면과 내용적 측면으로 구분하여 기술하고 있다. AACR2R와 RDA의 목차를 비교해 보면 AACR2R에서는 자원유형별로 장이 구성되어 있지만, RDA에서는 기술요소별로 되어 있다.

AACR2R에는 제1부 기술에서 물리적 자료만을 대상으로 하여 도서 및 팜플렛(제2장), 마이크로자료(제11장) 등의 자료형태와 지도자료(제3장), 녹음물(제6장), 영화 및 비디오녹화(제7장), 정지화자료(제8장) 등의 내용유형, 게다가 연속간행물(제12장, 2002개정판에는 계속자료)이라는 간행형태가 혼재하고 있다. 전자자료나 웹사이트 등의 네트워크 정보자원, 또는 문자나 음성, 동화(動畫)와의 조합에 의한 새로운 유형의 복합자료, 그리고 종래의 인쇄자료나 녹음자료, 녹화자료 등 아날로그와 디지털의 모든 자료 속성을 기록대상으로 하기 위해서는 무엇보다 자료구분에 대한 논리적인 타당성이 필요하다.

RDA에서는 제1부 제3장에 '수록매체 기술'의 장을 배치하고, '3.2 매체유형'에서 자원내용의 시청, 재생, 실행 등에 필요한 매체장치의 종류를 구현형의 속성에 관한 요소로 규정하고 있으며, '3.3 수록매체유형'에서는 각 매개 장치의 종류를 구현형의 속성에 관한 요소로 규정하고 있다. 또한 제2부 제6장에서 '6.9 내용유형'을 설정하여 표현형의 요소로서

44 이경호. "RDA에 나타난 이용자 과업(User Task)에 대한 연구," 한국도서관정보학회지, 제43권, 제1호(2012), p.110.

표현내용과 그것을 인지하려고 하는 인간의 감각 커뮤니케이션의 기본적인 형식(표현수단, 감각, 그림의 차원, 동화 또는 정지화 등)을 규정하고 있다.

이와 같이 그동안 목록규칙에서 구분하고 있는 자료유형을 분석해 보면 AACR2R을 비롯한 기존의 구분 방법이 편의적이며, 비논리적임을 알 수 있다. 즉, 구분의 기준이 내용유형, 매체유형, 수록매체유형 등의 개념으로 혼재되어 있다. 예를 들면, 지도자료는 '지도'라는 내용이 수록된 자료이다. 지도를 전자형태의 내비게이션으로 제작하면 지도자료와 전자자료의 2가지 개념이 포함되어 있다. 그래서 RDA에서는 지금까지의 자료유형표시를 기재하지 않고 대신에 물리적 측면인 매체유형과 수록매체유형, 내용적 측면인 내용유형으로 구분하여 기술하고 있다.

3.2.3 기술과 접근을 분리하지 않음

AACR2R에서는 자료의 식별을 위한 '기술부'와 자료검색의 수단 또는 문헌집중을 위한 '표목부'(접근점)라는 구조로 규칙이 구성되어 있었지만 RDA에서는 목록기능에 있어 기술과 접근을 분리하지 않고 있다.[45]

RDA 구조의 근간이 되고 있는 FRBR은 서지레코드가 완수해야 할 기능과 데이터 요소를 이용자 요구와 연결시켜 정의하여 구조화하고 있다. 즉, 이용자의 관심 대상인 개체의 속성 및 관계가 있고, 이용자는 그 속성 및 관계를 통해 자원을 탐색, 발견, 식별, 선택 및 입수한다. RDA는 이러한 이용자 과업을 지원할 데이터 구축을 위해 포괄적인 지침으로 자리잡고 있지만 이것은 소위 종래의 목록기능을 재구축한 것이나 다름없다. AACR2R의 기술(제1부)과 표목(제2부)라는 규칙 구조를 통해 그동안 수행하여왔던 '자료의 식별'과 '자료의 검색'이라는 기능분담은 제거되고, RDA에서는 구현형과 개별자료 속성을 기록하는 것으로 자원의 탐색, 발견, 식별, 선택, 입수 기능을 할 수 있게 되었다. 또 저작과 표현형 속성을 기술하여 문헌집중 기능이 높아지고 관련있는 자원(異版) 파악과 식별, 나아가 이용자 요구에 보다 적합한 자원선택이 가능하게 되었다. 그리고 개체간의 관계를 기술하여 이용자 목록이나 서지데이터베이스의 내비게이트를 향상시킬 수 있다. 이와 같이 RDA에서는 목록기능에 있어 기술과 접근의 분리를 하지 않고 있다.

45 松井純子. "RDA改訂に見るFRBRの具体化：新時代の目録規則を考える," 図書館界, 第62巻, 第2号(2010), p.191.

3.2.4 접근점이라는 용어사용과 기본기입 개념의 유지

AACR2R에서 가장 문제가 되었던 용어는 '기본기입(main entry)'과 '통일표제(uniform title)'라고 할 수 있다. RDA에는 '기본기입'이라는 용어는 나타나 있지 않으며, 또한 '표목(heading)'이라는 용어를 대신하여 '접근점(access point)'이라는 용어가 사용되고 있다.[46] 그러나 AACR2R의 서두에 기술되어 있는 "기술대상 자료에 대해 하나의 기본기입을 작성하고, 여기에 부출기입(added entry)을 한다"고 하는 종래의 목록법 전제가 되고 있는 방식을 RDA에서 완전히 제거했다고 볼 수는 없다. 그리고 RDA에는 '통일표제'라는 용어는 나타나 있지 않으며, '저작의 채택표제(preferred title for the work)'라는 용어를 사용하고 있다.[47] 저작자명과 함께 저작의 채택표제를 링크하는 경우, 저작에 대한 전거형 접근점이 된다. 즉, RDA에서는 종래의 통일표목에 해당하는 '전거형 접근점(authorized access point)'과 참조에 해당하는 '이형 접근점(variant access point)'에 의해 기본기입의 개념이 유지되고 있다.

예를 들면, 제2부 제6장에 규정되어 있는 '저작을 나타내는 전거형 접근점의 작성'에서는 먼저 '저작을 나타내는 전거형 접근점'의 작성에 대해 규정하고 있으며, 개인저작에 대해서는 '개인을 나타내는 전거형 접근점'(즉, 통일저자표목)과 '저작을 나타내는 전거형 접근점'(즉, 통일표제)과의 조합으로 아래 예시와 같이 저작의 전거형 접근점을 작성할 수 있다.[48]

예) Hemingway, Ernest, 1899-1961. Sun also rises
Cassalt, Mary, 1844-1926. Children plating on the beach

이와 같이 통일표제나 저자명의 통일표목을 전거형 접근점으로 기술하여 저작의 집중을 가능하게 하고 있으며, 부출기입은 다른 자원과의 관계를 기술함으로써 구체화하고 있다.

여기서는 종래의 목록규칙에 있어 기본기입의 표목 선택과 표목 형식의 복잡성을 배제하여 저작의 속성과 관계를 적절하게 기록함으로써 저작의 집중 및 자원식별과 발견이라는 이용자 과업을 지원할 수 있게 의도하고 있다. 목록의 기능을 어떻게 파악하여, 어떻게 실현하느냐의 명제는 FRBR을 기반으로 하고 있는 RDA에 있어서도 기술대상의 파악과 함께 중요한 과제이다.

46 *RDA* 5.1.4.
47 *RDA* 5.1.3.
48 *RDA* 6.27.

3.2.5 의미적 측면과 구문적 측면의 분리

AACR2R을 비롯한 지금까지의 목록규칙은 '구분기호법'으로 대표되는 구문적 측면(syntax)의 규칙을 의미적 측면(semantics)의 규칙과 함께 다루어 왔다. 그런데 RDA에는 AACR2R가 지니고 있던 구문적 측면을 규칙에서 배제하고 의미적 측면으로 특화하여 설계하였다. ISBD의 구분기호나 요소 배열은 규칙 자체에는 나타나 있지 않으며, 부록에서 ISBD나 MARC 21 형식과의 매핑을 통해 나타내고 있을 뿐이다.[49]

DC(Dublin Core) 등 최근의 메타데이터 규칙에는 의미적 측면만을 지닌 범주로 요소를 정의하고, 구문적 측면은 별도의 표준(복수의 구문 형식도 허용함)에 맡기는 것이 일반적이다. 이것은 기계가독성이라는 관점에서 반드시 필요한 요건은 아니지만 상호 운용성을 위한 유연성을 생각하면 바람직한 방향이라고 할 수 있다.

3.2.6 기존의 규칙에 비해 식별 요소의 대폭 증가

기존의 AACR2R에 비해 기록요소가 크게 늘어났다. 예를 들면, 제3장 '수록매체의 기술'은 종래의 '형태사항'에 해당하지만 수량(3.4), 크기(3.5) 뿐만 아니라 기본재질(3.6), 응용재질(3.7), 마운트(3.8), 제작방법(3.9) 등 20여개에 가까운 요소가 정의되어 있다. 이렇게 요소가 늘어난 것은 종래의 목록규칙에서는 주기나 기타 형태적 세목에서 기록되던 것이며, RDA에서 독립적인 요소로 정의함으로써 이러한 요소를 명확하게 식별할 수 있게 되었다.[50]

또한 제9장 개인 식별을 위한 요소에서도 개인명(9.2)을 비롯하여 출생일자(9.3.2), 개인의 직함(9.4), 성별(9.7), 개인의 활동분야(9.15), 직업(9.16) 등 20여개 요소가 정의되어 있어 기존의 전거레코드보다 식별요소가 대폭 증가하였다.

3.2.7 요소별 기록 데이터의 제시로 선택입력이 가능

식별 요소마다 기록할 데이터의 용어를 대부분 범주화하여 리스트로 제공함으로써 선택입력이 가능하도록 하였다. 예를 들면, 제3장 '수록매체의 기술'가운데 자원의 기본재질(3.6) 요소에는 canvas, paper, textile 등 24개의 용어리스트를 제시함으로써 선택 입력을

49 渡邊隆弘. "新しい目録規則(RDA)から得られるもの：機械可読性の視点から," 図書館界, 第63巻, 第2号(2011), pp.116-117.

50 上揭論文, pp.115-116.

할 수 있도록 하였다.[51]

또한 개체간의 관계에 대해서는 '관계 지시어'를 설정하여 상세한 관계의 종류를 관리하고 있으며, 대부분의 관계 지시어를 범주화하여 부록으로 제시하고 있다. 즉, 부록 I에는 자원과 개인, 가족, 단체간의 관계에 대한 120여개의 관계 지시어를 제시하고 있어 역할표시를 범주화하고 있다. 부록 J에는 저작, 표현형, 구현형, 개별자료간의 관계에 대한 340여개의 관계 지시어를 제시하여 번안, 번역, 계층구조 등 각종 서지적 관계유형을 범주화하고 있다. 부록 K에는 개인, 가족, 단체간의 관계에 대해 20여개의 관계 지시어를 통해 개인이나 가족, 단체에 관한 각종 관계를 범주화하고 있다. 이와 같이 RDA에서는 요소별로 기록할 데이터를 대부분 범주화하여 지침으로 제공하고 있어 목록자가 이들 리스트가운데 선택 입력이 가능하다.

3.3 RDA의 내용

3.3.1 속성

앞서 언급한 바와 같이 RDA의 제1부~제4부(제1장~제16장)에 속성과 관련된 내용을 다루고 있다. 그런데 제4부(제12장~제16장)가 아직 완성이 되지 않았으므로 이 부분을 제외하고, 제1부~제3부에서 제시하고 있는 기술 요소를 중심으로 살펴보기로 한다.

1) 구현형과 개별자료의 속성 기록(제1부)

(1) 구현형과 개별자료의 속성 기록에 대한 일반지침(제1장)

RDA 제1장은 제2장~제4장의 사용설명과 지침의 기초가 되는 기능적 목적과 원칙이 표명되어 있으며, 구현형과 개별자료의 식별 및 기술을 위해 필요한 핵심요소 등에 대해서 상술하고 있다.

① 기능적 목적과 원칙

구현형이나 개별자료를 기술하는 데이터는 이용자가 다음의 기능을 할 수 있어야 한다(RDA 1.2).

a) 이용자가 제시한 탐색 기준에 해당하는 구현형과 개별자료의 탐색

b) 기술된 자원의 식별, 예를 들면 기술된 자원이 찾고자 하는 자원과 일치하는지를

---

51 上揭論文, p.116.

확인하거나 유사한 특성을 가진 복수의 자원을 구별

c) 수록매체의 물리적 특성과 수록매체에 저장된 정보의 형식 및 부호화와 관련하여 이용자의 요구에 적합한 자원을 선정

d) 자원의 확보, 예를 들면 원격 컴퓨터에 온라인 연결을 통해 전자적으로 자원을 구입, 대출 혹은 접근함으로써 자원을 획득

또한 RDA를 사용하여 생성된 데이터가 기능적인 목적을 충족시키도록 보장하기 위해, RDA 1-4장에서 지침과 사용법을 체계화하는 데 다음의 원칙들이 적용되었다(RDA 1.2).

a) 구별성: 데이터는 기술된 자원과 다른 자원을 구별할 수 있어야 함

b) 충분성: 데이터는 해당 자원의 선정과 관련하여 이용자의 요구를 만족시키기에 충분해야 함

c) 표현성: 데이터는 자원 그 자체의 표현성을 반영해야 함

d) 정확성: 자원 상의 정보원에 나타나 있는 표현이 불명확하거나 오류가 있는 경우, 데이터를 바르게 하기 위해 혹은 명확히 하기 위해 보충하는 정보를 제공해야 함

e) 일반 관용법: 자원 그 자체로부터 옮겨 기술한 것이 아닌 데이터는 일반적인 관용법을 반영해야 함

② 간행형태

RDA 2-4장에서 언급하고 있는 자원의 간행형태(mode of issuance)는 아래와 같이 구분된다(RDA 1.1.3).

a) 단일 단위로 간행된 자원(resource issued as a single unit): 단일 물리적 단위(예: 한 권의 단행본과 같은)이거나 무형의 자원과 같은 경우로 단일의 논리적 단위(예: 웹상의 하나의 PDF 파일과 같은)로 간행된 자원

b) 다권본 단행자료(multipart monograph): 일정한 권수로 완성되었거나 완성될 의도가 있는 것(예: 두 권으로 된 사전 혹은 한 세트로 간행된 3개의 오디오카세트)으로, 복수의 권수로 간행된 자원(동시 혹은 순차적으로)

c) 연속간행물(serial): 보통 번호가 매겨져 있지만 종결을 예정하지 않고 연속적으로 간행되는 자원(예: 정기간행물, 단행자료 시리즈, 신문)

d) 통합자원(integrating resource): 분리되어 남아 있지 않고 전체 속으로 통합되어 갱신됨으로써 추가되거나 변경되는 자원. 통합자원은 유형(예: 페이지를 교체하여 갱신되는 가제식 매뉴얼), 혹은 무형(예: 계속하여 혹은 주기적으로 갱신되는 웹사이트)일 수 있다.

③ 기술의 유형

기술의 목적에 따라 자원을 세 가지 유형으로 기술할 수 있다(RDA 1.5).

a) 종합기술(comprehensive description): 다음과 같이 자원의 전체를 기술하는 데 사용될 수 있다.

i) 한 개의 단위로 간행된 자원(예: 하나의 오디오 디스크나 하나의 PDF 문서)

ii) 다권본 단행자료(예: 한 세트로 제작된 3개의 비디오카세트, 혹은 디지털 비디오디스크와 모형, 사용설명 안내책자로 구성된 키트)

iii) 연속간행물(예: 월간 잡지, 혹은 온라인저널)

iv) 통합자원(예: 갱신되는 가제식자료 혹은 정기적으로 갱신되는 웹 사이트)

v) 개인수집가, 판매업자, 도서관, 문서관 등이 수집한 복수의 단위로 구성된 컬렉션(예: 인쇄된 영화프로그램의 개인 컬렉션, 박물관이 편찬한 디지털 이미지 데이터베이스, 개인문서보관소).

특히 종합기술을 하는 경우, 수록매체의 기술 부분, 관련 저작에 대한 참조, 관련 구현형에 대한 참조 등을 상세하게 기록할 수 있다.

b) 분석기술(analytical description): 다음과 같은 유형의 부분을 기술하는 데 사용될 수 있다.

i) 한 개의 단위로 간행되어 보다 큰 규모의 자원에 포함되어 있는 부분(예: 12곡의 악보가 수록된 악보집가운데 한 곡의 악보, 300개의 이미지가 포함된 데이터베이스에서 한 개의 원격탐사이미지)

ii) 복수의 단행자원 중 한 편(예: 필름스트립과 오디오테이프, 팸플릿이 포함되어 있는 키트 중 하나의 필름스트립)

iii) 연속간행물의 한 부분(예: 연속간행물의 한 권, 정기간행물의 한 호, 잡지나 온라인 저널 중 한 편의 글)

iv) 통합자원의 한 부분(예, 갱신되는 한 권으로 된 가제식자료 중 관리용 매뉴얼의 한 장(章), 혹은 정기적으로 갱신되는 웹 사이트 상에서의 하나의 토론자료)

v) 개인수집가, 판매상, 도서관 등이 수집한 컬렉션의 한 부분 등(예: 그림 컬렉션 중 복사판 그림 한 세트 혹은 레퍼토리 극장이 편찬한 데이터베이스 중 한 편의 디지털 공연기록물)

특히 분석기술을 하는 경우 총서사항, 관련 저작에 대한 참조, 관련 구현형에 대한 참조를 상세하게 기록할 수 있다.

c) 계층기술(hierarchical description): 복수의 부분으로 이루어진 자원은 전체를 기술하는 종합기술과 그 부분들 자체를 기술하는 분석기술을 모두 사용할 수 있다. 부분의 자원들이 그들 자체가 지닌 부분으로 더 세분된다면 분석기술로 이를 더 세분하여 작성할 수 있다. 계층기술의 형식으로 복수 부분의 분석기술과 조합하여 전체를 종합기술로 표현하는 데에 따른 지침은 부록 D(RDA D.1.3)를 참조한다.

④ 새로운 기술이 필요한 변경

아래의 경우 새로운 기술을 필요로 하는 변경에 해당한다(RDA 1.6).

a) 다권본 단행자료의 간행방식이나 매체유형 변경

b) 연속간행물의 간행방식이나 매체유형 변경, 본표제의 중대한 변경, 연속간행물이라는 신원을 변경할 필요가 있을 정도로 책임성에 변경이 있는 경우

c) 통합자원의 간행방식이나 매체유형 변경, 통합자원의 바탕자료가 재설정된 경우, 판사항의 변경

그런데 AACR2R에서는 아래의 경우에 새로운 기술이 필요한 변경으로 간주한다.[52]

a) 연속간행물의 본표제에서의 주요한 변경

b) 연속간행물의 기본저록에 영향을 주는 책임성의 변경

(2) 구현형과 개별자료 식별을 위한 요소

제2장은 구현형과 개별자료를 식별하기 위해 가장 빈번히 사용되는 요소에 초점을 두고 있다. 여기에는 아래와 같이 표제, 책임표시, 판사항, 제작 및 발행사항, 총서사항 등의 요소가 포함된다. 이러한 요소는 이용자가 기술된 자원이 자신이 찾는 것과 일치하는지 확인할 수 있게 해주고, 유사한 정보를 가지고 있는 둘 이상의 정보를 구별할 수 있게 해준다. 아래의 요소가운데 *표시를 한 것은 핵심요소(core element)이다.

- 표제(2.3)*
  - 본표제(2.3.2)*
  - 대등표제(2.3.3)
  - 표제관련정보(2.3.4)
  - 대등표제관련정보(2.3.5)
  - 이형표제(2.3.6)

52 *AACR2R* 12.1B8, 21.2, 21.3.

▪ 변경전 본표제(2.3.7)

▪ 변경후 본표제(2.3.8)

▪ 등록표제(2.3.9)

▪ 축약표제(2.3.10)

- 책임표시(2.4)*

  ▪ 본표제관련 책임표시(2.4.2)*

  ▪ 본표제관련 대등책임표시(2.4.3)

- 판사항(2.5)*

  ▪ 판표시(2.5.2)*

  ▪ 대등판표시(2.5.3)

  ▪ 판표시관련 책임표시(2.5.4)

  ▪ 판표시관련 대등책임표시(2.5.5)

  ▪ 특정 개정판의 명칭표시(2.5.6)*

  ▪ 특정 개정판의 대등명칭표시(2.5.7)

  ▪ 특정 개정판의 명칭관련 책임표시(2.5.8)

  ▪ 특정 개정판의 명칭관련 대등책임표시(2.5.9)

- 연속간행물 권호(2.6)*

  ▪ 창간권호의 숫자/알파벳 표시(2.6.2)*

  ▪ 창간권호의 연대표시(2.6.3)*

  ▪ 종간권호의 숫자/알파벳 표시(2.6.4)*

  ▪ 종간권호의 연대표시(2.6.5)*

  ▪ 창간권호의 별도 숫자/알파벳 표시(2.6.6)

  ▪ 창간권호의 별도 연대표시(2.6.7)

  ▪ 종간권호의 별도 숫자/알파벳 표시(2.6.8)

  ▪ 종간권호의 별도 연대표시(2.6.9)

- 제작사항(2.7)*

  ▪ 제작지(2.7.2)

  ▪ 대등제작지(2.7.3)

  ▪ 제작자명(2.7.4)

  ▪ 대등제작자명(2.7.5)

  ▪ 제작일자(2.7.6)*

- 발행사항(2.8)*

▪ 발행지(2.8.2)*
▪ 대등발행지(2.8.3)
▪ 발행자명(2.8.4)*
▪ 대등발행자명(2.8.5)
▪ 발행일자(2.8.6)*

- 배포사항(2.9)*
  ▪ 배포지(2.9.2)*
  ▪ 대등배포지(2.9.3)
  ▪ 배포자명(2.9.4)*
  ▪ 대등배포자명(2.9.5)
  ▪ 배포일자(2.9.6)*
- 제조사항(2.10)*
  ▪ 제조지(2.10.2)*
  ▪ 대등제조지(2.10.3)
  ▪ 제조자명(2.10.4)*
  ▪ 대등제조자명(2.10.5)
  ▪ 제조일자(2.10.6)*
- 판권일자(2.11)*
- 총서사항(2.12)*
  ▪ 총서 본표제(2.12.2)*
  ▪ 총서 대등표제(2.12.3)
  ▪ 총서 표제관련정보(2.12.4)
  ▪ 총서 대등표제관련정보(2.12.5)
  ▪ 총서 책임표시(2.12.6)
  ▪ 총서 대등책임표시(2.12.7)
  ▪ 총서 ISSN(2.12.8)
  ▪ 총서 권호(2.12.9)*
  ▪ 하위총서 본표제(2.12.10)*
  ▪ 하위총서 대등표제(2.12.11)
  ▪ 하위총서 표제관련정보(2.12.12)
  ▪ 하위총서 대등표제관련정보(2.12.13)
  ▪ 하위총서 책임표시(2.12.14)

- 하위총서 대등책임표시(2.12.15)
- 하위총서 ISSN(2.12.16)
- 하위총서 권호(2.12.17)*

– 간행형태(2.13)

– 빈도(2.14)

– 구현형 식별기호(2.15)*

- 음악 발행처번호(2.15.2)
- 음반 판번호(2.15.3)

– 채택된 인용형식(2.16)

– 개별자료 소장내력(2.17)

– 개별자료 입수처(2.18)

– 개별자료 식별기호(2.19)

– 주기(2.20)

- 표제에 관한 주기(2.20.2)
- 책임표시에 관한 주기(2.20.3)
- 판사항에 관한 주기(2.20.4)
- 연속간행물 권호차에 관한 주기(2.20.5)
- 제작사항에 관한 주기(2.20.6)
- 발행사항에 관한 주기(2.20.7)
- 배포사항에 관한 주기(2.20.8)
- 제조사항에 관한 주기(2.20.9)
- 판권일자에 관한 주기(2.20.10)
- 총서사항에 관한 주기(2.20.11)
- 간행빈도에 관한 주기(2.20.12)
- 자원의 식별 근거로 사용된 호나 반복부분(iteration)에 관한 주기(2.20.13)

(3) 수록매체 기술을 위한 요소

제3장은 자원의 매체를 기술하는 데 초점을 두고 있다. 여기에는 아래와 같이 매체유형, 수록매체유형, 수량, 크기, 기본재질 등의 요소가 포함된다. 이러한 요소는 수록매체의 물리적 특성과 여기에 저장된 정보의 형식화와 부호화 측면에서 이용자의 요구에 부합하는 자원을 선택할 때 이용자가 전형적으로 참조하는 정보원이다. 수록매체 기술을 위한 아래의 요소가운데 *표시를 한 것은 핵심요소이다.

- 매체유형(3.2)
- 수록매체유형(3.3)*
- 수량(3.4)*
  - 지도자원의 수량(3.4.2)*
  - 악보의 수량(3.4.3)*
  - 정지화상의 수량(3.4.4)*
  - 텍스트의 수량(3.4.5)*
  - 3차원 형식의 수량(3.4.6)*
- 크기(3.5)
  - 지도자원의 크기(3.5.2)
  - 정지화상의 크기(3.5.3)
- 기본재질(3.6)
  - 마이크로필름, 마이크로피시, 사진필름, 영화필름의 기본재질(3.6.2)
- 응용재질(3.7)
  - 마이크로필름과 마이크로피시의 감광유제(3.7.2)
- 마운트(3.8)
- 제작방법(3.9)
  - 필사본의 제작방법(3.9.2)
  - 촉감자원의 제작방법(3.9.3)
- 세대(3.10)
  - 녹음자료 세대(3.10.2)
  - 디지털자원 세대(3.10.3)
  - 마이크로자료 세대(3.10.4)
  - 영화필름 세대(3.10.5)
  - 비디오테이프 세대(3.10.6)
- 레이아웃(3.11)
  - 이미지 지도의 레이아웃(3.11.2)
  - 촉감 악보의 레이아웃(3.11.3)
  - 촉감 텍스트의 레이아웃(3.11.4)
- 도서형식(3.12)
- 글자크기(3.13)
- 극성(3.14)
- 축소율(3.15)

- 음향특성(3.16)
  - 녹음방식(3.16.2)
  - 녹음매체(3.16.3)
  - 재생속도(3.16.4)
  - 음구특성(3.16.5)
  - 트랙배치(3.16.6)
  - 테이프 수(3.16.7)
  - 재생채널 수(3.16.8)
  - 특정 재생 특성(3.16.9)
- 영화필름의 영사특성(3.17)
  - 표현형식(3.17.2)
  - 영사속도(3.17.3)
- 비디오 특성(3.18)
  - 비디오형식(3.18.2)
  - 방송표준(3.18.3)
- 디지털파일 특성(3.19)
  - 파일유형(3.19.2)
  - 부호화형식(3.19.3)
  - 파일크기(3.19.4)
  - 해상도(3.19.5)
  - 지역부호(3.19.6)
  - 전송속도(3.19.7)
  - 지도 내용의 디지털표현(3.19.8)
- 장치나 시스템요건(3.20)
- 개별자료의 특정 수록매체 특성(3.21)
  - 변경전 인쇄자원에 대한 개별자료의 특정 수록매체 특성(3.21.2)
- 주기(3.22)
  - 구현형의 수량에 관한 주기(3.22.2)
  - 개별자료의 수량에 관한 주기(3.22.3)
  - 구현형의 크기에 관한 주기(3.22.4)
  - 개별자료의 크기에 관한 주기(3.22.5)
  - 수록매체 특성의 변화에 관한 주기(3.22.6)

(4) 입수 및 접근정보 제공을 위한 요소

제4장은 입수 및 접근 조건에 관한 정보에 초점을 두고 있다. 여기에는 아래와 같이 입수 조건, 교신정보, 이용제한 등 이용자가 자원을 확보하거나 접근하는 데 사용되는 요소들이 포함되어 있다. 여기에 대한 구체적인 기술요소는 아래와 같다.

- 입수조건(4.2)
- 교신정보(4.3)
- 접근제한(4.4)
- 이용제한(4.5)
- 인터넷 웹주소(4.6)

2) 저작과 표현형의 속성 기록(제2부)

(1) 저작과 표현형의 속성 기록에 대한 일반지침(제5장)

제5장은 제6장과 제7장의 사용설명과 지침의 기초가 되는 기능적인 목적과 원칙을 표명하고 있으며, 저작 및 표현형의 식별과 기술을 위해 필요한 핵심요소들이 상술되어 있다. 또한 저작 및 표현형을 나타내는 전거형 접근점과 이형 접근점 작성에 관한 일반적인 사용설명과 지침을 제공하고 있다.

① RDA의 기능적 목적과 원칙(5.2)

저작이나 표현형의 속성을 반영하기 위해 기록된 데이터는 이용자들이 다음의 사항을 할 수 있어야 한다.

a) 이용자가 제시한 탐색 기준에 적합한 저작과 표현형의 탐색
b) 데이터에 의해 나타난 저작이나 표현형의 식별
c) 저작을 나타내기 위해 사용된 표제와 그 저작의 알려진 또 다른 표제(예: 다른 언어로 된 표제) 간의 관계를 이해
d) 형태나 이용대상, 언어 등과 관련하여 이용자의 요구에 적합한 저작이나 표현형을 선정

또한 RDA를 사용하여 작성된 데이터가 그 자체의 기능적인 목적을 충족시킬 수 있도록 하기 위해 RDA 6장과 7장의 지침과 사용법에 다음과 같은 원칙들을 적용하였다.

a) 구별성: 데이터는 저작이나 표현형을 다른 것과 구별할 수 있는 역할을 해야 함
b) 표현성: 저작의 채택표제로 지정된 표제는 원어로 된 저작을 내포한 자원에서 가장 자주 나타나는 표제이어야 하며, 혹은 참고문헌에서 나타나는 표제, 저작을

내포하고 있는 자원에서 가장 자주 발견되는 표제이어야 한다. 저작이나 참고문헌에 수록된 자원에서 나타나는 기타 표제나 이용자가 탐색을 위해 사용될 것으로 예상되는 표제는 이형 표제로 기록되어야 함

② 저작이나 표현형의 접근점(5.5, 5.6)

a) 저작이나 표현형을 나타내기 위해 전거형 접근점을 작성하는 경우, 저작의 채택표제를 기록하며, 적용 가능하면 저작에 대해 책임을 지는 개인이나 가족, 단체에 대한 전거형 접근점과 저작의 채택표제를 순서대로 조합하여 저작을 나타내는 전거형 접근점을 작성한다.

b) 저작이나 표현형을 나타내는 이형 접근점을 작성하는 경우, 저작에 대한 이형 표제를 기록하며, 이형표제에는 상이하게 표현되는 언어형식이나 문자, 철자, 번자 등이 해당된다.

여기에 대한 보다 자세한 내용은 '3.3.4 접근점'에서 소개하기로 한다.

한편 저작과 표현형의 속성기록에 대한 기술요소는 아래와 같다.

- 식별상태(5.7)
- 참고정보원(5.8)
- 목록자주기(5.9)

(2) 저작과 표현형 식별을 위한 요소

제6장은 저작과 표현형을 식별하기 위한 목적으로 가장 널리 사용되는 요소들에 초점을 두고 있다. 여기에는 아래와 같이 저작의 채택표제, 이형표제, 저작의 형식, 일자, 원생산지, 내용유형, 언어, 식별기호 등 다양한 요소가 포함된다. 이러한 요소는 이용자가 기록된 저작이나 표현형이 자신이 찾는 것과 일치하는지 확인할 수 있게 해주고, 유사한 식별정보를 가지고 있는 둘 이상의 저작이나 표현형을 구별할 수 있게 해준다. 또한 제6장에는 채택표제와 이형표제, 기타 음악저작, 법률저작, 종교저작, 공식전언(official communication) 등의 속성을 식별하는 부가적인 지침도 포함되어 있다. 아래의 요소가운데 *표시를 한 것은 핵심요소이다.

- 저작의 표제(6.2)*
  - 저작의 채택표제(6.2.2)*
  - 저작의 이형표제(6.2.3)

- 저작의 형식(6.3)*
- 저작의 일자(6.4)*
- 저작의 원생산지(6.5)*
- 저작의 기타 식별특성(6.6)*
- 저작의 내력(6.7)
- 저작의 식별기호(6.8)*
- 내용유형(6.9)*
- 표현형의 일자(6.10)*
- 표현형의 언어(6.11)*
- 표현형의 기타 식별특성(6.12)*
- 표현형의 식별기호(6.13)*
- 음악저작의 표제(6.14)*
  - 음악저작의 채택표제(6.14.2)*
  - 음악저작의 이형표제(6.14.3)
- 연주매체(6.15)*
- 음악저작의 숫자표시(6.16)*
- 장조(6.17)*
- 음악저작의 표현형에 관한 기타 식별특성(6.18)*
- 법률저작의 표제(6.19)*
  - 법률저작의 채택표제(6.19.2)*
  - 법률저작의 이형표제(6.19.3)
- 법률저작의 일자(6.20)*
  - 법률의 공포일자(6.20.2)*
  - 조약의 조인일자(6.20.3)*
- 법률저작의 기타 식별특성(6.21)*
- 조약 조인국(6.22)*
- 종교저작의 표제(6.23)*
  - 종교저작의 채택표제(6.23.2)*
  - 종교저작의 이형표제(6.23.3)
- 종교저작의 표현형 일자(6.24)*
- 종교저작의 표현형에 관한 기타 식별특성(6.25)*
- 공식전언 표제(6.26)*

▪ 공식전언을 위한 채택표제(6.26.2)*

▪ 공식전언을 위한 이형표제(6.26.3)

(3) 내용기술을 위한 요소

제7장은 자원의 지적 또는 예술적 내용과 연관된 저작과 표현형의 속성에 기술에 관한 일반지침과 사용법을 제공한다. 즉, 이용자들이 내용에 대한 요구를 충족시키기 위해 자원을 선택할 때 전형적으로 의존하는 저작과 표현형의 속성에 초점을 두고 있다. 여기에는 아래와 같이 내용의 특징, 범위, 이용대상자, 언어 등 다양한 요소가 포함되며, 이 가운데 *표시를 한 것은 핵심요소이다.

- 내용의 특징(7.2)
- 내용의 범위(7.3)
- 지도내용의 좌표(7.4)
  ▪ 경도와 위도(7.4.2)
  ▪ 좌표 쌍(7.4.3)
  ▪ 적경과 적위(7.4.4)
- 분점(7.5)
- 기점(7.6)
- 이용 대상자(7.7)
- 조직체계(7.8)
- 학위논문정보(7.9)
  ▪ 학위(7.9.2)
  ▪ 수여기관 또는 학부(7.9.3)
  ▪ 학위수여년도(7.9.4)
- 내용요약(7.10)
- 캡처 장소 및 일자(7.11)
  ▪ 캡처 장소(7.11.2)
  ▪ 캡처 일자(7.11.3)
- 내용 언어(7.12)
- 표시법 형식(7.13)
  ▪ 스크립트(7.13.2)
  ▪ 기보법 형식(7.13.3)

- ▪ 촉감 표시법 형식(7.13.4)
  - ▪ 동작 표시법 형식(7.13.5)
- – 내용의 접근 가능성(7.14)
- – 삽화내용(7.15)
- – 부록내용(7.16)
- – 색상내용(7.17)
  - ▪ 정지화상의 색상(7.17.2)
  - ▪ 동영상의 색상(7.17.3)
  - ▪ 3차원 형식의 색상(7.17.4)
  - ▪ 시각장애인을 위한 자원의 색상내용(7.17.3)
- – 음향내용(7.18)
- – 화면의 가로세로 비율(7.19)
- – 악보형식(7.20)
- – 음악내용의 실행매체(7.22)
- – 실행시간(7.22)
- – 배역진, 내레이터, 발표자(7.23)
- – 예술 및 기술 제작진(7.24)
- – 비율(7.25)*
  - ▪ 정지화상 또는 3차원 형식의 비율(7.25.2)
  - ▪ 지도내용의 수평축척(7.25.3)*
  - ▪ 지도내용의 수직축척(7.25.4)*
  - ▪ 부가적 비율 정보(7.25.5)
- – 지도내용의 도법(7.26)
- – 지도내용의 기타 상세한 특성(.7.27)
- – 수상(7.28)

3) 개인, 가족, 단체의 속성 기록(제3부)

(1) 개인, 가족, 단체의 속성 기록에 대한 일반지침(제8장)

제8장은 제9장~제11장의 사용설명과 지침의 기초가 되는 기능적인 목적 및 원칙을 표명하고 있으며, 개인, 가족, 단체의 식별을 위해 필요한 요소들에 대해서 상술하고 있다(RDA 8.2)

① 기능적 목적과 원칙

개인이나 가족, 단체의 속성을 반영하기 위해 기록된 데이터는 다음과 같은 이용자의 활동을 지원해야 한다.

a) 이용자의 탐색 기준에 적합한 개인이나 가족, 단체의 발견
b) 데이터로 표현된 개인이나 가족, 단체의 식별
c) 개인이나 가족, 단체를 나타내기 위해 사용된 특정 이름과 그 외에 개인이나 가족, 단체에 대해 알려진 다른 이름 간의 관계의 이해
d) 특정 이름이나 특정 이름의 형식이 채택된 이름이나 이형 이름으로 기록된 근거의 이해

또한 RDA에 따라 작성된 데이터가 위와 같은 기능상의 목표를 충족시키는지를 확인하기 위해서, 다음과 같은 원칙이 RDA 9～11장의 지침과 사용법을 구성하는데 적용되었다(RDA 8.2)

a) 차별성: RDA에 따라 작성된 데이터는 개인이나 가족, 단체를 다른개체와 구분할 수 있어야 함
b) 대표성: 개인이나 가족, 단체에 대한 채택된 이름으로 선정된 이름이나 이름의 형식은 그 개인이나 가족, 단체와 관련된 자원에서 가장 빈번하게 나타나는 이름 또는 이름의 형식이거나, 목록 작성기관에서 채택된 언어나 문자로 널리 인정되는 이름이나 이름의 형식이어야 한다. 개인이나 가족, 단체와 관련된 자원이나 참고 정보원에 기재되어 있거나 이용자가 탐색을 수행할 때 예상할 수 있는 이름이나 이름의 형식은 모두 이형 이름으로 기록해야 함
c) 언어 선정기준: 개인이나 가족, 단체에 대한 채택된 이름이나 이름의 형식은 그 개인이나 가족, 단체와 관련된 자원에서 사용한 원래의 언어나 문자로 된 이름이나 이름의 형식이어야 함
d) 관용 표현 또는 관행: 채택된 이름에서 첫 번째 요소로 사용된 개인명이나 가족명의 일부분은 해당 개인이나 가족과 가장 밀접하게 관련된 국가나 언어의 관행을 반영해야 함

② 개인, 가족, 단체를 나타내는 전거형 접근점

개인이나 가족, 단체를 나타내는 전거형 접근점을 작성할 때는 채택 개인명(RDA 9.2.2)이나 채택 가족명(RDA 10.2.2), 채택 단체명(RDA 11.2.2)을 기준으로 한다.

③ 개인, 가족, 단체를 나타내는 이형 접근점

개인이나 가족, 단체를 나타내는 이형 접근점을 작성할 때는 이형 개인명(RDA 9.2.3)이나 이형 가족명(RDA 10.2.3), 이형 단체명(RDA 11.2.3)을 기준으로 한다.

한편 개인이나 가족, 단체의 속성 기록을 위한 요소는 아래와 같다.

- 이용범위(8.8)
- 사용일(8.9)
- 식별상태(8.10)
- 차이가 없는 이름 구분기호(8.11)
- 참고정보원(8.12)
- 목록자주기(8.13)

(2) 개인 식별을 위한 요소

제9장에서는 채택 개인명과 이형 개인명을 선정하고 기록하며, 개인의 기타 식별 속성을 기록하기 위한 종합지침과 사용법을 제공한다. 여기에는 아래와 같이 개인명, 개인과 관련된 일자, 성별, 직함, 출생지, 사망지, 활동분야, 직업 등의 요소가 포함된다. 이러한 요소는 이용자로 하여금 유사한 이름 등을 가지고 있는 둘 이상의 개인을 구별할 수 있게 해주며, 자신이 찾는 정보와 일치하는지 확인할 수 있게 해준다. 아래의 요소가운데 *표시를 한 것은 핵심요소이다.

- 개인명(9.2)*
  - 채택 개인명(9.2.2)*
  - 이형 개인명(9.2.3)
- 개인과 관련된 일자(9.3)
  - 출생일자(9.3.2)*
  - 사망일자(9.3.3)*
  - 개인의 활동시기(9.3.4)*
- 개인의 직함(9.4)*
- 개인명의 완전형(9.5)*
- 개인과 관련된 기타 표시(9.6)*
- 성별(9.7)
- 출생지(9.8)

- 사망지(9.9)
- 개인과 관련된 국가(9.10)
- 거주지(9.11)
- 개인의 주소(9.12)
- 입회(9.13)
- 개인의 언어(9.14)
- 개인의 활동분야(9.15)*
- 직업(9.16)*
- 전기정보(9.17)
- 개인 식별기호(9.18)*

(2) 가족 식별을 위한 요소

제10장에서는 채택 가족명과 이형 가족명을 선정하고 기록하며, 가족의 기타 식별 속성을 기록하기 위한 종합지침과 사용법을 제공한다. 여기에는 아래와 같이 가족명, 가족유형, 가족과 관련된 일자 및 장소, 세습 칭호, 가족사 등의 요소가 포함되어 있다. 아래의 요소가운데 *표시를 한 것은 핵심요소이다.

- 가족명(10.2)*
  - 채택 가족명(10.2.2)*
  - 이형 가족명(10.2.3)
- 가족유형(10.3)
- 가족과 관련된 일자(10.4)*
- 가족과 관련된 장소(10.5)*
- 가족의 저명인물(10.6)*
- 세습 칭호(10.7)
- 가족사(10.8)
- 가족 식별기호(10.9)*

(3) 단체 식별을 위한 요소

제11장에서는 채택 단체명과 이형 단체명을 선정하고 기록하며, 단체의 기타 식별 속성을 기록하기 위한 종합지침과 사용법을 제공한다. 여기에는 아래와 같이 단체명, 단체와 관련된 장소 및 일자, 연관기관 등의 요소가 포함되며, 이 가운데 *표시를 한 것은 핵심요소이다.

- 단체명(11.2)
  - 채택 단체명(11.2.2)*
  - 이형 단체명(11.2.3.)
- 단체와 관련된 장소(11.3)*
  - 회의장소 등(11.3.2)*
  - 본사의 위치(11.3.3)*
- 단체와 관련된 일자(11.4)*
  - 회의일자 등(11.4.2)*
  - 설립일자(11.4.3)*
  - 해체일자(11.4.4)*
- 연관기관(11.5)*
- 회차(11.6)*
- 단체와 관련된 기타 표시(11.7)*
- 단체의 언어(11.8)
- 단체의 주소(11.9)
- 단체의 활동분야(11.10)
- 단체의 내력(11.11)
- 단체 식별기호(11.12)*

3.3.2 관계

앞서 언급한 바와 같이 RDA의 제5부~제10부(제17장~제37장)에 개체간의 관계와 관련된 내용을 다루고 있다. 즉, 제5부는 자료상호(FRBR 제1집단)간의 세로관계, 제6부는 자료와 행위주체(FRBR 제2집단)간의 관계, 제8부는 자료상호간의 가로관계, 제9부는 행위주체간의 관계를 다루고 있다. 그런데 제7부(제23장)와 제10부(제33장~제36장)가 아직 완성이 되지 않았으므로 이 부분을 제외한 관계 요소를 중심으로 살펴보기로 한다.

1) 저작, 표현형, 구현형, 개별자료간의 주요 관계 기록

(1) 저작, 표현형, 구현형, 개별자료간의 주요 관계 기록을 위한 일반지침

RDA 제5부 제17장은 저작, 표현형, 구현형, 개별자료간의 주요 관계를 기록하기 위한 지침과 사용법에 제시된 기능상의 목표와 원칙을 설정하고, 각 목표를 이루기 위한 핵심요소를 구체적으로 상술하고 있다. 또한 주요 관계를 기록하기 위한 식별기호, 전거형 접근점,

그리고 통합기술(composite description)에 관한 일반지침과 사용법도 제공하고 있다.

① 기능적 목적과 원칙

저작이나 표현형, 구현형, 개별자료간의 주요 관계를 반영하기 위해 기록된 데이터는 다음과 같은 이용자의 활동을 지원해야 한다.

a) 특정 저작이나 특정 표현형을 구현한 모든 자원의 발견

b) 특정 구현형의 사례인 모든 개별자료의 발견

또한 RDA의 사용법에 따라 생성된 데이터가 위의 기능상의 목표를 충족시키기 위해서는 해당 데이터가 저작이나 표현형, 구현형, 개별자료간의 주요 관계를 반영해야 한다.

② 범위

주요 관계의 범위는 저작, 표현형, 구현형, 개별자료간의 관계이며 아래의 3가지로 구분된다.

a) 저작과 그 저작의 실현인 표현형과의 관계

b) 저작의 표현형과 그 표현형을 구체화한 구현형과의 관계

c) 구현형과 그 구현형의 사례인 개별자료간의 관계

③ 기록방식

a) 관련 저작이나 표현형, 구현형, 개별자료의 식별기호

예) ISWC: T-072.106.546-8

ISBN 978-1-59688-083-2

b) 관련 저작이나 표현형을 나타내는 전거형 접근점

예) United States. Constitution of the United States

c) 통합 기술

구현형에 대한 기술과 저작이나 표현형을 식별하는 하나 이상의 요소를 합친 통합 기술을 한다.

예) Beethoven, Ludwig van, 1770-1827. Sonatas, violin, piano, no. 2, op. 12, no. 2, A major. Allegro piacèole; arranged
Divertimento, op. 12, no. 2 / L. van Beethoven ; transcribed for woodwind by George J. Trinkaus. — New York : M. Witmark & Sons, ©1933. — Arranged for flute, oboe, clarinet, horn, and bassoon
(구현형의 기술과 통합된 표현형인 음악 콘텐트의 연주 수단)

(2) 저작, 표현형, 구현형, 개별자료간의 주요 관계 기록을 위한 요소

저작, 표현형, 구현형, 개별자료간의 주요 관계 기록을 위한 요소는 아래와 같다. 이 가운데 핵심요소는 구현된 저작과 구현형된 표현형이다(아래의 요소가운데 *표시). 복수의 저작(표현형)이 해당 구현형으로 구현되어 있을 때는 주로 최초의 저작(표현형)에 관한 관계만을 핵심요소로 한다(RDA 17.3).

- 저작의 표현형(17.5)
- 표현된 저작(17.6)
- 저작의 구현형(17.7)
- 구현된 저작(17.8)*
- 표현형의 구현형(17.9)
- 구현된 표현형(17.10)*
- 구현형의 개별자료(17.11)
- 예시화된 구현형(17.12)

(3) 저작, 표현형, 구현형, 개별자료간의 관계 모형

RDA 제5부는 FRBR에 있어 저작에서 표현형으로의 관계 즉, '실현되다'에 대응하는 요소로 '저작의 표현형(expression of work)'과 '표현된 저작(worked expressed)'을 설정하고 있다. 여기서 전자의 요소는 저작에 해당되며, 저작 측에서 이러한 관계를 기록할 경우에 사용된다. 후자는 표현형에 해당되며, 표현형 측에서 관계를 기록할 때 사용된다. 마찬가지로 FRBR에 있어 표현형에서 구현형으로의 관계 즉, '구현되다'에 대응하는 요소로 '표현형의 구현형(manifestation of expression)'과 '구현된 표현형(expression manifested)'이 설정되어 있으며, 구현형에서 개별자료로의 관계 즉, '사례가 되다'에 대응하는 요소로 '구현형의 예시(exemplar of manifestation)'와 '예시된 구현형(manifestation exemplified)'이 설정되어 있다. 이러한 요소가 RDA에서는 개체 간의 관계가 된다. 그리고 RDA는 저작과 구현형 간의 관계를 기록하는 요소 '저작의 구현형'과 '구현된 저작'을 설정하고, 동시에 구현형 측에 기록하는 후자의 요소는 필수 항목에 해당하는 '핵심요소'라고 되어 있다. 이러한 점이 FRBR과 RDA의 큰 차이점이라고 할 수 있으며, 이를 그림으로 나타내면 〈그림 3-1〉과 같이 나타낼 수 있다.[53]

---

53 Shoichi Taniguchia, "Viewing RDA from FRBR and FRAD: Does RDA Represent a Different Conceptual Model?" *Cataloging & Classification Quarterly*, Vol.50, No.8 (2012), p.932.

2) 자원과 관련 있는 개인, 가족, 단체간의 관계 기록

(1) 자원과 관련 있는 개인, 가족, 단체간의 관계 기록을 위한 일반 지침

RDA 제6부 제18장은 제19장~제22장의 사용설명과 지침의 기초가 되는 기능적 목적과 원칙을 표명하고 있으며, 자원 및 이들 자원과 관련된 개인, 가족, 단체들간의 관계를 반영하기 위해 필요한 요소들을 상술하고 있다.

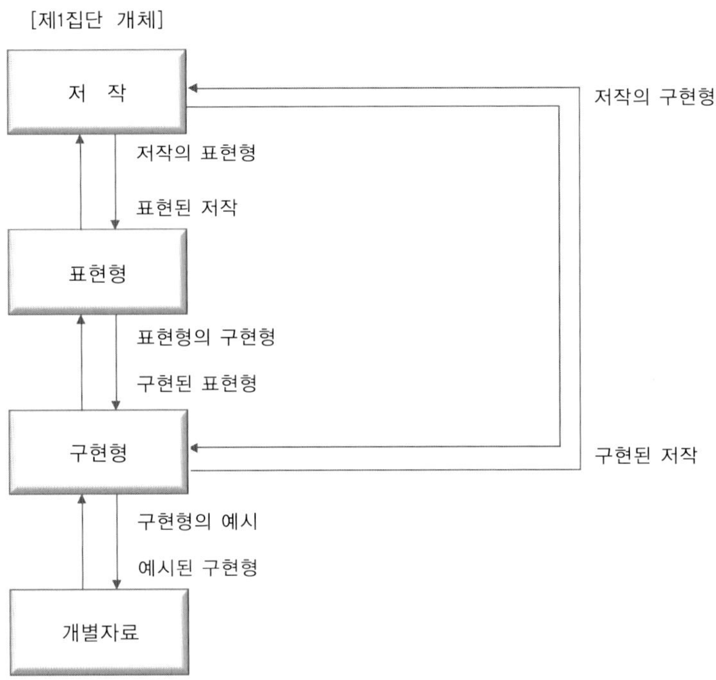

〈그림 3-1〉 RDA: 저작, 표현형, 구현형, 개별자료간의 주요 관계

① 기능적 목적과 원칙

자원과 관련된 개인이나 가족, 단체간의 관계를 반영하기 위해 기록된 데이터는 이용자가 특정 개인이나 가족, 단체와 관련된 모든 자원을 찾을 수 있도록 지원해야 한다.

또한 RDA에 따라 생성된 데이터가 위의 기능상의 목표를 충족시키기 위해서는 해당 데이터가 자원과 관련 개인이나 가족, 단체와 갖는 주요한 관계를 모두 반영해야 한다.

② 기록방식

a) 자원과 관련 있는 개인이나 가족, 단체의 식별기호

예) Library and Archives Canada control number: 0062A7592E
(*Canadian Lesbian and Gay History Network newsletter*의 발행기관을 나타내는 Canadian Lesbian and Gay History Network의 식별기호)

b) 개인이나 가족, 단체를 나타내는 전거형 접근점

예) Canadian Lesbian and Gay History Network
(*Canadian Lesbian and Gay History Network newsletter*의 발행기관을 나타내는 전거형 접근점)

③ 관계 표시어

개인이나 가족, 단체를 나타내는 식별기호 또는 전거형 접근점과 연계하여 각 관계의 특성을 명확하게 나타낼 수 있는 용어를 RDA 부록 I를 참고하여 관계 표시어로 나타낸다. 예를 들면, author, artist, designer, addressee, director, animator, performer 등을 기재한다.

한편 자원과 관련 있는 개인이나 가족, 단체간의 관계 기록을 위한 요소는 아래와 같다.

- 관계 표시어(18.5)
- 자원과 관련 있는 개인이나 가족, 단체에 관한 주기(18.6)

(2) 자원과 관련 있는 개인, 가족, 단체간의 관계 기록을 위한 요소

자원과 관련 있는 개인, 단체, 가족간의 관계 기록을 위한 요소는 아래와 같다. 이 가운데 핵심요소는 창작자와 해당 저작과 관련이 있는 기타 개인, 가족, 단체이다. 이때 창작자가 복수인 경우, 저작을 구현한 자원이나 참고정보원에 첫 번째로 명명되어 주된 책임성을 가진 창작자(creator)만 포함한다. 해당 저작과 관련이 있는 기타 개인이나 가족, 단체의 경우, 개인이나 가족, 단체를 나타내는 접근점이 해당 저작을 나타내는 주요 접근점으로 사용된 경우로 한정하고 있다(RDA 18.3).

① 저작과 관련 있는 개인, 가족, 단체

제19장은 저작과 관련 있는 개인, 단체, 가족간의 관계를 반영하기 위한 일반지침과 사용법을 제공하고 있다. 여기에는 저작의 창작자와 해당 저작과 관련이 있는 기타 개인이나 가족, 단체 등의 요소가 포함된다.

- 창작자(19.2)*

- 저작과 관련 있는 기타 개인이나 가족, 단체(19.3)*
  ▪ 법률저작과 관련 있는 기타 개인이나 가족, 단체(19.3.2)*
  ▪ 종교저작과 관련 있는 기타 개인이나 가족, 단체(19.3.3)*

② 표현형과 관련 있는 개인, 가족, 단체

제20장은 표현형과 관련 있는 개인, 단체, 가족간의 관계를 반영하기 위한 일반지침과 사용법을 제공하고 있다. 여기에는 표현형을 통해 저작의 실현에 기여한 개인이나 가족, 단체 즉, 편집자, 역자, 편곡자 등의 요소가 포함된다. 또한 주석이나 삽화, 음악이 부가적으로 포함된 저작의 표현형은 해설자, 삽화가, 작곡가가 기여자(contributor)로 간주된다. 즉, 표현형과 관련 있는 개인, 단체, 가족의 기술요소는 아래와 같다.

- 기여자(20.2)

③ 구현형과 관련 있는 개인, 가족, 단체

제21장은 구현형과 관련 있는 개인, 단체, 가족간의 관계를 반영하기 위한 일반지침과 사용법을 제공하고 있다. 여기에는 자원을 제작, 발행, 배포, 제조하는데 관련이 있는 기타 개인이나 가족, 단체 등의 요소가 포함된다.

- 미간자원의 제작자(21.2)
- 발행자(21.3)
- 배포자(21.4)
- 제조자(21.5)
- 구현형과 관련 있는 기타 개인이나 가족, 단체(21.6)

④ 개별자료와 관련 있는 기타 개인, 가족, 단체

제22장은 개별자료와 관련 있는 개인, 단체, 가족간의 관계를 반영하기 위한 일반지침과 사용법을 제공하고 있다. 여기에는 아래와 같이 자원의 소유권자(owner)와 소장자(custodian) 등의 요소가 포함된다.

- 소유권자(22.2)
- 소장자(22.3)
- 개별자료와 관련 있는 기타 개인이나 가족, 단체(22.4)

(3) 자원과 관련이 있는 개인, 가족, 단체간의 관계 모형

RDA 제6부는 제1집단의 개체와 개인이나 가족, 단체와의 관계를 기록하는 요소가 설정되어 있다. 예를 들어, 저작과의 관계는 '창작자'와 '저작과 관련이 있는 기타 개인이나 가족, 단체'를 사용하여 기록한다. 마찬가지로 표현형과의 관계 기록에 '기여자', 구현형과의 관계는 '미간자원의 제작자(producer of an unpublished)', '발행자', '배포자', '제조자(manufacturer)', '구현형과 관련이 있는 기타 개인이나 가족, 단체', 그리고 개별자료와의 관계에는 '소유권자', '소장자', '개별자료와 관련 있는 기타 개인이나 가족, 단체'가 있다. 이를 그림으로 나타내면 〈그림 3-2〉와 같이 나타낼 수 있으며, 이는 FRBR에서의 관계보다 더 세분되어 있지만 전체적인 구성은 거의 동일하다고 할 수 있다.[54]

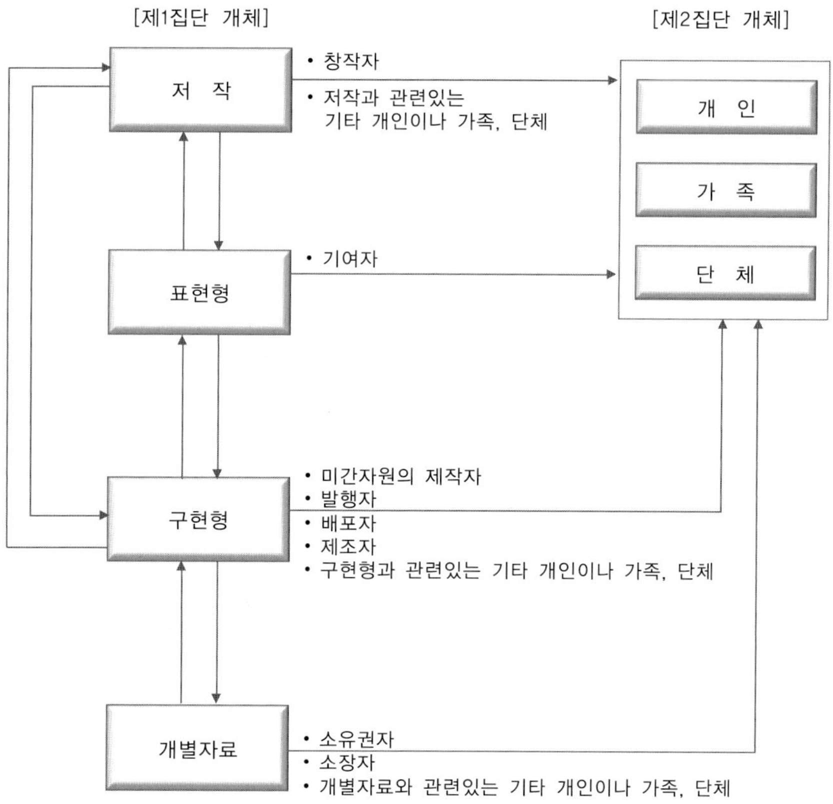

〈그림 3-2〉 RDA: 자원과 개인, 가족, 단체간의 관계

54 Shoichi Taniguchia, "Viewing RDA from FRBR and FRAD: Does RDA Represent a Different Conceptual Model?" *Cataloging & Classification Quarterly*, Vol.50, No.8(2012), p.933.

3) 저작, 표현형, 구현형, 개별자료간의 관계 기록

(1) 저작, 표현형, 구현형, 개별자료간의 관계 기록을 위한 일반 지침

RDA 제8부 제24장은 제25장~제28장의 사용설명과 지침의 기초가 되는 기능적인 목적과 원칙을 표명하고 있으며, 저작, 표현형, 구현형, 개별자료들간의 관계를 반영하기 위해 필요한 요소들에 대해서 상술하고 있다. 여기에는 파생저작과 출처간의 관계, 복제물과 원본 구현형간의 관계를 기록하기 위해 사용되는 요소들이 포함되어 있다.

① 기능적 목적과 원칙

저작이나 표현형, 구현형, 개별자료간의 주요 관계를 반영하기 위해 기록된 데이터는 다음과 같은 이용자의 활동을 지원해야 한다.

a) 특정 저작이나 특정 표현형을 구현한 모든 자원의 발견

b) 특정 구현형의 사례인 모든 개별자료의 발견

또한 RDA에 따라 생성된 데이터가 위의 기능상의 목표를 충족시키기 위해서는 해당 데이터가 전거형 접근점으로 나타난 저작이나 표현형, 구현형, 개별자료간의 주요한 관계를 반영해야 한다.

② 기록방식

a) 관련 저작이나 표현형, 구현형, 개별자료의 식별기호

예) University of Western Australia law review = ISSN 0042-0328
(관련 자원의 등록표제와 연계하여 제공된 ISSN)

b) 관련 저작이나 표현형을 나타내는 전거형 접근점

예) Shakespeare, William, 1564-1616. Taming of the shrew
(RDA 6.27.1-6.27.2와 6.27.3중에 적용 가능한 사용법에 따라
작성된 관련 저작이나 표현형을 나타내는 전거형 접근점을 제공)

c) 관련 저작이나 표현형, 구현형, 개별자료의 기술

구조화된 방식 또는 비구조화된 방식으로 기술함.

예) 구조화된 방식
Reprint of: Venice / by Cecil Roth. -- Philadelphia : The Jewish Publication Society of America, 1930.

비구조화된 방식

Reprint of 'Venice' published in The Jewish Publication Society of America, Philadelphia by Cecil Roth, 1930.

③ 관계 표시어

저작이나 표현형, 구현형, 개별자료간의 관계 특성을 명확하게 나타낼 수 있는 용어를 관계 표시어로 기록하며, RDA 부록 J를 참고하여 나타낸다.

예) continued by

: Annual law review / University of Western Australia.

(이는 *Annual law review*의 속편인 *University of Western Australia law review*와의 관계 표시어로 'continued by'가 기록됨)

다음과 같이 비구조화된 기술 방식으로 나타낼 수도 있다.

예) Based on the author's dissertation (doctoral - University of Helsinki, 2002)

한편 저작, 표현형, 구현형, 개별자료간의 관계 기록을 위한 일반 요소는 아래와 같다.

- 관계 표시어(24.5)
- 편차(24.6)
- 참고정보원(24.7)
- 목록자주기(24.8)

(2) 저작, 표현형, 구현형, 개별자료간의 관계 기록을 위한 요소

저작, 표현형, 구현형, 개별자료간의 관계기록을 위한 요소는 다음과 같으며, 이들 요소는 모두 선택사항이다.

① 관련 저작

제25장은 저작간의 관계를 기록하기 위한 일반지침과 사용법을 제공하고 있다. 여기서 관련 저작(related work)이란 기술된 자원과 관련이 있는 저작, 예를 들면, 개작서나 주석서, 부록, 속편, 상위저작의 일부분 등을 말한다.

- 관련 저작(25.1)
- 관계의 설명(25.2)

② 관련 표현형

제26장은 표현형간의 관계를 기록하기 위한 일반지침과 사용법을 제공하고 있다. 여기서 관련 표현형(related expression)이란 식별기호, 전거형 접근점 또는 기술에 나타난 특정 표현과 관련이 있는 표현형, 예를 들면, 개정판, 번역 등을 말한다.

- 관련 표현형(26.1)
- 관계의 설명(26.2)

③ 관련 구현형

제27장은 구현형간의 관계를 기록하기 위한 일반지침과 사용법을 제공하고 있다. 여기서 관련 구현형(related manifestation)이란 기술된 자원과 관련이 있는 구현형, 예를 들면, 다른 형식의 구현형 등을 말한다.

- 관련 구현형(27.1)

④ 관련 개별자료

제28장은 개별자료간의 관계를 기록하기 위한 일반지침과 사용법을 제공하고 있다. 여기서 관련 개별자료(related item)란 기술된 자원과 관련이 있는 개별자료, 예를 들면, 마이크로자료 복제의 기초로 사용된 개별자료 등을 말한다.

- 관련 개별자료(28.1)

(3) 저작, 표현형, 구현형, 개별자료간의 관계유형

RDA 제8부는 저작, 표현형, 구현형, 개별자료간의 관계기록을 규정하고 있다. 저작간의 관계는 '관련 저작', 표현형간의 관계는 '관련 표현형', 구현형간의 관계는 '관련 구현형', 개별자료간의 관계는 '관련 개별자료' 요소에 각각 기록하게 된다. 또한 이러한 요소의 기록에는 '관계 지시어'를 사용할 수가 있으며, 여기에는 해당 관계의 유형이 나타나게 된다. 이 유형의 구분은 FRAD의 5.3.7에 근거하고 있다.[55] 즉, 〈표 3-1〉과 같이 저작/표현형 관계는 파생관계, 기술관계, 전체/부분관계, 딸림자료관계, 연속관계[56], 구현형/개별자료 관계는 대등관계, 기술관계, 전체/부분관계, 딸림자료관계[57]로 나누어 다시 각각 세분하고

55 IFLA Working Group on Functional Requirements and Numbering of Authority Records (FRANAR), *op. cit.*, pp.69-73.

56 *RDA* J.2-J.3.

〈표 3-1〉 저작, 표현형, 구현형, 개별자료간의 관계유형

<table>
<tr><th colspan="2">FRAD</th><th colspan="2">RDA</th></tr>
<tr><th>개체유형</th><th>관계유형</th><th>개체유형</th><th>관계유형</th></tr>
<tr><td rowspan="2">저작 ⇔ 저작</td><td rowspan="2">· 대등관계
· 파생관계
· 기술관계
· 전체/부분관계
· 딸림자료관계
(부분/부분관계)
· 연속관계
· 특성공유관계</td><td>저작 ⇔ 저작
표현형 ⇔ 표현형</td><td>· 파생관계
· 기술관계
· 전체/부분관계
· 딸림자료관계
· 연속관계</td></tr>
<tr><td>구현형 ⇔ 구현형
개별자료 ⇔ 개별자료</td><td>· 대등관계
· 기술관계
· 전체/부분관계
· 딸림자료관계</td></tr>
</table>

있다.

RDA 부록 J에는 저작, 표현형, 구현형, 개별자료간의 관계에 대한 340여개의 관계 지시어를 제시하여 번안, 번역, 계층구조 등 각종 서지적 관계유형을 범주화 하고 있다. 이와 같이 RDA에서는 요소별로 기록할 데이터를 대부분 범주화하여 지침으로 제공하고 있어 목록자가 이들 리스트가운데 선택 입력이 가능하다.

① 관련 저작/표현형(related work/expression)

a) 파생관계(derivative work/expression relationships)

예) · abridgement of (work/expression)
· abstract of (work/expression)
· adaptation of (work/expression)
· digest of (work/expression)
· summary (work/expression)
· revised as (expression)
· translated as (expression)

b) 기술관계(descriptive work/expression relationships)

예) · analysis of (work/expression)
· commentary on (work/expression)
· critique of (work/expression)

57 *RDA* J.4-J.5.

· evaluation of (work/expression)

· review of (work/expression)

c) 전체/부분관계(whole-part work/expression relationships)

예) · in series (work)

· subseries of (work)

· series contains (work)

· subseries (work)

d) 딸림자료관계(accompanying work relationships)

예) · addenda (work/expression)

· appendix (work/expression)

· catalogue (work/expression)

· concordance (work/expression)

· illustrations (work/expression)

· index (work/expression)

· supplement (work/expression)

e) 연속관계(sequential work/expression relationships)

예) · absorbed (work/expression)

· absorbed in part (work/expression)

· continues (work/expression)

· continues in part (work/expression)

· merger of (work/expression)

· prequel (work)

· separated from (work/expression)

· sequel to (work)

· supersedes (work/expression)

· supersedes in part (work/expression)

② 관련 구현형(related manifestation)

a) 대등관계(equivalent manifestation relationships)

예) · also issued as

· mirror site

· reproduced as

· reprinted as

· reproduction of (manifestation)

· digital transfer of (manifestation)

b) 기술관계(descriptive manifestation relationships)

예) · analysis of (manifestation)

· commentary on (manifestation)

· critique of (manifestation)

· evaluation of (manifestation)

· review of (manifestation)

c) 전체/부분관계(whole-part manifestation relationships)

예) · inserted in

· special issue of

d) 딸림자료관계(accompanying manifestation relationships)

예) · issued with

· filmed with (manifestation)

· on disc with (manifestation)

③ 관련 개별자료(related item)

a) 대등관계(equivalent item relationships)

예) · reproduction of (item)

· digital transfer of (item)

· electronic reproduction of (item)

· reprint of (item)

b) 기술관계(descriptive item relationships)

예) · analysis of (item)

· commentary on (item)

· critique of (item)

· review of (item)

c) 전체/부분관계(whole-part item relationships)

예) · contained in (item)

· contains (item)

d) 딸림자료관계(accompanying item relationships)

예) · bound with

· filmed with (item)

· on disc with (item)

4) 개인 가족, 단체간의 관계 기록

(1) 개인 가족, 단체간의 관계 기록에 대한 일반지침

제29장은 개인이나 가족, 단체와의 관계를 기록하기 위한 제30장~제32장의 사용설명과 지침의 기초가 되는 기능적 목적과 원칙을 표명하고 있으며, 이들 간의 관계성을 반영하기 위해 필요한 요소들을 상술하고 있다.

① 기능적 목적과 원칙

개인이나 가족, 단체간의 관계를 나타내기 위해 기록된 데이터는 이용자에게 다음 활동을 지원해야 한다.

a) 이용자의 탐색결과에서 검색된 데이터로 표현된 개인이나 가족, 단체와 관련된 개인이나 가족, 단체의 발견

b) 둘 이상의 개인이나 가족, 단체간의 관계를 이해

또한 RDA를 이용해 생성한 데이터가 위와 같은 기능상의 목표를 충족시키는 것을 확인하기 위해서, 해당 데이터는 전거형 접근점으로 표현된 개인이나 가족, 단체 간의 모든 주요한 관계를 반영해야 한다.

② 기록방식

a) 관련 개인이나 가족, 단체의 식별기호

예) Library and Archives Canada control number: 1007F6454
(C. Day Lewis의 가명인 Nicholas Blake의 식별기호)

Library of Congress control number: nr 95008045
(American Jazz Festival의 후속단체인 Newport Jazz Festival의 식별기호)

b) 관련 개인이나 가족, 단체를 나타내는 전거형 접근점

예) Newport Jazz Festival
(American Jazz Festival의 후속단체를 나타내는 전거형 접근점)

Blake, Nicholas, 1904 - p1972
(시인 C. Day Lewis가 추리 소설가로서의 가명을 나타내는 전거형 접근점)

③ 관계 표시어

관련 개인이나 가족, 단체간의 관계 특성을 명확하게 나타낼 수 있는 용어를 RDA 부록 K를 참고하여(예를 들면, alternate identity, employee, successor 등) 관계 표시어로 나타낸다.

- 관계 표시어(29.5)

(2) 개인 가족, 단체간의 관계 기록을 위한 요소

개인, 가족, 단체간의 관계기록을 위한 요소는 다음과 같으며, 이들 요소는 모두 선택사항이다.

① 관련 개인

제30장은 개인이나 가족, 단체와 관련 개인과의 관계를 기록하기 위한 일반지침과 사용법을 제공한다. 여기서 관련 개인(related person)이란 전거형 접근점이나 식별기호로 표현된 개인이나 가족, 단체와 관련된 개인, 예를 들면, 공저자, 가족의 구성원, 단체의 설립자 등을 말한다.

- 관련 개인(30.1)
- 관계의 설명(30.2)

② 관련 가족

제31장은 개인이나 가족, 단체와 관련 가족과의 관계를 기록하기 위한 일반지침과 사용법을 제공한다. 여기서 관련 가족(related family)이란 전거형 접근점이나 식별기호로 표현된 개인이나 가족, 단체와 관련된 가족, 예를 들면, 한 개인의 가족, 특정 단체에 지배적 지분을 가진 가족 등을 말한다.

- 관련 가족(31.1)
- 관계의 설명(31.2)

③ 관련 단체

제32장은 개인이나 가족, 단체와 관련 단체와의 관계를 기록하기 위한 일반지침과 사용법을 제공한다. 여기서 관련 단체(related corporate body)란 전거형 접근점이나 식별기호로 표현된 개인이나 가족, 단체와 관련된 단체, 예를 들면, 특정 개인이 속한 악단, 자회사

〈표 3-2〉 개인, 가족, 단체간의 관계유형

FRAD		RDA	
개체유형	관계유형	개체유형	관계유형
개인 ⇔ 개인	· 필명관계(pseudonymous) · 세속관계(secular) · 종교적관계(religious) · 공식관계(official) · 귀의관계(attributive) · 협력관계(collaborative) · 형제관계(sibling) · 부모/자식관계(parent/child)	개인 ⇔ 개인	· alternate identity · real identity
개인 ⇔ 가족	· 성원관계(membership)	개인 ⇔ 가족	· family member
개인 ⇔ 단체	· 성원관계(membership)	개인 ⇔ 단체	· employee · founder · group member · incumbent · sponsor
		가족 ⇔ 개인	· descendants
가족 ⇔ 가족	· 계보관계(genealogical)	가족 ⇔ 가족	· descendant family
가족 ⇔ 단체	· 설립관계(founding) · 소유관계(ownership)	가족 ⇔ 단체	· founding family · sponsoring family
		단체 ⇔ 개인	· employer
		단체 ⇔ 가족	· founded organization · sponsored organization
단체 ⇔ 단체	· 계층관계(hierarchical) · 연속관계(sequential)	단체 ⇔ 단체	· hierarchical subordinate · hierarchical superior · mergee · predecessor · product of a merger · product of a split · successor

등을 말한다. 관련 단체는 명칭 변경으로 전거형 접근점이나 식별기호로 표현된 해당 단체의 선행 또는 후속단체도 포함한다.

- 관련 단체(32.1)
- 관계의 설명(32.2)

(3) 개인, 가족, 단체간의 관계 유형

RDA 제9부는 개인, 가족, 단체간의 관계기록을 규정하고 있다. 개인간의 관계는 요소 '관련 개인', 가족 간의 관계는 '관련 가족', 단체간의 관계는 '관련 단체'에 각각 기록하게 된다. 또한 이러한 요소의 기록에는 '관계 지시자'를 사용할 수가 있으며, 여기에는 관계의 유형이 나타나게 된다.[58] 이 유형의 구분은 FRAD의 5.3에 근거하고 있으며,[59] RDA와 비교하여 나타내면 <표 3-2>와 같다.

3.3.3 매체유형, 수록매체유형, 내용유형

1) 매체유형

매체유형(media type)은 자원의 내용 감상, 재생, 운영 등을 위해 필요한 일반적인 중개장치의 유형을 반영하고 있다.[60] <표 3-3>에서와 같이 매개 기기의 차이에 따라 크게 8종으로 구분하고 있다.

① 오디오(audio) : 녹음된 사운드(sound)를 저장하기 위한 매체로 턴테이블, 녹음카세트 플레이어, CD 플레이어, MP3 플레이어 같은 재생장치를 이용한다. 아날로그 사운드뿐만 아니라 디지털로 인코딩된 것을 저장하기 위한 매체를 포함한다.

② 컴퓨터(computer) : 전자 파일을 저장하기 위한 매체로 컴퓨터를 이용한다. 파일서버를 통해 원격으로 접근 가능한 매체, 컴퓨터 테이프와 디스크와 같은 직접 접근매체를 포함한다.

③ 마이크로자료(microform) : 인간의 눈으로는 가독할 수 없는 축소된 크기의 이미지를 저장하기 위한 매체로 마이크로필름이나 마이크로피시 리더기와 같은 장치를 이용한

58 *RDA* K.2-K.4.

59 IFLA Working Group on Functional Requirements and Numbering of Authority Records (FRANAR). *op. cit.*, pp.58-69.

60 *RDA* 3.2.

다. 투명이나 불투명 마이크로그래픽 매체 모두를 포함한다.

④ 현미경(microscopic) : 극소의 개체를 저장하기 위한 매체로 육안으로도 보이지 않는 것을 밝히기 위해 현미경과 같은 장치를 이용한다.

⑤ 영사(projected) : 동영상이나 정지화상을 저장하는 매체로 영화필름 프로젝터(motion picture film projector), 슬라이드 프로젝터(slideprojector), 오버헤드 프로젝터(overhead projector)와 같은 투사장치를 사용한다. 2차원과 3차원 이미지 모두를 투사하기 위한 매체를 포함한다.

⑥ 스테레오(stereographic) : 2개의 정지화상을 저장하기 위해 사용되는 매체로 입체효과(three dimension)를 주기 위한 스테레오스코프(stereoscope)나 스테레오그라프 뷰어(stereograph viewer)와 같은 장치를 이용한다.

⑦ 중개장치 없는 매체(unmediated) : 중개 장치를 사용하지 않고 인간의 여러 감각을 통해 직접적으로 인식할 수 있는 콘텐츠(content)를 저장하기 위한 매체이다. 인쇄(printing), 조각(engraving), 석판인쇄(lithography)등 돋을새김(embossing), 피륙짜기(texturing) 등의 과정이나 필사(handwriting), 그리기(drawing), 색칠(painting) 등의 방법으로 생산된 시각이나 촉감의 콘텐츠를 수록하는 매체를 포함한다. 또한 조각, 모형(models) 등과 같은 입체 형태의 3차원 형식(three-dimensional forms)을 전송하기 위해 사용되는 매체를 포함한다.

⑧ 비디오(video) : 영상이나 정지화상을 저장하기 위해 사용되는 매체로 비디오카세트 플레이어, DVD 플레이어와 같은 재생장치를 사용한다. 디지털 인코딩뿐만 아니라 아날로그 이미지를 저장하기 위해 사용된 매체를 포함한다.

위에 열거된 용어를 기술하려는 자원의 매체유형에 적용할 수 없으면 '기타(other)'로 기술한다.

2) 수록매체유형

수록매체유형(carrier type)은 자원의 내용 감상, 재생, 운영 등을 하는데 필요한 중개 장치의 유형과 결합하여 저장매체와 수록형식을 반영하고 있다. 〈표 3-3〉과 같이 자료의 보관형태와 수록형태에 따라 46종으로 구분하고 있다.[61]

만일 위에 열거된 용어가 기술하는 자원의 수록매체에 해당하지 않으면 '기타'로 기술하며, 적용할 수 있는 수록매체 유형을 즉시 확인할 수 없다면 '미정(unspecificed)'으로 기술

61 *RDA* 3.3.

한다.

3) 내용유형

내용유형(content type)은 표현된 내용과 인간의 지각을 통해 그것을 인지하는 커뮤니케이션의 기본적인 형식을 반영하며, 화상형식으로 표현된 내용에 대해서는 인지해야 할 내용의 공간적 차원 수와 움직임의 유무도 반영한다.[62] 〈표 3-4〉와 같이 표현수단, 감상,

〈표 3-3〉 RDA의 매체 및 수록매체유형

매체유형(8종)	수록매체유형(46종)
오디오(audio)	오디오카트리지(audio cartridge); 오디오실린더(audio cylinder) 오디오디스크(audio disc); 오디오롤(audio roll); 오디오카세트(audiocassette) 오디오테이프릴(audiotape reel); 사운드트랙릴(sound-track reel) (7종)
컴퓨터(computer)	컴퓨터카드(computer card); 컴퓨터디스크(computer disc) 컴퓨터칩카트리지(computer chip cartridge) 컴퓨터디스크카트리지(computer disc cartridge) 컴퓨터테이프카트리지(computer tape cartridge) 컴퓨터테이프카세트(computer tape cassette) 컴퓨터테이프릴(computer tape reel); 온라인자원(online resource) (8종)
마이크로자료 (microform)	아파춰카드(aperture card); 마이크로피시(microfiche) 마이크리피시카세트(microfiche cassette) 마이크로필름카트리지(microfilm cartridge) 마이크로필름카세트(microfilm cassette) 마이크로필름릴(microfilm reel); 마이크로필름롤(microfilm roll) 마이크로필름슬립(microfilm slip); 마이크로오패크(microopaque) (9종)
현미경 (microscopic)	현미경슬라이드(microscope slide) (1종)
영사(projected)	필름카트리지(film cartridge); 필름카세트(film cassette); 필름릴(film reel) 필름롤(film roll); 필름슬립(filmslip); 필름스트립(filmstrip); 슬라이드(slide) 필름스트립카트리지(filmstrip cartridge) 오브헤드트랜스페어런시(overhead transparency) (9종)
스테레오그래프 (stereographic)	스테레오그래프카드(stereograph card) 스테레오그래프디스크(stereograph disc) (2종)
중개 장치 없는 매체 (unmediated)	카드(card); 플립차트(flipchart); 오브젝트(object); 롤(roll); 시트(sheet) 볼륨(volume) (6종)
비디오(video)	비디오카트리지(video cartridge); 비디오카세트(videocassette) 비디오디스크(videodisc); 비디오테이프릴(videotape reel) (4종)

62 *RDA* 6.9.

〈표 3-4〉 RDA의 내용유형

내용유형(23종)	구분
데이터셋 지도(cartographic dataset) 이미지 지도(cartographic image) 동화상 지도(cartographic moving image) 촉감 이미지 지도(cartographic tactile image) 3차원 형식 촉감 지도(cartographic tactile three-dimensional form) 3차원 형식 지도(cartographic three-dimensional form)	지도
컴퓨터 데이터셋(computer dataset) 컴퓨터 프로그램(computer program)	컴퓨터 데이터, 컴퓨터 프로그램
동작 기록(notated movement) 악보(notated music) 연주곡(performed music)	악보, 음악
소리(sounds) 말(spoken word)	소리, 말
정지 화상(still image)	정지 화상
촉감 이미지(tactile image) 촉감 악보(tactile notated music) 촉감 동작기록(tactile notated movement) 촉감 텍스트(tactile text) 촉감 3차원 형식(tactile three-dimensional form)	촉감 관련(점자)
텍스트(text)	텍스트
3차원 형식(three-dimensional form)	3차원 형식(실물)
3차원 동영상(three-dimensional moving image) 2차원 동영상(two-dimensional moving image)	동영상

화상의 차원, 화상의 動靜(움직임과 정지) 등에 따라 23종으로 구분하고 있으며, 이들의 특성을 분석하여 유사한 속성끼리 다시 군집화하면 ① 지도, ② 컴퓨터 데이터와 컴퓨터 프로그램, ③ 악보와 음악, ④ 소리와 말, ⑤ 정지 화상, ⑥ 촉감 관련(점자), ⑦ 텍스트, ⑧ 3차원 형식(실물), ⑨ 동영상 등의 9개로 나눌 수 있다.

만일 위에 열거된 용어가 기술하는 자원의 내용유형에 해당하지 않으면 '기타'로 기술하며, 적용할 수 있는 내용유형을 즉시 확인할 수 없다면 '미정'으로 기술한다.

3.3.4 접근점

이미 앞절 '3.2.4 기본기입과 접근점'에서 언급한 바와 같이 RDA에는 접근점이라는 이름으로 AACR2R의 기본기입과 통일표제의 개념이 유지되고 있다.

접근점과 관련하여 RDA에는 제1집단과 제2집단의 개체가운데 저작 및 표현형에 대한 전거형 접근점과 이형 접근점의 작성 지침이 제시되어 있다. 그리고 제1집단 개체의 구현형 및 개별자료에 대한 접근점 지침은 없으며, 제3집단 개체의 접근점 지침은 미개발 상태이다. 그 외에 '이용자의 요구나 해당 기관의 데이터관리 시스템 능력에 따라서 어떤 데이터 요소를 추가적으로 색인해야할 것인지는 RDA를 사용하는 기관이 결정할 수 있도록' 하였다.[63] RDA의 접근점 개념과 작성에 대한 구체적인 지침을 살펴보면 아래와 같다.

1) 용어 정의

접근점, 전거형 접근점, 이형 접근점에 대한 용어정의는 아래와 같다.[64]

① 접근점(access point)

특정 저작이나 표현형을 나타내는 이름, 용어, 부호 등을 말하며, 여기에는 전거형 접근점과 이형 접근점이 있다.

② 전거형 접근점(authorized access point)

하나의 개체를 나타내는 표준화된 접근점을 말한다. 저작이나 표현형을 나타내는 전거형 접근점은 적절하다면, 저작에 대해 책임을 지닌 개인이나 가족, 단체를 나타내는 전거형 접근점을 앞세운 저작의 채택표제를 사용하여 작성한다.

③ 이형 접근점(variant access point)

하나의 개체를 나타내는 전거형 접근점에 대한 다른 형식의 접근점을 말한다. 저작이나 표현형을 나타내는 이형 접근점은 적절하다면, 저작에 대해 책임을 지닌 개인이나 가족, 단체를 나타내는 전거형 접근점을 앞세운 저작의 이형표제를 사용하여 작성한다.

④ 저작의 채택표제(preferred title for the work)

저작을 나타내는 전거형 접근점을 위한 근거로 선정된 표제나 표제의 형식을 말한다.

⑤ 저작의 이형표제(variant title for the work)

해당 저작의 채택표제로 선정된 표제나 표제의 형식과 상이하게 알려진 표제나 표제의 형식을 말한다.

---

63 도태현. "RDA의 저작과 표현형의 접근점 규정에 관한 연구," 한국도서관정보학회지, 제43권, 제3호(2012), p.33.

64 *RDA* 5.1.3-5.1.4.

이와 같이 전거형 접근점은 각각의 개체를 나타내는 여러 가지 형식의 이름이나 표제 중 채택된 이름이나 표제를 기초로 작성되며, 이형 접근점은 전거형 접근점에 대신하여 사용될 수 있는 다른 형태의 접근점으로, 주로 채택된 이름이나 표제 대신에 이형 이름이나 이형 표제를 근거로 작성된다.

2) 저작과 표현형의 접근점 작성 지침

(1) 저작과 표현형을 나타내는 전거형 접근점(RDA 6.27.1-6.27.3)

저작이나 표현형을 나타내기 위해 전거형 접근점을 작성하는 경우, 저작의 채택표제를 기록한다. 필요하다면, 저작에 대해 책임을 지는 개인이나 가족, 단체에 대한 전거형 접근점과 저작의 채택표제를 순서대로 조합하여 저작을 나타내는 전거형 접근점을 작성한다.[65] 여기에 대한 자세한 지침은 아래와 같다.

① 한 개인이나 가족, 단체에 의해 창작된 저작((RDA 6.27.1.2)

한 개인이나 가족, 단체의 저작은 해당 개인이나 가족, 단체

예) Hemingway, Ernest, 1899-1961. Sun also rises
(*Fiesta*라는 표제로 다시 발간된 Hemingway의 저작에 대한 채택표제)

Swift, Jonathan, 1667-1745. Gulliver's travels
(*Travels into several remote nations of the world* / by Lemuel Gulliver 라는 표제로 처음 발간된 Swift의 저작에 대한 채택표제)

② 공동저작(RDA 6.27.1.3)

둘 이상의 개인이나 가족, 단체가 저작의 창작에 공동으로 책임을 지고 있다면, a) 중요한 책임을 갖는 개인이나 가족, 단체, b) 중요한 책임을 갖는 것이 둘 이상이거나 표시되어 있지 않은 경우에는 맨 먼저 나온 것, c) 저작을 실체화한 여러 자원에 이름의 나열 순서가 일관성이 없을 때는 맨 먼저 입수된 자원의 맨 먼저 나온 것을 채택한다.

예) Kaufman, Moises. Laramie project
(자료: *The Laramie project* / by Moises Kaufman and the members of Tectonic Theatre Project)

65 *RDA* 5.5.

③ 상이한 개인이나 가족, 단체의 편집물(RDA 6.27.1.4)

상이한 개인이나 가족, 단체의 편집물(compilations)은 채택표제로 전거형 접근점을 구성한다.

예) Treaties and alliances of the world
(자료: *Treaties and alliances of the world* / [compiled by] N.J. Rengger with John Campbell)

종합표제가 없는 편집물은 저작의 각각에 대해 접근점을 구성한다.

예) Baden, Conrad. Symphonies, no. 6
Johnsen, Hallvard. Symphonies, no. 3. op. 26
Brustad, Bjarne. Symphonies, no. 2
(자료: 종합표제가 없는 3개의 합집)

④ 번안과 개정(RDA 6.27.1.5)

저작의 성격, 내용에 상당한 변화를 가져온 각색, 개정은 새로운 저작으로 간주하여 각색이나 개정에 책임이 있는 개체로 전거형 접근점을 구성한다. 저작이 단순히 기존 저작의 한 판으로 표시되었을 때는 해당 저작의 표현형으로 취급하여 기존 저작의 전거형 접근점을 사용한다.

예) Gray, Patsey. J.R.R. Tolkien's The hobbit
(Tolkien의 소설을 Patsey Gray가 각색함)

Sartain, John, 1808-1897. Artist's dream
(G.H. Comegys이 그린 원화를 바탕으로 J. Sartain이 판화로 제작함)

⑤ 기존의 저작에 추가된 코멘트, 주석, 삽화 등(RDA 6.27.1.6)

기존의 저작에 코멘트, 주석, 삽화 등을 추가한 저작으로 코멘트 등에 책임이 있는 개인, 가족, 단체의 저작으로 표현된 경우, 이들의 저작으로 간주하여 접근점을 작성한다.

예) Plato. Gorgias
(자료: *Gorgis : a revised text* / Plato ; with introduction and commentary by E.R. Dodds)

⑥ 저작에 책임을 지닌 상이한 실체(RDA 6.27.1.7)

저작에 대한 책임이 있는 개인이 서로 다른 실체(identities)를 갖고 자원 마다 일관성이 없이 표기되어 있을 때는 가장 빈번하게 나타나는 실체의 전거형 접근점을 사용한다. 빈번하게 나타나는 실체를 결정할 수 없을 때는 가장 최근의 자원에 나타난 실체를 사용한다.

⑦ 원본이 불명확하거나 미상인 저작(RDA 6.27.1.8)

저작이 하나 이상의 개인이나 가족, 단체에 기인하고 있지만 유력하게 책임질 수 있는 개인이나 가족, 단체가 확실하지 않을 경우, 저작의 채택표제를 사용하여 저작을 나타내는 전거형 접근점을 작성한다. 참고정보원에 그 저작에 대해 유력한 책임이 있을 것으로 표현된 개인이나 가족, 단체가 있는 경우 이것을 사용한다.

⑧ 저작을 나타내는 접근점에 보기(補記) (RDA 6.27.1.9)

앞서 ①-⑦에 소개한 사용법을 적용하여 작성된 접근점이 다른 저작을 나타내는 접근점과 동일하거나 유사한 경우, 혹은 개인이나 가족, 단체, 장소를 나타내는 접근점과 동일하거나 유사한 경우 아래의 사항들을 추가한다.

a) 저작의 형식을 나타내는 용어(RDA 6.3 참조)

b) 저작의 일자 (RDA 6.4 참조)

c) 저작의 원생산지(RDA 6.5 참조)

d) 기타 저작의 식별특성을 나타내는 용어(RDA 6.6 참조)

예) Ocean's eleven (Motion picture : 1960)
Ocean's eleven (Motion picture : 2001)

⑨ 저작의 한 부분 (RDA 6.27.2.2)

저작의 한 부분은 해당 부분에 대하여 책임이 있는 개인이나 가족, 단체를 전거형 접근점으로 작성한다.

⑩ 둘 이상의 부분(RDA 6.27.2.3)

둘 이상의 연속된 부분으로 이루어지고 순차가 일반 용어와 숫자로 매겨진 경우, 전체 저작의 전거형 접근점에 연속된 부분의 채택표제를 더하여 작성한다. 번호가 없거나 연속되지 않은 경우는 각 부분에 대해 각각의 전거형 접근점을 작성한다.

예) Dante Alighieri, 1265-1321. Purgatorio
Dante Alighieri, 1265-1321. Paradiso
(자료: *The Purgatorio ; Paradiso* / by Dante Alighieri)

⑪ 표현형을 나타내는 전거형 접근점(RDA 6.27.3)

표현형을 나타내는 전거형 접근점은 저작의 전거형 접근점에 아래의 사항들을 추가하여 작성한다.

a) 내용유형을 나타내는 용어(RDA 6.9 참조)

b) 표현형의 일자(RDA 6.10 참조)

c) 표현형의 언어(RDA 6.11 참조)

d) 표현형의 기타 식별특성(RDA 6.12 참조)

예) Goncourt, Edmond de, 1822-.1896. Freres Zemganno. English
(프랑스어 소설을 영어로 번역: *The Zemganno brothers*)

(2) 저작과 표현형을 나타내는 이형 접근점(RDA 6.27.4)

저작이나 표현형을 나타내는 이형 접근점을 작성하는 경우, 저작에 대한 이형 표제(RDA 6.2.3 참조)를 기록한다. 이형표제에는 상이하게 표현되는 언어형식이나 문자, 철자, 번자 등이 있다.[66] 여기에 대한 자세한 지침은 아래와 같다.

예) Aisōou mythoi
Fabulae Aesopi
…
(채택표제는 *Aesop's fables*임)

① 저작의 이형 접근점 작성에 관한 일반 지침(RDA 6.27.4.1)

a) 저작의 이형 표제를 기초로 작성한다.

b) 전거형 접근점이 개인, 가족, 단체의 전거형 접근점에 저작의 채택 표제를 추가하여 작성된 경우, 이형 접근점은 개인, 가족, 단체의 전거형 접근점에 저작의 이형 표제를 추가하여 작성한다.

c) 전거형 접근점이 개인, 가족, 단체의 전거형 접근점에 저작의 채택 표제를 더하여 작성된 경우, 저작의 채택표제만으로 이형 접근점을 작성한다.

d) 이형 접근점의 식별을 위해 중요하다고 생각되거나, 적용할 수 있다면 저작의 전거형 접근점에 사용하였던 부가 요소, 즉 저작의 형식, 연대, 시작된 장소, 기타 구분에 필요한 특성 등을 더하여 개별화한다.

66 *RDA* 5.6.

e) 접근을 위해 필요하다고 판단되면 기타 이형 접근점을 만들어 사용할 수 있다.

② 표현형을 나타내는 이형 접근점(RDA 6.27.4.5)

a) 저작의 전거형 접근점에 표현형의 접근점을 만들기 위해 사용하였던 부가적 요소(RDA 6.27.3 참조) 추가하여 작성한다.

b) 저작의 이형 표제가 그 저작의 특정 표현형과 관계가 있다면 해당 표현형과 관계되는 이형 표제를 사용하여 표현형의 이형 접근점을 만든다.

c) 저작의 이형 표제가 그 저작의 특정 표현형과 연관되고, 그 표현형을 대표하는 전거형 접근점이 개인, 가족, 단체에 대한 전거형 접근점에 저작의 채택표제와 그 표현형을 식별하는데 필요한 하나 이상의 부가적 요소를 더하여 작성되었다면 표현형을 나타내는 이형 접근점은 개인, 가족, 단체를 대표하는 전거형 접근점에 해당 표현형과 관계되는 이형 표제를 더하여 작성한다.

d) 식별을 위해 중요하다고 생각될 경우 표현형의 이형 접근점에 저작에서 사용하였던 부가적 요소, 즉 저작의 형식, 연대, 시작된 장소, 기타 구별에 필요한 특성 등을 더하여 작성한다.

e) 접근을 위하여 중요하다고 판단될 경우 표현형에 대한 기타 이형 접근점을 작성하여 사용할 수 있다.

3) 음악, 법률, 종교, 공식전언의 접근점 작성 지침

RDA는 음악, 법률, 종교, 교황청이나 공공기관의 공식전언과 같이 특수한 저작들에 대하여 전거형 접근점의 지침을 독립적으로 다루고 있다(RDA 6.28-631).

AACR2의 25장 통일표제 지침에서는 특수 자료의 유형을 ① 필사본, 초기본, ② 법률, 조약 등, ③ 종교 경전, ④ 예배의식 저작, 신학적 교리, 신앙록, ⑤ 교황의 공식 발표, ⑥ 음악 등으로 구분하였다. 이들 저작의 통일표제 지침과 RDA를 비교해 보면 배열순서가 다를 뿐 내용은 거의 일치한다. 다만 AACR2는 통일표제의 선택과 형식만 규정하였으며, 개인명이나 단체명이 표목이 되고 통일표제가 사용된 경우에는 표목이나 이형 표제로부터 저자-표제 형식의 참조를 하도록 하였다.

이들 특수한 저작 및 표현형에 대한 RDA의 전거형 접근점 지침은 원칙적으로 일반 지침과 크게 다르지 않다. 저작에 대한 책임이 저작자, 작곡자, 입법기관과 같이 개인이나 단체에 귀속되는 경우에는 이들 개인이나 단체의 전거형 접근점에 해당 저작의 채택표제를 추가하여 전거형 접근점을 작성하며, 종교경전, 교리, 신앙 고백록과 같은 종교저작, 그리고 고대 법률, 편집물과 같은 특정 개인이나 단체에 책임을 귀속시키기 어려운 저작은 채택표제만으로 전거형 접근점을 작성하도록 하였다. 표현형의 전거형 접근점은 음악저작에서와 같이 표현형의 유형을 편곡, 부수적 도구가 따르는 것, 소곡(소품곡), 성악과 합창곡, 번역 등으로 구분(RDA 6.28.3.1)하고 각각의 경우에 추가하는 요소를 달리한 경우도 있지만 대부분의 경우는 일반 저작의 표현형에 대한 전거형 접근점을 작성할 때 추가하는 요소 즉, 내용 형식, 표현형의 연대, 표현형의 언어, 기타 특성을 추가하여 접근점을 작성한다.[67] 여기에 대한 자세한 지침은 아래와 같다.

(1) 음악저작의 전거형 접근점

음악저작의 다음 유형가운데 하나를 나타내는 전거형 접근점을 작성하는 경우, RDA 6.28.1.2-6.28.1.8에 제시된 지침을 적용한다.

① 가사, 대본, 텍스트 등이 있는 음악저작(RDA 6.28.1.2 참조)

② 혼성곡, 발라드 오페라 등(RDA 6.28.1.3 참조)

③ 무도운동을 위한 작곡집(RDA 6.28.1.4 참조)

④ 음악저작의 개작(RDA 6.28.1.5 참조)

⑤ 카덴차(RDA 6.28.1.7 참조)

⑥ 연극을 위한 악보와 반주음악(RDA 6.28.1.8 참조)

예) Krieger, Henry. Dreamgirls
(*Dreamgirls* / music by Henry Krieger ; book and lyrics by Tom Eyen)의 전거형 접근점

Finzi, Gerald, 1901-1956. Love's labours lost
(*Love's labours lost : complete incidental music* / Gerald Finzi ; edited by Jeremy Dale Roberts)의 전거형 접근점. 이 저작은 셰익스피어 희곡의 반주음악을 위한 악곡임.

(2) 법률저작의 전거형 접근점

법률저작의 다음 유형가운데 하나를 나타내는 전거형 접근점을 작성하는 경우, RDA 6.29.1.2-6.29.1.31에 제시된 지침을 적용한다.

① 법률 등(RDA 6.29.1.2-6.29.1.6 참조)

67 도태현, 전게논문, pp.38-39.

② 법률이 아닌 행정법규 등(RDA 6.29.1.7-6.29.1.9 참조)

③ 재판소 규칙(RDA 6.29.1.10-6.29.1.12 참조)

④ 국제정부간 및 비사법기관의 헌법, 헌장 등(RDA 6.29.1.13-6.29.1.14 참조)

⑤ 조약, 국제협약 등(RDA 6.29.1.15-6.29.1.20 참조)

⑥ 판례집, 법률인용, 법률요지 등(RDA 6.29.1.21-6.29.1.23 참조)

⑦ 공판절차 등(RDA 6.29.1.24-6.29.1.31 참조)

예) United States. Constitution of the United States
(*The Constitution of the United States*의 전거형 접근점)

Australia. Treaties, etc.
[*Security Treaty between Australia, New Zealand, and the United States of America (ANZUS)*의 전거형 접근점]

(3) 종교저작의 전거형 접근점

종교저작의 다음 유형가운데 하나를 나타내는 전거형 접근점을 작성하는 경우, RDA 6.30.1.2-6.30.1.7에 제시된 지침을 적용한다.

① 경전(RDA 6.30.1.2-6.30.1.3 참조)

② 신학적 교리, 신앙 고백록 등(RDA 6.30.1.4 참조)

③ 전례서(RDA 6.30.1.5-6.30.7 참조)

예) Bible. Genesis
Bible. Revelation. English

Qur'an
(*The Koran* / translated from the Arabic by J.M. Rodwell을 나타내는 전거형 접근점)

(4) 공식전언의 전거형 접근점

공식전언의 다음 유형가운데 하나를 나타내는 전거형 접근점을 작성하는 경우, RDA 6.31.1.2-6.31.1.5에 제시된 지침을 적용한다.

① 국가나 주, 정부, 국제단체의 수장에 의한 공식전언(예: RDA 6.29.1.2-6.29.1.5에서 다룬 것 이외의 법률에 대한 견해, 포고, 행정명령)

② 교황, 주교, 신부 등의 공한(예: 명령, 칙령, 성직자의 문서, 칙서, 조서, 헌장, 공의회에 대한 공식 메시지, 종교회의 등)

예) Louisiana. Governor (1988-1992 : Roemer). Governor's action agenda for fighting crime in Orleans Parish
(*Governor's action agenda for fighting crime in Orleans Parish : Governor Roemer's response to the New Orleans Crime Summit report*)의 전거형 접근점

Catholic Church. Archdiocese of St. Paul and Minneapolis. Archbishop (1995-2008 : Flynn). Pastoral letter on marriage and the family
(*A pastoral letter on marriage and the family* / Archbishop Harry J. Flynn, Archdiocese of Saint Paul and Minneapolis, February 8, 1998)의 전거형 접근점

4) 개인, 가족, 단체의 접근점 작성 지침

(1) 개인, 가족, 단체의 전거형 접근점(RDA 8.6)

개인이나 가족, 단체를 나타내는 전거형 접근점을 작성할 때는 채택된 개인명이나 가족명, 단체명을 기준으로 한다.

둘 이상의 개인이나 가족, 단체가 동일하거나 유사한 이름을 가진 경우에는 개인명에 대한 추가 사용법이나 가족명에 대한 추가 사용법, 단체명에 대한 추가 사용법 중에 적합한 것을 적용하여 채택된 이름에 날짜나 지명을 비롯한 기타 구분 가능한 용어 등의 요소를 하나 이상 추가한다. 여기에 대한 자세한 지침은 아래와 같다.

① 개인을 나타내는 전거형 접근점(RDA 9.19.1)

개인을 나타내는 전거형 접근점을 작성할 때는 전거형 접근점을 위한 근거로 채택 개인명을 사용하며(RDA 9.2.2 참조), RDA 9.19.1.2- 9.19.1.4(개인과 관련된 지위나 기타 표시,[68] 출생일자와 사망일자, 이름의 완전형, 개인의 활동기간, 직업, 개인의 활동분야 등) 중에 적합한 사용법을 순서대로 이름에 추가사항을 기재한다.

예) Anne, Queen of Great Britain
Augustine, Saint, Archbishop of Canterbury

68 왕족이나 귀족, Saint, 성직자 계층, Spirit 등을 나타내는 용어(*RDA* 9.19.1.2).

Orr, Marjorie (Veterinarian)
Smith, John, 1978 -
Smith, John, 1718 - 1791
Smith, John, flourished 1705

② 가족을 나타내는 전거형 접근점(RDA 10.10.1)

가족을 나타내는 전거형 접근점을 작성할 때는 전거형 접근점을 위한 근거로 채택 가족명(RDA 10.2.2 참조)을 사용하며, RDA 10.10.1.2- 10.10.1.5(가족유형, 가족과 관련된 일자와 장소, 가족의 저명인물 등) 중에 적합한 사용법을 순서대로 가족명에 추가사항을 기재한다.

예) Yan (Family : Philippines)
Nguyễ (Dynasty : 1802-1945)

③ 단체를 나타내는 전거형 접근점(11.13.1)

단체에 대한 전거형 접근점을 작성할 때는 전거형 접근점을 위한 근거로 채택 단체명(RDA 11.2.2 참조)을 사용하며, RDA 11.13.1.2- 11.13.1.8(단체의 사상[69], 단체와 관련된 장소, 연관기관, 단체와 관련된 일자, 관할구역 유형, 단체와 관련된 기타 표시, 회차, 회의 일자, 회의 장소 등) 중에 적합한 사용법을 순서대로 단체명에 추가사항을 기재한다.

예) American Library Association. Resources and Technical Services Division. Board of Directors
Olympic Winter Games (21st : 2010 : Vancouver, B.C.)

(2) 개인, 가족, 단체의 이형 접근점(RDA 8.7)

개인이나 가족, 단체를 나타내는 이형 접근점을 작성할 때는 접근점을 위한 근거로 개인이나 가족, 단체의 이형 이름을 사용한다. 접근점의 식별에 중요하다고 간주된 경우에는 개인명이나 가족명, 단체명에 대한 추가 사용법 중에 적합한 것을 적용하여 해당 이름에 추가 요소를 기록한다.

69 채택 단체명이 단체의 사상을 나타내지 않는 경우 목록작성 기관이 채택한 언어로 적절한 표시를 부가한다(*RDA* 11.13.1.2).

① 개인을 나타내는 이형 접근점(RDA 9.19.2)

개인을 나타내는 이형 접근점을 작성할 때는 접근점을 위한 근거로 개인에 대한 이형 이름(RDA 9.2.3 참조)을 사용하며, 식별에 중요하다고 간주된 경우에는, RDA 9.19.1.2-9.19.1.7에 제시된 사용법 중에 적합한 것을 적용하여 이름에 추가사항을 기재한다.

예) Terencio
Terencjusz
Terenz
Terenzio
(채택 개인명으로 기록된 영어 형식: Terence)

② 가족을 나타내는 이형 접근점(RDA 10.10.2)

가족을 나타내는 이형 접근점을 작성할 때는 접근점을 위한 근거로 가족의 이형 이름(RDA 10.2.3 참조)을 사용하며, 식별에 중요하다고 간주되면, RDA 10.10.1.3-10.10.1.5에 제시된 사용법 중에 적합한 것을 적용하여 해당 이름에 추가사항을 기재한다.

예) Romanof (Dynasty)
Romanoff (Dynasty)
Pomahob (Dynasty)
[전거형 접근점으로 기록된 형식: Romanov (Dynasty)]

③ 단체를 나타내는 이형 접근점(RDA 11.13.2)

단체를 나타내는 이형 접근점을 작성할 때는 접근점을 위한 근거로 단체의 이형 이름(RDA 11.2.3 참조)을 사용하며, 식별에 중요하다고 간주되면, RDA 11.13.1.2- 11.13.1.8에 제시된 사용법 중에 적합한 것을 적용하여 해당 이름에 추가사항을 기재한다.

예) Koryŏ Taehakkyo. Legal Association
Legal Association of Korea University
高麗大學校. 法律學會
(전거형 접근점으로 기록된 형식: Koryŏ Taehakkyo. Pŏmnyul Hakhoe)

3.4 RDA의 평가와 전망

3.4.1 RDA의 일반적 평가

RDA에 대한 여러 학자들의 평가를 소개함으로써 RDA에 대한 특징과 문제점 등을 살펴보기로 한다.

1) RDA의 일반적 특징을 바탕으로 한 평가

RDA에 대한 평가는 AACR2의 후속 규칙이냐 아니면 완전히 새로운 구조적 측면에서 보느냐에 따라 미세한 차이가 있지만, 다음과 같은 8가지 특징을 어느 정도 실현하고 있느냐로 평가할 수 있다.[70]

(1) 목록규칙의 목적 변화

영미목록규칙(AACR)에서 자원기술과 접근(RDA)으로 표제가 변경된 바와 같이, RDA는 도서관 소장자료의 목록작성을 위한 도구에서 '자원 발견을 지원하기 위한 데이터 체계화(formulating data to support resource discovery)'[71]의 도구로 변화했다는 것을 의미한다.

(2) 규범성의 완화

RDA는 '규칙(rules)'에서 '지침(guidelines and instructions)'의 성격으로 자리매김하고 있다. 그 때문에 별법(option)이 많이 사용할 될 수도 있다. 예를 들면, 표준적인 대문자 사용법을 채용하지 않고 수정 없이 정보원에 나타나 있는 그대로 기재하거나, 메타데이터 자동 생성과 같이 데이터를 자동 스캐닝하거나 다운로드하여 디지털 정보원으로부터 추출한 경우 수정 없이 정보원에 나타난 대로 기록하는 경우이다.

(3) 국제성의 지향

RDA는 IFLA의 국제목록원칙이나 도서관 커뮤니티의 기반이 되고 있는 개념모형인 FRBR 및 FRAD가 내용의 중심을 이루고 있으며, 구체적인 규칙의 변경을 통해 영미(英美) 관습을 의식적으로 탈피하고 있다는 점을 들 수 있다.

(4) 데이터 기록과 데이터 표시를 분리

데이터 기록과 데이터 표시를 구분하고 있다. 서지적 정보원을 인용하여 순서대로 나열

---

70 和中幹雄. "書誌コントロールの新たなフレームワークに向けた課題整理：JAPAN/ MARC頒布開始から30年が経過して," 図書館界, 第64巻, 第2号(2012), pp.126-127.

71 *RDA* 0.0.

함으로써 기술과 표목으로 구성된 목록작성에서 요소화된 데이터 부여로 이행할 것을 지향하고 있다. 즉, ISBD의 구분기호 등에 관한 규칙을 구문적 측면에서 평가하고, 이것을 본문 규정에서 부록으로 배치한 점을 들 수 있다.

(5) 역사적 계속성의 담보

과거의 방대한 데이터(AACR2로 작성된 데이터)와 공존문제도 있지만 Panizzi나 Cutter, Lubetzky 등 전통적인 목록법의 기반이 되고 있는 AACR의 확고한 기초위에 구축되었다는 점이 강조되고 있다. 본래 FRBR 자체가 이러한 전통을 바탕으로 만들어진 개념모형이지만, 전통적인 목록법을 바탕으로 하고 있는데 대해서는 찬반양론이 있다. '역사적 계속성의 담보'와 '요소화된 데이터 부여로 이행'이라는 상반된 관계를 유지하기 위해서는 생각보다 조정이 어려우며, 미결정 과제인 119개 항목[72]에 대해 JSC에서 계속 검토 중이다.

(6) 다른 표준과의 관계

RDA 데이터 요소는 ISBD, MARC 21, Dublin Core 등과의 호환성을 유지하고, 출판정보인 ONIX에 합치한다(RDA 0.2).

(7) 다른 커뮤니티의 메타데이터 표준을 배려

문서관, 박물관, 출판자, 시멘틱 웹 등에 사용되고 있는 메타데이터 표준을 배려하고 있다.

(8) 기계가독성

이는 (6)이나 (7)의 내용과도 관련이 있지만 목록규칙에서 요소 정의로 변화를 모색하고 있다고 생각할 수 있다. JSC와 함께 RDA 데이터 요소의 Open Metadata Registry에 등록 작업을 하고 있는 DCMI/RDA Task Group의 후신인 DCMI Bibliographic Metadata Task Group의 활동이 주목되고 있다.

2) RDA의 기계가독성을 바탕으로 한 평가

RDA의 기계가독성과 관련하여 일본의 渡邊은 아래와 같이 평가하고 있다.[73]

(1) RDA에서는 AACR2R에 비해 기록요소가 크게 늘어났으며, 이들 요소를 모두 독립적인 요소로 정의함으로써 명확하게 식별할 수 있게 되었다. 또한 식별 요소마다 기록

---

72 Nathalie Schulz. *Issues Deferred until after the First Release of RDA*, 5JSC/Sec/6/Rev, 5 August 2009 〈http://www.rda-jsc.org/docs/5sec6rev.pdf〉 [cited 2012. 12.10].

73 渡邊隆弘, 前揭論文, pp.115-117.

할 데이터의 용어를 대부분 범주화하여 리스트로 제공함으로써 목록자가 선택 입력이 가능하도록 하였다. 이는 결과적으로 기계가독성을 향상시킨다고 볼 수 있다.

(2) FRBR 및 FRAD는 앞서 언급한 바와 같이 서지적 세계를 개체-관계 모형으로 구조화하고 있어 데이터화한 개체간의 관계가 명확하다. 무엇보다 저작의 개념을 저작, 표현형, 구현형, 개별자료와 같이 순차적으로 구체화시킨 구조로 정의하고 있어 자료의 내용적 측면과 물리적 측면을 구분하여 다룰 수도 있다. 또한 서지적 세계를 관계구조로 다루고 있어 개체간의 관계를 개체에 부속된 속성과 별도로 관리할 수도 있다. 이와 같이 RDA는 FRBR 및 FRAD를 준거로 하고 있어 기계가독성을 향상시킨다고 볼 수 있다.

(3) 구문적 측면보다 의미적 측면을 크게 강조하고 있으며, 이는 기계가독성이 반드시 향상되었다고 평가할 수는 없지만 다른 커뮤니티와의 상호 운용성을 위해서는 바람직한 방향이다. 그런데 실제로 목록정보의 구문적 측면을 담당하고 있는 MARC 21 형식에 있어 RDA에 대한 대응도 함께 검토와 평가가 필요하다.

3) RDA의 장단점을 분석한 평가

일본의 古川은 RDA에 대해 긍정적인 측면과 부정적 또는 의문점 등을 바탕으로 나름대로 종합적인 평가를 하고 있다.[74] 먼저 RDA에 대해 대체로 다음과 같은 점을 긍정적으로 평가하고 있다.

(1) 구성부분 등으로 기록대상을 확대

기존 목록에 대해 가장 개선이 필요했던 부분은 도서나 잡지 등에 수록된 하나하나의 논문이나 내용저작 등과 같은 구성부분(component parts)으로 범위를 확대하여 기술대상을 미세화하는 점이었다. 그런데 RDA는 미비하지만 기록의 대상을 구성부분까지 확대하고 있어 높게 평가할만하다. 즉, 크고 작은 모든 자원을 기록대상으로 하려는 자세를 나타내고 있으며, 특히 본문의 예시로 AACR2R에는 나타나 있지 않은 저널이나 잡지기사도 가끔 눈에 뜨인다.

(2) 자료의 다양화에 대응하기 위한 노력

AACR2R이 주로 물리적 형태에 의한 자료종별을 구분하고 있었지만 RDA에서는 내용(표현수단)과 사용기기의 2개 측면으로 구분하여 자원의 다양화를 꾀한 착상은 평가할 만하다.

---

74 古川肇. "RDAの評価," 資料組織化研究-e, No.60(2011. 3), pp.1-9.

물론 그 유효성에 대해서는 실제 이용을 통해 검증할 필요가 있다.

(3) 주기사항 등을 요소화하여 기계가독성의 향상

학위논문주기 등과 같이 AACR2R에서는 주기사항이었지만 RDA에서는 많은 부분을 요소로 정의하였으며, 또한 새로운 신규 요소도 크게 증가되었다. 이는 목록의 기계가독성을 향상시키는 것으로 평가할 수 있다.

(4) 기록에 사용하고 있는 용어의 리스트화

기록에 사용하고 있는 많은 용어를 리스트화한 것은 규격화의 향상이나 작업의 효율화 측면에서 평가할만하다.

(5) 기록에 관한 유연한 구조의 실현

장치나 시스템요건(3.20)은 전자자료 외에도 적용이 가능하며, 비율(7.25)은 지도자료의 축척(scale)뿐만 아니라 다른 자료의 '비율'에도 적용 가능하다. 이는 규정에는 없지만 예시로 짐작할 수 있는 사안이며, 이외에도 이러한 조항이 많이 나타나고 있다. 이는 자료의 다양한 현상을 유연하게 서지레코드에 기록할 수 있는 구조로 개편되었다고 평가할 수 있다.

(6) 표제표목의 통일표목화

전거제어에 관해 표제표목을 저자표목과 완전히 대등하게 다루고 있는 것은 획기적이다. 이는 저작에 대한 전거형 접근점의 전면적인 등장이며, 이 전신인 통일표제가 파리원칙에 나타난 이래, AACR 초판에 독립된 장으로 설정되고(관련 규정은 분산됨), 이어서 AACR2에서는 관련규정이 하나의 장으로 모아지게 되었더라도 실제로 통일표제의 부여는 항상 개별 목록기관의 생각에 맡겨져 있던 것에 비하면 큰 변화이다.

그런데 무엇보다 하나의 표현형, 하나의 구현형 밖에 없는 대부분의 저작에 있어서는 전거형 접근점이 소용없는 것이라는 점도 틀림없다. 1961년 파리원칙의 심의에 앞서 통일표제를 주창한 Lubetzky의 논문[75]과 여기에 부정적인 Verona의 논문[76]이 양립하고 있으

75 Seymour Lubetzky. "The Function of the Main Entry in the Alphabetical Catalogue: One Approach," In: *Report of the International Conference on Cataloguing Principles Paris, 9th-18th October, 1961*(London : Bingle, 1963), pp.139-143.

76 Eva Verona. "The Function of the Main Entry in the Alphabetical Catalogue: Second Approach," In: *Report of the International Conference on Cataloguing Principles Paris, 9th-18th October, 1961*(London : Bingle, 1963), pp.145-157.

며, 당시 일본에서는 후자에 초점을 두고 논평한 논문[77]이 있었다. 그때는 논자들이 모든 자료를 대상으로 일률적으로 통일표제를 부여하느냐 아니냐 하는 관점에서 논했기 때문에 고전과 현대저작의 어느 것을 중시하느냐에 따라 이러한 논쟁이 생길 수 있다고 생각한다. 저작에 대한 전거형 접근점은 최소한 동일저작에 있어 표제를 달리하는 복수의 표현형이나 구현형이 있는 경우로 한정하여 부여한다는 것을 필수로 하고, 그 이외에 부여하는 것은 임의규정으로 하면 이러한 대립은 극복할 수 있을 것이라 생각한다. 다만 이 경우 무저자명 저작(혹은 무저자고전)인지 아닌지 미리 선을 그을 수는 없다.

(7) 개인이나 가족, 단체에 대한 전거형 접근점 선정규정의 간소화

저작에 대한 전거형 접근점 가운데 채택표제에 관기(冠記)하는 개인이나 가족, 단체에 대한 전거형 접근점(종래의 기본기입 표목에 해당)의 선정 규정(RDA 6.27.1.1-6.27.1.8)은 AACR2R 제21장을 합리적으로 간소화하고 있다고 평가된다.

(8) 관계의 체계화

종래의 상호참조 관계로부터 탈피하여 관계에 대해 체계화 내지 포괄적으로 규정한 것은 큰 진전으로 볼 수 있다. 즉, 모든 관계(주제에 관한 것은 제외)가 ① 자원상호(FRBR 제1집단)간의 종단적 관계(제5부), ② 자원과 행위주체(FRBR 제2집단)간의 관계(제6부 및 부록 I), ③ 자원상호간의 횡단적 관계(제8부 및 부록 J), ④ 행위주체 상호간의 관계(제9부 및 부록 K)로 대별하고 있으며, 특히 ③에는 파생관계, 기술관계, 전체/부분관계, 딸림자료관계, 연속관계, 대등관계의 범주가 설정되어 있다. 그리고 관계의 다양한 종류를 AACR2R의 역할표시와는 비교가 되지 않을 만큼 다종다양한 관련 지시어로 표시하여 개체 관계를 금방 알 수 있게 하였다.

이외에도 DC나 W3C의 시멘틱 웹과 공동이용을 위한 협의, 과거 목록에 대한 계속성의 확보 등을 긍정적인 요소로 평가하고 있다.

한편 RDA의 문제점으로 단원의 구성측면에서 불합리한 부분이 많은 점과 저널 등과 같은 자원의 구성부분에 대한 규정이 미비한 점을 들고 있다. 특히 단원의 구성측면에서 불합리한 부분을 예로 들면 아래와 같다.

(1) RDA 제6장이 구성이 매우 복잡하여 단원 제목만으로는 구조의 파악이 쉽지 않다.

(2) 전반부 제1부-제4부와 후반부 제5부-제10부간에 규정을 나누어 제시하고 있지만

77 森耕一. "目錄法における相對主義: 無著者名圖書(著作)を中心に," 仙田正雄教授古稀記念圖書館資料論集, 1970, pp.75-93.

채택표제에 관기하는 단체 선택에 관한 규정을 저작을 나타내는 전거형 접근점에 관한 규정(6.27.1)에 포함하지 않고 저작과 연결된 개인이나 가족, 단체를 다루는 제19장(19.2)에 배치한 것은 불합리하다고 생각된다.

(3) RDA 제5부-제10부와 부록간의 규정을 나누어 제시하고 있지만 구성측면에서 바람직하지 않다고 생각한다. 서지적 관계의 중요성에 비추어 파생관계, 기술관계, 전체/부분관계, 딸림자료관계, 연속관계, 대등관계 등의 범주가 부록 J에만 나타나고 본문에서 나타나지 않는 것은 단원의 구성측면에서 문제가 있다.

결론적으로 古川은 RDA가 구성부분의 기록에 관한 규정이 거의 미비하지만, 표제표목의 전거형 접근점을 실현하고 개체간의 관계를 체계화하여 목록구조의 긴밀화를 도모한다는 점에서 RDA가 미래의 목록에 대한 적확한 방향성을 내포하고 있는 것으로 평가하고 있다.

3.4.2 RDA의 적용 테스트와 JSC

2011년 미국 RDA 테스트 조정위원회(U.S. RDA Test Coordinating Committee)의 RDA 내용에 대한 권고사항과 JSC의 RDA 개정과 관련된 향후 전망을 중심으로 소개한다.[78,79]

1) 미국 RDA 테스트의 개요

미국의회도서관은 2007년에 영국국가도서관, 캐나다국립도서관·문서관, 호주국립도서관과의 공동 성명에서 RDA를 적용할 것을 공표했다가 곧바로 RDA에 관한 모든 작업을 중단할 것을 권고했다. 서지제어의 장래에 관한 워킹그룹에서 2008년 보고서에 따라 LC는 미국국립의학도서관과 미국국립농학도서관이 새로운 규칙을 적용할지 여부를 찾기 위해 RDA 테스트를 시작했다. 이 테스트는 기술, 운영, 재정적 측면에서 RDA 적용에 영향을 미치는 정보를 수집하는 목적도 있었다.

---

78 U.S. RDA Test Coordinating Committee. *Report and Recommendations of the U.S. RDA Test Coordinating Committee, 9 May 2011, revised for public release 20 June 2011* 〈http://www.loc.ov/bibliographic-future/rda/source/rdatesting-finalreport-20june2011.pdf〉 cited 2012. 12.10].

79 Barbara B. Tillett. "Keeping Libraries Relevant in the Semantic Web with RDA: Resource Description and Access," *Serials*, Vol.24, No.3(2011), pp.266-272.
バーバラ B. ティレット. "RDA：図書館をセマンティック・ウェブに適したものに," 大柴忠彦, 山崎幹子 訳, カレントアウェアネス, No.311(2012. 3), pp.17-23.

테스트에 대비하여 LC는 '연수 담당자 연수(train-the-trainer)'를 위한 모듈[80]과 구체적인 예를 제공하고, 웹 캐스트, PowerPoint 문서 및 Word 문서를 공개함으로써 자유롭게 이용할 수 있도록 하였다. LC 정책 · 표준부서에서도 메일 주소 'LChelp4rda@loc.gov'를 제공하고 전세계 누구나 RDA 지침과 LC 정책에 대해 질문 가능하도록 하였다.

26개 기관의 미국 RDA 테스트 참가자에는 다양한 규모와 유형의 도서관뿐만 아니라 기록관, 박물관, 서적상, 라이브러리 스쿨, 시스템 업체, 컨소시엄 및 공동목록 작성 프로그램의 집중 프로젝트를 포함하고 있다. 이들은 10,570건의 서지레코드와 12,800건의 전거레코드를 작성하고 8,000건 이상의 조사를 실시하여 결과를 문서화했다. 이러한 데이터 분석을 통해 RDA 툴킷 등에 도움이 되는 피드백은 물론, 현재의 MARC 형식을 능가하는 제안도 소개되었다.

한편 미국의 RDA 테스트 참가자는 RDA 적용의 장점을 다음과 같이 보고하였다.[81]

① RDA는 이용자 과업에 초점을 맞추어 서지세계에 있어 개체의 식별 특성과 관계를 어떻게 볼 것인가 하는 점에서 중요한 변화를 가져온다.

② RDA는 우리가 어떻게 서지 메타데이터를 이용하고 또한 재사용 하는가 하는 점에 새로운 시각을 제공한다.

- RDA는 선형적인 단락형식의 기술을 작성한 카드목록 시대에서, 이용자에게 제공하는 자원의 식별특성에 더 초점을 맞추어 미래로 나아가려고 한다. 이는 메타데이터가 도서관을 뛰어넘어 다양한 목적으로 정리되고 재사용되기 때문이다.
- 도서관이 출판사 등에서 기존의 메타데이터를 사용하는 것을 허용하고 동일한 작업을 반복하지 않아도 된다.

③ RDA는 보다 세분화된 요소 세트를 위한 새로운 스키마 개발 및 자원 발견을 위해

80 RDA 테스트 모듈은 아래와 같이 9개로 구성되어 있다.

· 모듈 1 : RDA란 무엇인가
· 모듈 2 : 구조
· 모듈 3 : 구현형과 개별자료의 기술
· 모듈 4 : 저작, 표현형, 구현형의 식별
· 모듈 5 : 개인의 식별
· 모듈 6 : 가족의 식별
· 모듈 7 : 단체의 식별
· 모듈 8 : 관계
· 모듈 9 : 주요 개념, 변경 사항 등의 검토

81 U.S. RDA Test Coordinating Committee, *op. cit.*, p.111.

새롭고 더 나은 시스템의 개발을 촉진하게 된다.

④ IFLA에 따르면 이용자는 RDA가 FRBR 및 FRAD의 이용자 과업에 기반하고 있어 더 이용자 중심적인 것이라고 느끼고 있다.

⑤ 테스트 참가자가 바람직하다고 생각했던 점을 구체적으로 몇 가지 들면 아래와 같다.

- 라틴어 약어가 아닌 이용자의 언어를 사용하고 있음
- 보다 많은 관계 요소를 볼 수 있음
- '3의 규칙'은 이제 선택에 불과해 책임표시에 대한 더 많은 정보를 갖게 됨
- 전거레코드에서 보다 많은 식별 데이터를 찾을 수 있음
- IFLA의 국제목록원칙이나 FRBR 및 FRAD를 따르고 있어 국제적인 공유 가능성이 더 높아짐

2) 미국 RDA 테스트 조정위원회의 RDA 평가 보고서

미국 RDA 테스트 조정위원회는 RDA 평가 보고서에서 RDA를 평가의 일반적 기준과 기술, 운영, 재정적 실현 가능성의 측면으로 구분하여 평가한 후, 미국의 3개 국립도서관(LC, NAL, NLM)과 JSC에 대해 아래와 같이 권고사항을 제시하였다.

(1) 미국 3개 국립도서관에 대한 권고

미국의 3개 국립도서관에 대해 아래 9개항의 활동이 충분히 진전 또는 달성될 것을 조건으로 2013년 1월 이후에 RDA를 적용할 것을 권고하였다.[82]

① RDA 지침을 명확하고, 애매하지 않으며, 평이한 영어로 다시 작성하라.

② 온라인 환경으로 RDA 갱신을 위한 절차를 정하라.

③ RDA 툴킷의 기능을 개선하라.

④ MARC과 기타 엔코딩 스키마로 RDA 레코드의 상세한 예시를 작성하라.

⑤ RDA 요소 세트와 어휘 등록의 완성을 홍보하라. 등록이 잘 이뤄지고 RDA 지침과 동기화(同期化)가 이뤄졌다는 것을 보증하라.

⑥ MARC의 대체를 향한 신뢰할 만한 진전을 나타내라.

⑦ 커뮤니티의 참가를 보증하고, 촉진하라.

⑧ RDA 연수를 주도하고 조정하라.

⑨ RDA 요소 세트(관계 포함)를 사용한 입력과 검색시스템의 원형에 대한 시연을

82 *Ibid.*, pp.13-14.

꽤하라.

(2) JSC에 대한 권고

JSC에 대해 RDA 내용, RDA 갱신과정, RDA 툴킷 개선이라는 세 가지 부문으로 나누어 권고하였으며, 첫 번째의 RDA 내용에 관한 것을 중심으로 살펴보면 아래와 같다.[83]

① 저작, 표현형, 구현형, 개별자료간의 경계를 명확히 하라.

② 상이한 간행형태의 자원 목록에 있어 차이점을 명확히 하라.

③ 특수한 토픽

a) 기술에 관한 토픽

- RDA 2.7-2.10의 제작사항, 발행사항, 배포사항, 제조사항에 관한 지침을 명확히 하라. 또한 이러한 요소들의 시간경과에 대한 변화를 주기하는 것보다 기록의 반복을 허용하라.

b) 표현형에 관한 토픽

- 표현형에 적용하는 요소 식별을 명확히 하라.
- 특정 표현형을 식별할 필요성을 토의하고, 표현형의 범주(예: 같은 언어로 번역된 경우)에 대해 식별될 수 없는 전거형 접근점의 가능성을 고려하라.

c) 전거형 접근점에 관한 토픽

- RDA 제6장, 제9-11장에 있어 각 요소가 전거형 접근점에 포함되는가의 여부를 식별하게 하라.
- 개인의 활동분야(RDA 9.15)와 직업(RDA 9.16)의 구분을 명확히 하거나, 이 두 요소를 통합하라. 그리고 이러한 요소 또는 통합된 요소의 통제어휘를 식별하게 하라(MARC 372, 374 필드).
- 단체와 관련된 장소의 전거형 접근점(RDA 11.13) 사용 요구를 고려하고, 이 정보의 기계적 조작을 더욱 허용하라.
- 회의간행물이 연속간행물로 목록될 경우의 요건을 명확히 하기 위해 회의에 대한 전거형 접근점의 지침을 개정하라.

d) 관계에 관한 토픽

- 복수의 FRBR 제1집단 개체 속성에 대한 서지레코드를 아직 사용하고 있는 적용 시나리오와 관련하여 RDA 제17장을 명확히 하라.

83 *Ibid.*, pp.15-16.

- RDA 19.2, 19.3, 20.2, 21.2-21.6, 22.2-22.4를 자원과 관계가 있는 개인이나 가족, 단체의 전거형 접근점 생성에 관한 지침이 링크될 수 있게 하라.

e) 특수자료에 관한 지침

- 지도자료와 관련이 있는 개인, 가족, 단체에 대한 적절한 관계 표시어에 관해 지도자료의 커뮤니티와 협력하라.
- 다양한 특수 커뮤니티(예: 동영상, 음악, 희귀자료, 연속간행물 등)와 협력하여 지침을 개정하고 추가하라.

f) 기타 토픽

- 내용주기 사용과 그러한 주기가 포함된 정보(예: 연주자명의 사용 등)에 관한 지침을 추가하라.

(3) 보고서를 받은 후 3개 국립도서관의 반응

보고서를 받은 3개 국립도서관의 반응은 다음과 같다. RDA 적용이 단기적으로 발생하는 불안이나 비용에 걸맞은 장기적인 가치가 있다면 RDA를 신뢰할 것이다. 적용이 지체된다는 것은 곧바로 많은 커뮤니티와의 효과적인 관계 실현이 지체된다는 것을 의미한다. 장기적으로 RDA의 조기 적용이 상책이라고 판단된다. 그러나 2013년 1월이라는 적용 시기까지는 RDA 수정을 위한 시간이 얼마남지 않았는데 해결해야 할 과제는 많다. 시간에 맞출 수 있을지 걱정이다.

3) JSC에 의한 RDA 개정의 재출발

JSC는 앞서 살펴본 미국 RDA 테스트 조정위원회의 권고사항에 한정하여 수동적으로 머물지 않고 2009년 3월 이후 휴회했던 정례회의를 재개하여 RDA의 개정작업에 착수했다. 다음은 JSC의 RDA 개정과 관련된 의제가운데 중요하다고 생각되는 6개항을 요약한 것이다.[84]

(1) FRBR 제3집단에 새로운 개체 추가

JSC는 FRSAD가 2010년 6월에 간행되기를 기다려왔으며, LC의 검토자료[85]를 바탕으로 미완성으로 남아있는 RDA 제12-16, 23, 33-37장의 심의를 개시하였으며, 검토자료의 요

---

84 古川肇. "刊行前後のRDA：RDAの適用への道程," 資料組織化研究-e, No.62(2012. 4), pp.6-7.

85 Library of Congress. *Chapters 12-16, 23, 33-37 (Group 3 Entities and 'Subject')*, 6JSC/LC rep/3, 20 May 2011 〈http://www.rda-jsc.org/docs/6JSC-LC-rep-3.pdf〉 [cited 2012. 12.10].

지는 아래와 같다.

① FRBR의 제3집단 개체인 개념, 대상, 사건, 장소의 4개 개체에 '시간(time)'을 추가한다.

② 구현형 및 개별자료에 대한 전거형 접근점의 규정을 신설한다.

③ '회의'를 '단체'에서 '사건'으로 이치한다.

④ 제1집단과의 관계를 저작으로만 한정하는 것은 바람직하지 않다.

JSC는 앞으로 제3집단에 속한 개체를 주제의 프레임에 구애받지 않고 논의할 예정이다.

(2) 문두의 관사는 자원에 나타난 그대로

최근 JSC에 새로이 합류한 독일국립도서관 위원의 제안으로 관사를 생략하지 않음으로써 현 지침은 별법으로 회귀했다.[86] 이 개정으로 영향을 받는 곳은 저작의 채택표제(6.2.17), 채택 개인명(9.2.2.25, 9.2.2.26), 채택 단체명(11.2.2.8), 저작의 전거형 접근점(6.27.1.2) 등이다.

(3) 개인의 활동분야와 직업의 구분

JSC는 개인의 활동분야(9.15)와 직업(9.16)의 두 개 요소를 유지하되 각각의 범주를 명확하게 구분한다는 취지로 승인했다.

(4) 창작자로 간주할 수 있는 단체의 추가

창작자로 간주할 수 있는 단체에 관한 규정(19.2.1.1.1)에 있어 행사(event)의 예로 전시회, 박람회, 축제뿐만 아니라 '공청회(hearing)'를 추가했다. 또한 단체를 저자로 간주하는 저작에 대해 단체로 행동하는 2인 이상의 예술가 직함을 지니고 있는 개별 예술작품을 추가했다.

(5) ISBD 통합판과의 조정

JSC는 회의일정의 일부를 ISBD Review Group과 ISSN Network간의 조화를 위한 합동회의를 개최하여 다음 사항을 합의했다. 즉, ISBD 통합판과의 조정을 위해 RDA 부록 D(기술데이터를 위한 기록 구문)의 갱신, RDA와 ISBD의 어휘 및 요소 세트의 매핑, RDA의 수록매체유형 및 내용유형과 ISBD의 제0영역(내용형식과 매체유형 영역)과 매핑 등을 하기로 했다.

---

86 Christine Frodl. *Proposed Revision of Initial Articles*, 6JSC/Chair/3/rev, 16 December 2011 ⟨http://www.rda-jsc.org/docs/6JSC-Chair-3-rev.pdf⟩ [cited 2012. 12.10].

제4장 RDA의 적용 실제

제4장 RDA의 적용 실제

4.1 RDA 관련 규칙의 변화

4.1.1 AACR2R와 RDA의 차이점

목록기술에 있어 AACR2R와 비교하여 RDA가 달라진 구체적인 사례를 살펴보면 아래와 같다.

1) 용어

- 표목(heading) → 접근점(access point)
- 부출기입(added entry) → 접근점(access point)
- 통일표제(uniform title) → 저작의 채택표제(preferred title for the work)
- 통일표목(uniform heading) → 전거형 접근점(authorized access point)
- 보라참조(see reference) → 이형 접근점(variant access point)
- 도보라참조(see also reference) → 관련 개체에 대한 전거형 접근점(authorized access point for the related attributes)

2) 본표제

정보원의 본표제에 오자가 있는 경우 AACR2R(1.0.F)에서는 그대로 기재하고, 그 다음에 [sic]를 부기하거나 'i.e.'를 관기하여 바른 꼴을 각괄호로 묶어 부기한다. RDA에서는 정보원에 나타난 그대로 기록하고, 식별이나 접근에 중요하다고 생각될 경우 수정된 표제를 이형표제로 기록한다.[87]

예) *The wolrd of television*

· AACR2	The wolrd[sic] of television
또는	The wolrd[i.e. world] of television
· RDA 본표제:	The wolrd of television
이형표제:	The world of television

87 *RDA* 1.7.9, 2.3.6.

3) 자원의 범주

자원의 범주 즉, 자료유형표시(GMD)로 AACR2R에서는 자료의 내용과 매체 등을 혼용하고 있지만, RDA에서는 〈표 3-3〉과 〈표 3-4〉에 나타난 바와 같이 매체유형, 수록매체유형, 내용유형 등의 개념으로 구분하여 표시한다.[88] 아래 예시와 같이 인터넷문서 즉, 전자자료인 'Born in slavery'를 AACR2에서는 자료유형표시로 단순하게 '[electronic resource]'로만 표시한 반면, RDA에서는 매체유형 'computer', 수록매체유형 'online resource', 내용유형 'computer dataset'으로 보다 세분하여 나타내고 있다.

예) *Born in slavery* (인터넷문서)

- AACR2: Born in slavery [electronic resource]
- RDA: Born in slavery
computer
online resource
computer dataset

4) 책임표시

① 책임표시의 역할어는 AACR2(1.1F7)의 경우 생략하지만, RDA에서는 정보원에 나타난 그대로 기록하며, 선택사항으로 본질적인 정보의 손실없이 생략할 수 있는 경우 책임표시를 축약한다.[89]

예) *by Dr. Harry Smith*

- AACR2: by Harry Smith
- RDA: by Dr. Harry Smith
(선택적 생략가능) by Harry Smith

② 책임표시 4인 이상인 경우

AACR2R(1.1F5)에서는 첫 번째 책임표시만 기재하지만, RDA에서는 정보원에 나타난 그대로 기록한다. 선택사항으로 첫 번째를 제외하고 모두 생략하며, 생략된 내용은 각괄호로 처리한다.[90]

---

88 *RDA* 3.2, 3.3, 6.9.

89 *RDA* 2.4.1.4.

90 *RDA* 2.4.1.5.

예) *by Dr. Cornelius Snap, Michael Crackle, Robert Pop, Jr., and Rice Krispies*

- AACR2: by Cornelius Snap … [et al.]
- RDA: by Dr. Cornelius Snap, Michael Crackle, Robert Pop, Jr., and Rice Krispies
  (선택적 생략가능) by Cornelius Snap [and three others]

5) 판사항

AACR2R(1.2B1, App. B)에서는 아라비아 서수의 표준약어 형식으로 기재하고 있지만, RDA에서는 정보원에 나타난 그대로 기록한다.[91]

예) *Forth Supplemented Edition*

- AACR2: 4th supplemented ed.
- RDA: Forth supplemented edition

6) 발행사항

발행지가 복수인 경우 자국의 발행지와 상관없이 정보원에 기재된 순서대로 지명을 기술한다. 그리고 발행사항을 알 수 없는 경우 목록자가 임의로 추정해서 기술하지 말고 아래의 예시와 같이 기술한다.[92]

예) 발행지와 발행처는 알 수 없으며, 발행년은 1960년경으로 추정됨

- AACR2: [S.l.] : [s.n.], [ca. 1960]
- RDA: Place of publication not identified
  Publisher not identified
  Data of publication not identified

7) 형태사항

형태사항의 기술에 있어서도 판사항에서와 같이 정보원에 나타난 용어를 그대로 사용하거나 인위적으로 약어를 사용하지 않는다. 즉, 쪽수나 장수는 'p.'와 같은 약어 대신에 pages, leaves, columns 등의 용어를 사용하며, 삽화의 경우에도 'ill.' 대신에 'illustration' 또는 'illustrations'와 같이 완전어로 기술한다. 또한 AACR2R에서는 음반이나 비디오디스크, 비디오카세트 등에 크기를 기술할 때 '인치(in.)'을 사용했지만, RDA에서는 모두 mm나

91 *RDA* 2.5.1.4.

92 *RDA* 2.8.2.4, 2.8.2.6, 2.8.4.7, 2.8.6.6.

cm로 기재한다.[93]

예) *323 pages, illustrations*

- AACR2: 323 p. : ill.
- RDA: 323 pages : illustrations

8) 접근점

성서 'Bible'에 대한 접근점을 'O.T.'와 'N.T.' 대신에 'Old Testament'와 'New Testament'와 같이 완전어로 기술하고, 신약성서나 구성성서의 하위 표제가 있을 경우에는 아래와 같이 'Bible' 다음에 하위표제를 바로 기술한다.[94]

예)

AACR2R	RDA
· Bible. N.T. · Bible. O.T. · Bible. N.T. Luke. · Bible. O.T. Genesis.	· Bible. New Testament. · Bible. Old Testament. · Bible. Luke. · Bible. Genesis.

4.1.2 RDA 수용을 위한 MARC 21의 신규 필드

아래의 내용은 RDA 수용을 위해 2012년 6월 현재 여러 차례의 개정을 통해 MARC 21에 새로이 추가한 내용을 소개한 것이다.[95]

1) 내용, 매체, 수록매체 유형과 수록매체특성

(1) 내용유형

MARC에는 이미 리드/06에 내용유형을 나타내고 있다. 또한 서지 및 전거형식으로 새롭게 추가된 336 필드에서 내용유형의 기술이 가능하다. 즉, RDA에 포함되어 있는 내용유형의 영어리스트를 $a와 $b를 활용해서 각각 용어와 코드로 표시해주고 있다. RDA에서 내용을 나타내는 용어와 이 용어에 대한 MARC 코드에 상응하는 MARC 리드/06과 관련이 있는 테이블은 LC의 *Term and Code List for RDA Content Types*[96]를 참고하면 된다.

---

93 *RDA* 3.4.5, 3.5.1.4, 7.15.

94 *RDA* 6.23.

95 Library of Congress. *RDA in MARC, October 2012* 〈http://www.loc.gov/marc/RDAinMARC-10-12.html〉 [cited 2012. 12. 10].

96 Library of Congress. *Term and Code List for RDA Content Types* 〈http://www.loc.gov/standards/

예) 336 $aperformed music$2rdacontent

336 $atwo-dimensional moving image$btdi$2rdacontent

(2) 매체유형

MARC에는 이미 007/00 필드에 매체유형을 나타내고 있다. 또한 서지 및 소장형식으로 새롭게 추가된 337 필드에서 매체유형의 기술이 가능하다. 즉, RDA에 포함되어 있는 매체유형의 영어리스트를 $a와 $b를 활용해서 각각 용어와 코드로 표시해주고 있다. RDA에서 매체를 나타내는 용어와 이 용어에 대한 MARC 코드에 상응하는 MARC 007/00 필드와 관련이 있는 테이블은 LC의 *Term and Code List for RDA Media Types*[97]를 참고하면 된다.

예) 337 $aaudio$2rdamedia

337 $avideo$bv$2rdamedia

(3) 수록매체유형

MARC에는 이미 007/01 필드에 수록매체유형을 나타내고 있다. 또한 서지 및 소장형식으로 새롭게 추가된 338 필드에서 수록매체유형의 기술이 가능하다. 즉, RDA에 포함되어 있는 수록매체유형의 영어리스트를 $a와 $b를 활용해서 각각 용어와 코드로 표시해주고 있다. RDA에서 수록매체를 나타내는 용어와 이 용어에 대한 MARC 코드에 상응하는 MARC 007/01 필드와 관련이 있는 테이블은 LC의 *Term and Code List for RDA Carrier Types*[98]를 참고하면 된다.

예) 338 $aaudio disc$2rdacarrier

338 $avideodisc$bvd$2rdacarrier

(4) 수록매체특성

MARC은 서지형식 300, 340, 5XX 필드에서 본문형식으로, 서지 및 소장형식 007 필드에서 코드형식으로 수록매체특성의 기록을 제공한다. RDA는 수록매체특성을 나타내는데 사용될 수 있는 영어 용어리스트를 포함하고 있으며, 또한 주기를 통해서도 나타낼 수 있다.

---

valuelist/rdacontent.html〉 [cited 2012. 12. 10].

97 Library of Congress. *Term and Code List for RDA Media Types* 〈http://www.loc.gov/standards/valuelist/rdamedia.html〉 [cited 2012. 12. 10].

98 Library of Congress. *Term and Code List for RDA Carrier Types* 〈http://www.loc. gov/standards/valuelist/rdacarrier.html〉 [cited 2012. 12. 10].

RDA 수록매체특성 주기는 MARC 서지형식의 500 필드와 기타 5XX 필드에 기술한다. RDA 수록매체특성에 대한 용어는 MARC 서지형식에서 아래의 필드에 기술한다.

- 300 물리적 기술(physical description)
- 340 물리적 매체(physical medium)
- 신설된 서지형식 필드

  344 음향특성(sound characteristics)

  345 동영상의 영사특성(projection characteristics of moving image)

  346 비디오특성(video characteristics)

  347 디지털파일 특성(digital file characteristic)

예) 344 $aanalog$c33 1/3 rpm$gstereo

345 $aCinerama$b24 fps$2rda

346 $aVHS$bNTSC$2rda

347 $aaudio file$bCD audio$2rda

2) 이름 및 자원의 속성

이름(개인이나 가족, 단체) 및 표제의 속성은 이름 표목(예: 출생일자)이나 통일표제 표목(예: 음악의 장조)에 기록되어왔던, 또는 이름이나 표제의 전거레코드에서 주기에 포함되었던 전형적인 정보이다. RDA에서는 이러한 정보가 표목 또는 표목의 일부분과 분리되어 별도로 기록될 수 있다. 이러한 속성을 위한 새로운 필드가 이름과 자원(저작 및 표현형)을 위해 설정되었다.

(1) 이름 속성을 위한 새로운 MARC 전거형식 필드

046 특정부호화일자(special coded dates)

368 기타 개인이나 단체 속성(other attributes of person or corporate body)

370 관련 장소(associated place)

371 주소(address)

372 활동분야(field of activity)

373 관련 집단(associated group)

374 직업(occupation)

375 성별(gender)

376 가족정보(family information)

378 개인명의 완전형(fuller form of personal name)

예) 100 1 $aSinger, Isaac Bashevis,$d1904-1991.
370 $aRadzimyn, Poland$bSurfside, Fla.
[출생: Radzimyn, Poland; 사망: Surfside, Fla.]

(2) 저작과 표현형 속성을 위한 새로운 MARC 전거 및 서지형식 필드

046 특정부호화일자(special coded dates) (새로운 식별기호만)

336 내용유형(content type)

377 관련 언어(associated language)

380 저작의 형식(form of work)

381 기타 저작이나 표현형의 식별특성(other distinguishing characteristics of work or expression)

382 연주매체(medium of performance)

383 음악저작의 숫자표시(numeric designation of musical work)

384 장조(key)

예) 100 1 $aMahler, Gustav,$d1860-1911.$tSymphonies,$nno. 2,$rC minor
382 $asoprano$aalto$amixed voices$aorchestra
384 $aC minor
383 $ano. 2

3) 관계

(1) 이름과 자원

RDA 부록 I에는 자원과 개인이나 가족, 단체간의 가능한 관계를 제시하고 있다(예: author, artist, cartographer 등). MARC은 이미 서지형식에 있어 1XX, 6XX, 7XX, 8XX 필드에, 전거형식에 있어 1XX, 4XX, 5XX 필드에 역할 표시어($e)[99]나 역할 표시코드($4)를 사용하여 이러한 관계유형을 기록하고 있다. MARC 역할 표시코드(relator code)[100]는 아직 리스트에 없는 RDA 관계를 늘리고 있다.

99 MARC에서 역할 표시어(relator term)는 이름과 저작간의 관계(예: ed., comp., ill., tr., collector, joint author 등)를 기술하기 위한 기능 표시이다.

100 Library of Congress. *MARC Code List for Relators* 〈http://www.loc. gov/marc/relators/〉 [cited 2012. 12. 10].

예) 700 1 $aSmith, Elsie,$d1900-1945,$eillustrator.
700 1 $aHecht, Ben,$d1893-1964,$ewriting,$edirection,$eproduction.

(2) 자원과 자원

RDA 부록 J에는 저작이나 표현형, 구현형, 개별자료간에 존재할 수 있는 340여개의 관계 지시어를 제시하고 있다[예: dramatized as (work), indexed in (work), sequel, digest of (expression), parody of (work) 등].

MARC은 이러한 관계를 명시하기 위해 다음과 같은 방법을 사용하고 있다.

① 식별기호: 예를 들면, $o(기타 개별자료 식별기호), $u(URI), $x(ISSN), $w(레코드제어번호), $0(전거레코드 제어번호)등의 식별기호, 856 필드 등
② 주기: 서지형식의 5XX 필드, 전거형식의 6XX 필드
③ 구조화된 기술: 서지형식의 76X-78X 필드
④ 구조화된 접근점: 서지형식의 700-75X 필드, 전거형식의 4XX와 5XX 필드

예) 245 00 $aAlice in Wonderland, or, What's a nice kid like you doing in a place like this? /$cHanna-Barbera Productions.
700 1 $iparody of (work)$aCarroll, Lewis,$d1832-1898.$tAlice's adventures in Wonderland.
(245 필드에 기술된 저작은 Lewis Carroll의 *Alice's adventures in Wonderland* 를 패러디한 것임)

(3) 이름과 이름

RDA 부록 K에는 개인이나 가족, 단체간에 가능한 관계(예: employee, sponsor, descendent family, alternate identity 등)를 나타내고 있다. MARC 전거형식 4XX와 5XX 필드에 추가된 식별기호 $i는 이러한 관계유형을 명시하는데도 이용되고 있다.

예) 100 1 $aClemens, Samuel,$d 1835-1910
500 wrialternate identity$aTwain, Mark,$d1835-1910
(100 필드에 기술된 Samuel Clemens의 필명이 Mark Twain임)

4) RDA를 위한 기타 MARC의 변화

이외에도 007과 008 필드에 다양한 부가코드가 추가되는 등 RDA를 위해 MARC에 변화를 가져왔다.

4.2 서지레코드 기술

다음의 예시들은 대부분 RDA 초안에 제시되었던 부록 'M: complete examples'를 바탕으로 하였으며, 필자가 자료의 표제면 및 판권기와 함께 해설을 추가하였다.

4.2.1 단행본

[표제면]

[판권기]

Copyright ⓒ 1999, 2004, 2008
by Libraries Unlimited, a member of the Greenwood Publishing Group.
All rights reserved.
No part of this book publication may be reproduced or distributed in any form or by any means without the permission of the publisher.

ISBN 978-15-9158-700-2 $50.00

xxvi, 512 p. illustrations 25.5 cm
Includes bibliography and indexes

[MARC 21, RDA, ISBD 구두점 적용]

```
Leader/06   a        Leader/07   m
007/00      t        007/35-37   eng
020     $a9781591587002 :$c$50.00
037     $ahttp://www.lu.com
100 1   $aTaylor, Arlene G.,$d1941-
245 14  $aThe organization of information /$cArlene G. Taylor and Daniel N. Joudrey.
250     $aThird edition
260     $aWestport, Conneticut ;$aLondon :$bLibraries Unlimited, a member of the Greenwood
        Publishing Group,$cc2008
300     $axxvi, 512 pages :$billustrations ;$c26 cm
336     $atext$btxt$2rdacontent
337     $aunmediated$bn$2rdamedia
338     $avolume$bnc$2rdacarrier
490 1   $aLibrary and information science text series
504     $aIncludes bibliography and index
546     $aIn English
700 1   $aJoudrey, Daniel N.
830  0  $aLibrary and information science text series
```

RDA 요소(조항)	RDA에 의한 레코드 작성 예
① 본표제(2.3.2)	The organization of information
② 본표제관련 책임표시(2.4.2)	Arlene G. Taylor and Daniel N. Joudrey
③ 판표시(2.5.2)	Third edition
④ 발행지(2.8.2)	Westport, Conneticut
발행지(2.8.2)	London
⑤ 발행자명(2.8.4)	Libraries Unlimited, a member of the Greenwood Publishing Group
⑥ 판권일자(2.11)	c2008
⑦ 총서 본표제(2.12.2)	Library and information science text series
⑧ 간행형태(2.13)	single unit
⑨ 구현형 식별기호(2.15)	ISBN 978-15-9158-700-2
⑩ 매체유형(3.2)	unmediated
⑪ 수록매체유형(3.3)	volume
⑫ 수량(3.4)	xxvi, 512 pages
⑬ 크기(3.5)	26 cm
⑭ 입수조건(4.2)	$50.00
⑮ 교신정보(4.3)	http://www.lu.com
⑯ 표현형의 일자(6.10)	text
⑰ 내용 언어(7.12)	In English
⑱ 삽화내용(7.15)	illustrations
⑲ 부록내용(7.16)	Includes bibliography and index
⑳ 창작자(19.2)	Taylor, Arlene G., 1941-
창작자(19.2)	Joudrey, Daniel N.
㉑ 관련 저작(25.1)	Library and information science text series

〈그림 4-1〉 단행본 개정판

〈그림 4-1〉은 Taylor와 Joudrey의 저작 *The Organization of Information*에 대한 세 번째 개정판이다. 위의 사례에서 ①~⑮는 구현형의 속성, ⑯~⑲는 표현형의 속형, ⑳은 저작과 연결된 개인의 속성, ㉑은 저작 상호간의 관련을 나타낸다.

RDA에서는 '자료식별에 있어 무엇보다 일반적으로 사용되고 있는 구현형'의 속성 기술을 작성하는 것이 기본이다. 이는 서지레코드의 예시를 보면 명확하다. 구현형의 각 요소는 AACR2 기술 요소에 상당하는 것도 많이 있지만 ⑧ 간행형태(2.13), ⑩ 매체유형(3.2), ⑪ 수록매체유형(3.3) 등 종래의 구조와는 상이한 요소도 있다. 또한 ⑨ 구현형 식별기호(2.15)나 ⑮ 교신정보(contact information)(4.3)와 같이 그 범위를 확장한 요소도 있다. 간행형태와 교신정보는 핵심 요소에는 포함되지 않는다. 표현형의 속성에 대해서도 ⑯ 표현형의 일자(6.10)라는 새로운 구조의 요소가 나타나 있다. 또한 ⑳ 창작자(19.2)라는 범주에서 저작과 연결되어 있는 개인과의 관계를 기술하고 있다. ㉑ 관련 저작(25.1)에 관한 데이터도 기술되고 있다.

앞서 언급한 바와 같이 RDA에는 구분기호 등 요소 표시에 관한 규칙이나 배열순서는 정해져 있지 않다(데이터의 기록과 표시의 분리). 이것은 '부록 D 기술데이터를 위한 기록 구문'중에서 다루고 있다(배열순서, ISBD 구분기호 등). 간행형태는 그 자료가 단일 또는 복수인지, 갱신방법, 종간예정 등을 범주화한 것으로 단일유니트(single unit), 다권본 단행자료(multipart monograph), 연속간행물(serial), 통합자원(integrating resource)의 용어 가운데 하나 이상을 기록하도록 하고 있다. 또 간행형태와는 달리 기술은 3가지 종류로 구분하고 있다. 즉, 자료를 전체로 하여 하나의 묶음(통합)으로 기술한 종합기술(comprehensive description), 보다 큰 자료의 일부분을 기술하는 분석기술(analytical description), 전체기술과 부분기술을 조합한 계층기술(hierarchical description)이다.

매체유형, 수록매체유형, 내용유형은 AACR2의 GMD와 SMD에 해당되는 내용을 정리하여 크게 재편성한 것이다. 이것도 RDA 취지서에는 FRBR과 FRAD의 모형에 준거한 것으로 모든 종류의 콘텐트와 매체를 대상으로 하여 새로운 자원의 특성에 적응할 수 있도록 유연성과 확장성을 갖게 되었다고 주장하고 있다. MARC 21에서는 위의 예시에서와 같이 매체유형 337 필드, 수록매체유형 338 필드, 내용유형 336 필드에 각각 해당 요소를 기술하도록 규정하고 있다.

'창작자'로 기록되어 있는 ⑳번 데이터는 RDA 제6부(자료와 연결된 개인, 가족, 단체간의 관련기록)의 제19장(저작과 연결된 개인, 가족, 단체)에 규정되어 있는 요소이다. 여기서는 창작자(저작의 창작에 책임이 있는 개인 등)와 기타 개인, 가족, 단체(간접적으로 저작에 관련된 개인 등)의 2개 핵심 요소가 설정되어 있지만 구체적으로 기록된 것은 개인, 가족, 단체를 나타내는 '전거형 접근점'과 '개인, 가족, 단체에 대한 식별기호', 나아가 이러한 관련 특성을 나타내기 위한 '관계 표시어'(예: author, film producer 등의 용어)이다. 전거형 접근점이란 '어떤 개체를 나타내는 표준화된 접근점'으로 설명되고 있지만 즉, AACR2의 '통일표목'에 해당된다. 이러한 관계를 기록하는 것으로 개인, 가족, 단체에 연결된 모든 자원의 발견에 유익하다고 RDA는 밝히고 있다.

'관련 저작'으로 기록되어 있는 ㉑의 데이터는 RDA 제8부(저작, 표현형, 구현형, 개별자료간의 관계를 기술)의 제25장(관련 저작)에 규정되어 있는 요소이다. '관련 저작'이란 '전거형 접근점 또는 기술에 의해 나타내고 있는 저작에 관련된 저작을 참조하게 하는 것'으로 개작, 보유, 속편, 상위저작의 일부 등이 해당된다. 여기서는 관련저작에 대한 식별자, 전거 접근점, 관련 저작기술, 나아가 관계 표시어 등이 기록된다.

이와 같이 RDA에 있어 서지레코드의 기록은 각 개체의 속성과 여기에 대한 관련과는 구조적으로 구분하여 기술되고 있음을 알 수 있다.

[표제면]

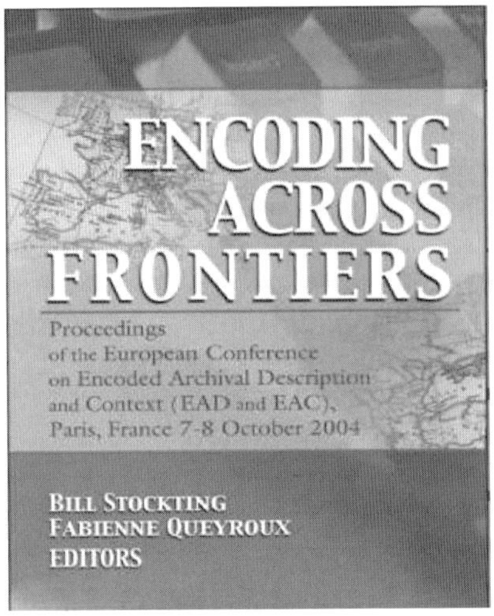

[판권기]

Co-published simultaneously as Journal of archival organization, volume 3, numbers 2/3, 2005
Includes bibliographical references and index.
ISBN-13: 978-0-7890-3026-9 (alk. paper)
ISBN-10: 0-7890-3026-8 (alk. paper)
ISBN-13: 978-0-7890-3027-6 (pbk. : alk. paper)
ISBN-10: 0-7890-3027-6 (pbk. : alk. paper)

Z695.2.E88 2004
025.3'414-dc22

[MARC 21, RDA, ISBD 구두점 적용]

Leader/06 a
Leader/07 m
007/00 t
007/35-37 eng
020 $a9780789030269
020 $a0789030268
020 $a9780789030276 (paperback)
020 $a0789030276 (paperback)
037 $ahttp://www.HaworthPress.com
111 2 $aEuropean Conference on Encoded Archival Description and Context (EAD and EAC) $d(2004 :$cParis, France)
245 10 $aEncoding across frontiers :$bproceedings of the European Conference on Encoded Archival Description and Context (EAD and EAC), Paris, France 7-8 October 2004 /$cBill Stockting, Fabienne Queyroux, editors.
246 30 $aProceedings of the European Conference on Encoded Archival Description and Context (EAD and EAC), Paris, France 7-8 October 2004
260 $aNew York ;$aLondon ;$aVictoria(AU) :$bThe Haworth Information Press, an imprint of The Haworth Press, Inc.,$c©2005.
300 $a286 pages :$billustrations ;$c22 cm.
336 $atext$btxt$2rdacontent
337 $aunmediated$bn$2rdamedia
338 $avolume$bnc$2rdacarrier
504 $aIncludes bibliographical references and index.
530 $a "Co-published simultaneously as Journal of archival organization, volume 3, numbers 2/3 2005." $udoi:10.1300/ J201 v03n02_01-doi:10.1300/J201v03n02_19
546 $aIn English.
700 1 $aStockting, Bill,$eeditor of compilation.
700 1 $aQueyroux, Fabienne,$eeditor of compilation

RDA 요소(조항)	RDA에 의한 레코드 작성 예
① 본표제(2.3.2)	Encoding across frontiers
② 표제관련정보(2.3.4)	Proceedings of the European Conference on Encoded Archival Description and Context (EAD and EAC), Paris, France, 7-8 October 2004
③ 이형표제(2.3.6)	Proceedings of the European Conference on Encoded Archival Description and Context (EAD and EAC), Paris, France, 7-8 October 2004
④ 본표제관련 책임표시(2.4.2)	Bill Stockting, Fabienne Queyroux, editors
⑤ 발행지(2.8.2)	New York
발행지(2.8.2)	London
발행지(2.8.2)	Victoria (AU)
⑥ 발행자명(2.8.4)	The Haworth Information Press, an imprint of The Haworth Press, Inc.
⑦ 판권일자(2.11)	©2005
⑧ 간행형태(2.13)	single unit
⑨ 구현형 식별기호(2.15) 구현형 식별기호(2.15) 구현형 식별기호(2.15) 구현형 식별기호(2.15)	ISBN 978-0-7890-3026-9 ISBN 0-7890-3026-8 ISBN 978-0-7890-3027-6 (paperback) ISBN 0-7890-3027-6 (paperback)
⑩ 매체유형(3.2)	unmediated
⑪ 수록매체유형(3.3)	volume
⑫ 수량(3.4)	286 pages
⑬ 크기(3.5)	22 cm
⑭ 교신정보(4.3)	http://www.HaworthPress.com
⑮ 내용유형(6.9)	text
⑯ 내용 언어(7.12)	In English
⑰ 삽화내용(7.15)	illustrations
⑱ 부록내용(7.16)	Includes bibliographical references and index
⑲ 창작자(19.2)	European Conference on Encoded Archival Description and Context (EAD and EAC) (2004 : Paris, France)
⑳ 기여자(20.2)	Stockting, Bill
㉑ 관계 표시어(18.5)	editor of compilation
㉒ 기여자(20.2)	Queyroux, Fabienne
㉓ 관계 표시어(18.5)	editor of compilation
㉔ 관련 구현형(27.1)	"Co-published simultaneously as Journal of archival organization, volume 3, numbers 2/3 2005." doi:10. 1300/J201v03n02_01-doi:10.1300/J20 1v03n02_19

〈그림 4-2〉 단행본 회의자료

〈그림 4-2〉는 2004년 파리에서 개최된 'European Conference on Encoded Archival Description and Context (EAD and EAC)'에서 발표된 자료를 단행본으로 발행됨과 동시에 학술저널인 *Journal of Archival Organization*에 게재되기도 하였다.

①~⑭는 구현형의 속성, ⑮~⑱은 표현형의 속성, ⑲는 저작의 생산에 책임이 있는 개인, 가족, 단체의 속성, ⑳~㉓은 표현형과 관련 있는 개인, 가족, 단체의 속성, ㉔는 구현형과 관련된 다른 구현형을 보여준다.

구현형의 속성에는 단행본의 특성과 인쇄자료의 특성을 포함하고 있다. 위의 사례처럼 본표제와 연결되거나 종속되어 나타나는 정보가 있는 경우, 본표제와 함께 ② 표제관련정보(2.3.4)를 기술하는데 자원의 특성, 내용을 가리키거나 제작 또는 발행의 동기, 이유를 나타내는 구와 함께 부표제, 표제선행사항(avant-titles)이 표제관련정보에 포함된다. 하지만 책등표제, sleeve 표제 등이나 본표제의 변형은 포함하지 않는다. 또한, 표제관련 책임표시는 자원의 본표제와 연관되어 있는 책임표시로써 다음과 같은 우선순위에 따라 채택한다.

a) 본표제와 동일한 정보원

b) 자원 자체내의 다른 정보원

c) 기타정보원(딸림자료, 자원의 필수적인 파트가 아닌 용기, 해당자원에 대해 발행된 기술, 기타 다른 이용할 수 있는 정보원) 중 하나

위의 사례처럼 발행지가 여러 곳인 경우 ⑤ 발행지를 중복 기술하고, ISBN을 ⑨ 구현형 식별기호에 형태별로 구분 기술하도록 한다.

표현형의 속성은 ⑮ 내용유형(6.9)에 인쇄자료 특성인 'text'로 표시하고, 기타 표현형 속성으로 삽화, 언어 등 내용적 특성을 기술한다. ⑲ 창작자(19.2)는 단체이며, 이때 단체가 회의명이면 아래와 같이 회차, 회의일자, 회의장소 등을 사용법에 따라 순서대로 회의명에 추가사항을 기재한다.

회의명 (회차 : 회의일자 : 회의장소)

Army Materials Technology Conference (2nd : 1973 : Hyannis, Mass.)

⑳과 ㉒ 기여자(20.2)는 모두 단체이며, ㉑과 ㉓ 관계 표시어는 이들 단체의 역할인 'editor of compilation'(편집자)을 각각 기술한다. ㉔ 관련 구현형(27.1)은 기술대상과 관련된 다른 구현형을 나타내는 속성으로 단행본과 동시에 출판된 저널의 권, 호와 doi(digital object identifier, 디지털 객체 식별자)를 기술한다.

4.2.2 오디오자료

Copyright © 2005
by BTC Audiobooks, an imprint of Goose Lane Editions

ISBN 0-86492-398-8
This audio book's author is Alice Munro.
3 audio discs, digital, 12 cm, 3 hrs.
Narrated by Judy Mahbey
Crddits: producer, Lawrie Seligman; recording Engineer, Eric Wagers

[MARC 21, RDA, ISBD 구두점 적용]

Leader/06 i Leader/07 m Leader/19 a
007/00 s 007/35-37 eng
020 $a0864923988 :$c$29.95(Can)$24.95
037 $bhttp://www.gooselane.com
100 1 $aMunro, Alice,$d1931 -
245 10 $aLives of girls and women /$cAlice Munro.
250 $aAbridged /$bby Ruth Fraser.
260 $aFredericton, NB, Canada :$bBTC Audiobooks, an imprint of Goose Lane Editions,$c©2005.
300 $a3 audio discs (approximately 3 hr.) :$bdigital ;$c12 cm.
336 $aspoken word$bspw$2rdacontent
337 $aaudio$bs$2rdamedia
338 $aaudio disc$bsd$2rdacarrier
500 $aAbridgement of the first print edition published by McGraw-Hill Ryerson, 1971
500 $aOriginally broadcast on CBC Radio 1981.
508 $aProducer: Lawrie Seligman; recording engineer: Eric Wagers
511 $aNarrated by Judy Mahbey.
520 $aBorn on the backward "Flats Road," Del Jordan is a "ice girl" with big dreams in a small town that expects little from women beyond marriage and babies. In linked short stories, Del suffers embarrassment at the hands of her encyclopedia selling mother, endures her body' insistent desires, and falls passionately in love with a young lumberyard worker, only to lose her chance for a university scholarship.
546 $aIn English
700 1 $aFraser, Ruth,$eabridger.
700 1 $aMahbey, Judy,$enarrator.
700 1 $aSeligman, Lawrie,$eproducer.
700 1 $aWagers, Eric,$erecording engineer.

RDA 요소(조항)	RDA에 의한 레코드 작성 예
① 본표제(2.3.2)	Lives of girls and women
② 본표제관련 책임표시(2.4.2)	Alice Munro
③ 판표시(2.5.2)	Abridged
④ 판표시관련 책임표시(2.5.4)	by Ruth Fraser
⑤ 발행지(2.8.2)	Fredericton, NB, Canada
⑥ 발행자명(2.8.4)	BTC Audiobooks, an imprint of Goose Lane Editions
⑦ 판권일자(2.11)	c2005
⑧ 간행형태(2.13)	multipart monograph
⑨ 구현형 식별기호(2.15)	ISBN 0-86492-398-8
⑩ 매체유형(3.2)	audio
⑪ 수록매체유형(3.3)	audio disc
⑫ 수량(3.4)	3 audio discs
⑬ 크기(3.5)	12 cm
⑭ 녹음방식(3.16.2)	digital
⑮ 입수조건(4.2)	$29.95 Can ($24.95 US)
⑯ 교신정보(4.3)	http://www.gooselane.com
⑰ 내용유형(6.9)	spoken word
⑱ 내용요약(7.10)	Born on the backward "lats Road," Del Jordan … is
⑲ 내용 언어(7.12)	In English
⑳ 실행시간(7.22)	approximately 3 hr.
㉑ 배역진, 내레이터, 발표자(7.23)	Narrated by Judy Mahbey
㉒ 예술 및 기술 제작진(7.24)	Credits: producer, Lawrie Seligman; recording Engineer, Eric Wagers
㉓ 창작자(19.2)	Munro, Alice, 1931 -
㉔ 기여자(20.2)	Fraser, Ruth
㉕ 관계 표시어(18.5)	abridger
㉖ 기여자(20.2)	Mahbey, Judy
㉗ 관계 표시어(18.5)	narrator
㉘ 기여자(20.2)	Seligman, Lawrie
㉙ 관계 표시어(18.5)	producer
㉚ 기여자(20.2)	Wagers, Eric
㉛ 관계 표시어(18.5)	recording engineer
㉜ 관련 표현형(26.1)	Abridgement of the first print edition published by McGraw-Hill Ryerson, 1971
㉝ 관련 구현형(27.1)	Originally broadcast on CBC Radio 1981

〈그림 4-3〉 오디오자료: 녹음도서

〈그림 4-3〉은 캐나다 단편작가 Alice Munro의 작품을 축약하여 제작한 녹음도서이다. 위에서 ①~⑯에는 구현형의 속성, ⑰~㉒는 표현형의 속성, ㉓에는 저작과 연결된 개인의 속성, ㉔~㉛에는 표현형과 연결된 개인의 속성, ㉜~㉝에는 관련 표현형 및 구현형을 보여 준다.

구현형의 속성에는 표제와 책임표시를 포함하여 음반형태로서 물리적 매체의 특성이 기술된다. 따라서 ⑩ 매체유형(3.2)과 ⑪ 수록매체유형(3.3)에 각각 'audio'와 'audio disc'를 기술하며, 3개의 음반이 한 세트를 구성하고 있기 때문에 ⑧ 간행형태(2.13)는 'multipart monograph'로 표시한다.

표현형의 속성에는 크게 표현형의 식별을 위한 요소인 ⑰ 내용유형과 내용기술을 위한 다양한 요소들로 구성된다. ⑰ 내용유형(6.9)은 자료를 인지하는 커뮤니케이션의 기본형식을 반영하는 요소로, 녹음형태의 읽을 자료, 연설, 인터뷰, 구술사 등과 같이 청취 가능한 형식에 언어로 표현된 내용은 'spoken word'로 기술된다. 또한 내용을 위한 기술요소로는 내용요약, 언어, 재생시간, 배역진・내레이터・발표자, 예술 및 기술 제작진 등이다.

㉓ 창작자(19.2)는 저작의 창작에 책임이 있는 개인으로 위 사례에서는 해당 저작의 원작자인 Alice Munro를 기술하고 있다. 한편 녹음도서를 제작하기 위해 원고의 축약에 관여한 축약자와 녹음제작에 관여한 나레이터, 제작자, 녹음기술자 등은 ㉔ 기여자(20.2)로, 이들의 역할은 ㉕ 관계 표시어(18.5)로 각각 기술되어 있다.

해당 자료와 관계된 또 다른 표현형으로는 1971년 초판에 대한 요약판이 있으며, 녹음도서로 제작되기 이전에 1981년 CBC 라디오에서 방송된 내용은 관련 구현형으로 기술된다.

저작 A : Alice Munro의 *Lives of girls and women*
　표현형 A-1 : 저자의 영문 원본
　　구현형 A-1-1 *Lives of girls and women* 초판 (McGraw-Hill Ryerson, 1971)
　표현형 A-2 : *Lives of girls and women* 초판에 대한 Ruth Fraser의 요약판
　　구현형 A-2-1 : *Lives of girls and women* [오디오디스크] (2005)
　　구현형 A-2-2 : *Lives of girls and women* [방송 CBC] (1981)

[MARC 21, RDA, ISBD 구두점 적용]

Leader/06 j
Leader/07 m
007/00 s 007/01 d 007/04 s 007/06 g 007/12 e
008/35-37 eng
100 1 $aPorter, Kalan,$ecomposer,$esinger.
245 10 $a219 days /$cKalan Porter.
246 3 $aTwo hundred and nineteen days
260 $aToronto :$bViK. Recordings :$bDistributed by BMG Canada,$c©2004, ©2004.
300 $a1 CD :$bdigital, Real audio, Windows media ;$c12 cm.
336 $aperformed music$bprm$2rdacontent
337 $aaudio$bs$2rdamedia
337 $acomputer$bc$2rdamedia
338 $aaudio disc$bsd$2rdacarrier
338 $acomputer disc$bcd$2rdacarrier
511 0 $aSongs and instrumental music: Kalan Porter with other musicians.
511 0 $aDuet with Theresa Sokyrka.
538 $aSystem requirements: Macintosh (System 8.1 or newer recommended) or Windows (Windows 98 or newer recommended) compatible computer; monitor capable of displaying 800 × 600 screen resolution and 16 bit colour; Internet Explorer 5.5 or higher or Netscape 4.0 or higher; Windows Media Player 8 or RealOne Player; at least 32 MB of available RAM (64 MB recommended); double speed or faster multisession-enabled CD ROM drive; Macromedia Flash Player 5; 56KB or higher Internet connection (high speed recommended). Certain computers may not be able to access the enhanced CD portion of this disc.
546 $aIn English.
700 1 $aSokyrka, Theresa,$esinger.

RDA 요소(조항)	RDA에 의한 레코드 작성 예
① 본표제(2.3.2)	219 days
② 이형표제(2.3.6)	Two hundred and nineteen days
③ 본표제관련 책임표시(2.4.2)	Kalan Porter
④ 발행지(2.8.2)	Toronto
⑤ 발행자명(2.8.4)	ViK. Recordings
⑥ 배포자명(2.9.4)	Distributed by BMG Canada
⑦ 판권일자(2.11)	©2004
판권일자(2.11)	©2004
⑧ 간행형태(2.13)	single unit
⑨ 매체유형(3.2)	audio
매체유형(3.2)	computer
⑩ 수록매체유형(3.3)	audio disc
수록매체유형(3.3)	computer disc
⑪ 수량(3.4)	1 CD
⑫ 크기(3.5)	12 cm
⑬ 녹음방식(3.16.2)	digital
⑮ 부호화형식(3.19.3)	Real audio
부호화형식(3.19.3)	Windows media
⑯ 장치나 시스템요건(3.20)	System requirements: Macintosh (System 8.1 or newer recommended) or Windows (Windows 98 or newer recommended) compatible computer; monitor capable of displaying 800×600 screen resolution and 16 bit colour; Internet Explorer 5.5 or higher or Netscape 4.0 or higher; Windows Media Player 8 or RealOne Player; at least 32 MB of available RAM (64 MB recommended); double speed or faster multisession-enabled CD ROM drive; Macromedia Flash Player 5; 56KB or higher Internet connection (high speed recommended). Certain computers may not be able to access the enhanced CD portion of this disc
⑰ 내용유형(6.9)	performed music
⑱ 내용 언어(7.12)	In English
⑲ 배역진, 내레이터, 발표자(7.23)	Songs and instrumental music: Kalan Porter with other musicians
배역진, 내레이터, 발표자(7.23)	Duet with Theresa Sokyrka
⑳ 창작자(19.2)	Porter, Kalan
㉑ 관계 표시어(18.5)	composer
㉒ 기여자(20.2)	Porter, Kalan
㉓ 관계 표시어(18.5)	singer
㉔ 기여자(20.2)	Sokyrka, Theresa
㉕ 관계 표시어(18.5)	singer

〈그림 4-4〉 오디오자료: 음악

〈그림 4-4〉는 캐나다 가수 Kalan Porter가 Theresa Sokyrka와 듀엣으로 발표한 음악 CD자료이다. 위의 사례에서 ①~⑯는 구현형의 속성, ⑰~⑲는 표현형의 속성, ⑳은 저작과 관련 있는 개인, 가족, 단체의 속성, ㉑은 저작과 관련 있는 자원과 관련 있는 개인, 가족, 단체간의 관계를 기록하기 위한 속성, ㉒~㉕는 표현형과 관련 있는 개인, 가족, 단체의 속성 및 관계를 나타낸다.

구현형의 속성에는 표제와 이형표제, 책임표시를 포함하여 CD음반의 물리적 매체의 특성이 기술된다. 따라서 ① 본표제(2.3.2)와 ② 이형표제(2.3.6)에는 각각 '219 days'와 'Two hundred and nineteen days'로 기술하고 발행자와 배포자가 다를 경우에는 ⑤ 발행자명 'ViK.Recordings'와 함께 ⑥ 배포자명(2.9.4) 'Distributed by BMG Canada'를 기술하여 표시한다. 또한 위의 사례처럼 컴퓨터 디스크 형태의 음반은 ⑨ 매체유형(3.2)을 각각 'audio disc'와 'computer disc'로 기술하면서 ⑮ 부호화형식(3.19.3)도 각각 'Real audio'와 'Windows media'로 표시하여 컴퓨터로 재생하는 음반임을 나타낸다. 특히, ⑯ 장치나 시스템요건(3.20)을 표시하여 자원에 필요한 장비와 시스템요건을 기술한다.

표현형의 속성에는 ⑰ 내용유형(6.9)과 ⑱ 내용 언어(7.12), ⑲ 배역진, 내레이터, 발표자(7.23) 등이 있다. 내용유형은 표현된 내용이 인간의 지각을 통해 느끼는 커뮤니케이션의 근본적인 형식을 반영하는 것으로 기록된 음악 연주 또는 컴퓨터로 제작된 음악 등과 같이 청각적으로 들을 수 있는 형태로 표현된 내용은 'performed music'으로 기술한다. 또한 듀엣곡을 표현할 때는 내용을 위한 기술요소에 배역진, 내레이터, 발표자를 기술하여 나타낸다.

⑳ 창작자(19.2)는 저작의 생산에 책임이 있는 개인, 가족, 단체를 나타내는 것으로 위의 사례에서는 저작의 작곡자인 'Porter, Kalan'를 기술한다. ㉑ 관계 표시어(18.5)는 창작자나 기여자와 관계된 표시어를 기술하는 것으로써 'composer'는 작곡자라는 창작자의 역할을 나타낸다. 또한 ㉒, ㉔ 기여자(20.2)는 가수인 'Porter, Kalan'과 'Sokyrka, Theresa'를 각각 기술하고 이들과의 관계를 나타내는 ㉓, ㉕는 'singer'라고 기술한다.

4.2.3 비디오자료

[MARC 21, RDA, ISBD 구두점 적용]

Leader/06 g
Leader/07 m
Leader/19 a
007/00 v
008/35-37 eng
041 $aeng $afre $jeng
245 00 $aBlack X-mas =$bNoë noir /$cproduced by James Wong and Glen Morgan ; directed by Glen Morgan.
246 3 $aBlack Christmas
246 31 $aNoë noir
260 $aMontreal, Qc :$bDistributed exclusively in Canada by TVA Films, $c©2007$e([Beverly Hills, California] : $f2929 Productions)
300 $a2 DVD-videos (approximatley 91 min.) :$bdigiital, sound, colour ;$c12cm.
336 $atwo-dimensional moving image$btdi$2rdacontent
337 $avideo$bv$2$2rdamedia
338 $avideodisc$bvd$2rdacarrier
500 $aRemake based on the screenplay written by Roy Moore in 1974.
508 $aScreenplay: Glen Morgan.
511 1 $aKatie Cassidy, Michelle Trachtenberg, Mary Elizabeth Winstead, Oliver Hudson, Lacey Chabert, Kristin Cloke, Andrea Martin.
520 $aA group of sorority sisters, snowed in over the holiday break, tries desperately to survive the night as a relentless killer terrorizes and murders them, one by one.
521 8 $a18A(Canadian Home Video rating)
538 $aDVD video, Dolby digital 5.1, surround, wide-screen
546 $aSoundtrack in English and French.

546　$aClosed captioning in English.
700 1　$aWong, James,$efilm producer.
700 1　$aMorgan, Glen,$escreenwriter,$efilm producer,$efilm director.
700 1　$aCassidy, Katie,$eactor.
700 1　$aTrachtenberg, Michelle,$eactor.
700 1　$aWinstead, Mary Elizabeth,$eactor.
700 1　$aHudson, Oliver,$eactor.
700 1　$aChabert, Lacey,$d1982-$eactor.
700 1　$aCloke, Kristin,$eactor.
700 1　$aMartin, Andrea,$d1947-$eactor.
710 2　$aTVA Films (Firm)
710 2　$a2929 Productions (Firm)

RDA 요소(조항)	RDA에 의한 레코드 작성 예
① 본표제(2.3.2)	Black X-mas
② 대등표제(2.3.3)	Noë noir
③ 이형표제(2.3.6)	Black Christmas
④ 본표제관련 책임표시(2.4.2)	produced by James Wong and Glen Morgan directed by Glen Morgan
⑤ 배포지(2.9.2)	Montreal, QC
⑥ 배포자명(2.9.4)	Distributed exclusively in Canada by TVA Films,
⑦ 제조지(2.10.2)	[Beverly Hills, California]
⑧ 제조자명(2.10.4)	2929 Productions
⑨ 판권일자(2.11)	c2007
⑩ 간행형태(2.13)	multipart monograph
⑪ 매체유형(3.2)	video
⑫ 수록매체유형(3.3)	videodisc
⑬ 수량(3.4)	2 DVD-videos
⑭ 크기(3.5)	12 cm
⑮ 녹음방식(3.16.2)	digital
⑯ 재생채널 수(3.16.8)	surround
⑰ 특정 재생 특성(3.16.9)	Dolby digital 5.1
⑱ 부호화형식(3.19.3)	DVD video
⑲ 내용유형(6.9)	two-dimensional moving image
⑳ 이용 대상자(7.7)	18A(Canadian Home Video rating)
㉑ 내용요약(7.10)	A group of sorority sisters, snowed in ...
㉒ 내용 언어(7.12)	Soundtrack in English and French
㉓ 내용의 접근 가능성(7.14)	Closed captioning in English.
㉔ 동영상의 색상(7.17.3)	colour
㉕ 음향내용(7.18)	sound

㉖ 화면의 가로세로 비율(7.19)	wide-screen
㉗ 실행시간(7.22)	approximatley 91 min.
㉘ 배역진, 내레이터, 발표자 (7.23)	Cast: Katie Cassidy, Michelle Trachtenberg, Mary Elizabeth Winstead, Oliver Hudson, Lacey Chabert, Kristin Cloke, Andrea Martin.
㉙ 예술 및 기술 제작진(7.24)	Creadits: screenplay, Glen Morgan
㉚ 창작자(19.2)	Morgan, Glen
㉛ 관계 표시어(18.5)	screenwriter
㉜ 저작과 관련 있는 기타 개인, 가족, 단체(19.3)	Wong, James
㉝ 관계 표시어(18.5)	film producer
㉞ 저작과 관련 있는 기타 개인, 가족, 단체(19.3)	Morgan, Glen
㉟ 관계 표시어(18.5)	film producer film director
㊱ 기여자(20.2)	Cassidy, Katie
㊲ 관계 표시어(18.5)	actor
㊳ 기여자(20.2)	Trachtenberg, Michelle
㊴ 관계 표시어(18.5)	actor
㊵ 기여자(20.2)	Winstead, Mary Elizabeth
㊶ 관계 표시어(18.5)	actor
㊷ 기여자(20.2)	Hudson, Oliver
㊸ 관계 표시어(18.5)	actor
㊹ 기여자(20.2)	Chabert, Lacey, 1982-
㊺ 관계 표시어(18.5)	actor
㊻ 기여자(20.2)	Cloke, Kristin
㊼ 관계 표시어(18.5)	actor
㊽ 기여자(20.2)	Martin, Andrea, 1947-
㊾ 관계 표시어(18.5)	actor
㊿ 배포자(21.4)	TVA Films (Firm)
51 제조자(21.5)	2929 Productions (Firm)
52 관련 저작(25.1)	Remake based on the screenplay written by Roy Moore in 1974

〈그림 4-5〉 비디오자료: DVD

〈그림 4-5〉는 캘리포니아의 2929 Productions에 의해 제작되어, 몬트리올의 TVA Films에 의해 배포된 DVD 비디오 자료이다.

비디오자료의 제작 및 배포 관련 요소는 위의 ⑤~⑨와 같이 구현형의 속성을 기술하는 일부로 포함되면서 ㊿~51의 구현형과 관계된 개인, 가족, 단체로도 기술된다.

해당 자료가 특수한 이용자층을 고려하여 발행된 경우, RDA에서는 표현형의 속성요소(7.7)로서 기술한다. 이외에도 비디오자료의 표현형 속성요소에는 'moving image'로 기술하는 내용유형(6.9)을 비롯하여 언어, 색상, 자막처리, 화면비율, 실행시간, 배역진, 제작진 등 다양한 요소들을 포함하고 있다. 특히 배역진과 제작진은 ㉚~㊿에 이르는 여러 개의 창작자(19.2), 기여자(20.2), 관계 표시어(18.5) 등으로 각각 기술된다. 특히 영화의 각본을 작성한 Glen Morgan은 제작과 감독까지 맡고 있어 여러 관계 표시어로 기술되고 있다.

㉚ 창작자(19.2)	Morgan, Glen
㉛ 관계 표시어(18.5)	screenwriter
㉞ 저작과 관련 있는 기타 개인, 가족, 단체(19.3)	Morgan, Glen
㉟ 관계 표시어(18.5)	film producer
㊱ 관계 표시어(18.5)	film director

한편 해당 자료는 1974년 Roy Moore가 각본을 쓰고 Bob Clark이 연출한 동명영화를 리메이크한 작품이므로, 52 관련 저작(25.1)에 이에 관한 사항을 기술하도록 한다.

4.2.4 웹사이트

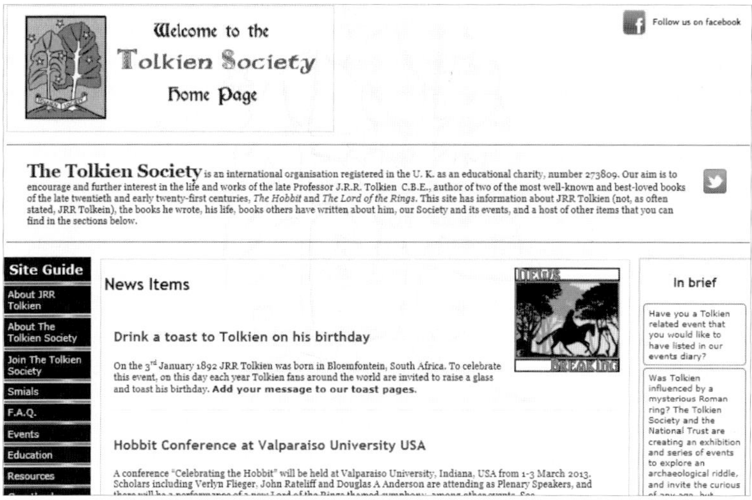

[MARC 21, RDA, ISBD 구두점 적용]

Leader/06 a Leader/07 i
007/00 c 007/01 r 007/03 c
008/35-37 eng
245 00 $aTolkien Society home page.
246 3 $aWelcome to the Tolkien Society home page
260 $aEngland :$bTolkien Society,$c[2002?]-
300 $a1 online resource :$bcolor illustrations.
336 $atext$btxt$2rdacontent
337 $acomputer$bc$2rdamedia
338 $aonline resource$bcr$2rdacarrier
500 $aViewed on June 11, 2008.
520 $aThis site has information about J.R.R. Tolkien, the books he wrote, his life, books others have written about him, the Society and its events.
546 $aIn English.
710 2 $aTolkien Society (England),$eissuing body
856 40 $uhttp://www.tolkiensociety.org/

RDA 요소(조항)	RDA에 의한 레코드 작성 예
① 본표제(2.3.2)	Tolkien Society home page
② 이형표제(2.3.6)	Welcome to the Tolkien Society home page
③ 발행지(2.8.2)	England
④ 발행자명(2.8.4)	Tolkien Society
⑤ 발행일자(2.8.6)	[2002?]-
⑥ 간행형태(2.13)	integrating resource

⑦ 자원의 식별 근거로 사용된 호나 반복부분(iteration)에 관한 주기 (2.20.13)	Viewed on June 11, 2008
⑧ 매체유형(3.2)	computer
⑨ 수록매체유형(3.3)	online resource
⑩ 수량(3.4)	1 online resource
⑪ 인터넷 웹주소(4.6)	http://www.tolkiensociety.org
⑫ 내용유형(6.9)	text
⑬ 내용요약(7.10)	This site has information about J.R.R. Tolkien, the books he wrote, his life, books others have written about him, the Society and its events.
⑭ 내용 언어(7.12)	In English
⑮ 삽화내용(7.15)	illustrations
⑯ 색상내용(7.17)	color
⑰ 창작자(19.2)	Tolkien Society (England)
⑱ 관계 표시어(18.5)	issuing body

〈그림 4-6〉 웹사이트: 통합자원

〈그림 4-6〉은 '반지의 제왕' 작가인 J.R.R. Tolkien의 인생과 작품 등에 관한 정보를 제공하는 Tolkien Society의 홈페이지이다. 위의 사례에서 구현형의 속성은 ①~⑪, 표현형의 속성은 ⑫~⑯이다.

해당 자료가 주기적으로 갱신되는 웹사이트의 발행일자를 기재할 때는 발행일자 다음에 하이픈을 붙이며, 발행일자를 추정한 경우에는 물음표(?)를 붙여 기록한다. 즉, ⑤ 발행일자(2.8.6)는 '[2002?]-'와 같이 기술된다.

또한, ⑥ 간행형태(2.13)는 'integrating resource'로, ⑦ 자원의 식별 근거로 사용된 호나 반복부분(iteration)에 관한 주기(2.20.13)는 'Viewed on June 11, 2008'로 기술되는데, 이는 온라인 자원의 기술을 위해 자원을 참조한 일자를 의미한다. 위에서 기술된 일반적인 기술 방법 이외에 RDA에서 제시하고 있는 기술 예시는 다음과 같다.

예) Identification of the resource based on contents viewed on Oct. 21, 1999
Former title(as viewed Oct. 6, 1999): Washington newspapers database
Former subtitle(viewed on Aug. 11, 1998): An online guide for amphibians in the United States and Canada

4.2.5 연속간행물

Canadian Institute of Chartered Accountants,
277 Wellington Street West, Toronto, Ontario
M5V
Canadian Institute of Chartered Accountants,
680 Sherbrooke Street West, 17th floor,
Montreal, Quebec H3A 2S3
$28.00 per year ($25.00 to students; $72.00
outside Canada)
Monthly, January 1974 - 1990s? ; 10 times a
year (with combined issues in January/
February and June/July), 1990s?-
ISSN 0317-6878

[MARC 21, RDA, ISBD 구두점 적용]

Leader/06 a Leader/07 s
007/00 t 008/35-37 eng
020 $a0317-6878
037 $bCanadian Institute of Chartered Accountants, 277 Wellington Street West, Toronto, Ontario M5V 3H2c28.00 per year$c$25.00 (students)c72.00 (outside Canada)
037 $bCanadian Institute of Chartered Accountants, 680 Sherbrooke Street West, 17th floor, Montreal, Quebec H3A 2S3c28.00 per year$c$25.00 (students)c72.00 (outside Canada)
041 0 $aeng $afre
210 1 $aCA mag.$b(Tor.)
222 0 $aCA magazine$b(Toronto)
245 00 $aCA magazine.
260 $aToronto, Ontario ; $aMontreal, Quebec :$bCanadian Institute of Chartered Accountants,$c1974-
300 $avolumes :$billustrations (chiefly colour), portraits ;$c29 cm.
310 $a10 times a year (with combined issues frequency in January/February and June/July),$b1990s?-
321 $aMonthly,$bJanuary 1974 - 1990s?
336 $atext$btxt$2rdacontent
337 $aunmediated$bn$2rdamedia
338 $avolume$bnc$2rdacarrier
362 0 $aVolume 104, no. 1 (January 1974)-
500 $aLatest issue consulted: Volume 140, no. 1 (January/February 2007).
500 $aAlso issued in an online edition containing breaking news, tax updates, job postings, archives, additional articles:http://www.camagazine.com
530 $aAlso available in microfilm and form available note microfiche format.form available note
546 $aIn English, includes some text in French.
710 2 $aCanadian Institute of Chartered Accountants.
780 00 $tCA, Canadian chartered accountant

RDA 요소(조항)	RDA에 의한 레코드 작성 예
① 본표제(2.3.2)	CA magazime
② 등록표제(2.3.9)	CA magazime(Toronto)
③ 축약표제(2.3.10)	CA mag. (Tor.)
④ 창간권호의 숫자/알파벳 표시(2.6.2)	Volume 104, no. 1
⑤ 창간권호의 연대표시(2.6.3)	January 1974
⑥ 발행지(2.8.2)	Toronto, Ontario Montreal, Quebec
⑦ 발행자명(2.8.4)	Canadian Institute of Chartered Accountants
⑧ 발행일자(2.8.6)	1974-
⑨ 간행형태(2.13)	serial
⑩ 구현형 식별기호(2.15)	ISSN 0317-6878
⑪ 간행빈도에 관한 주기(2.20.12)	Monthly, January 1974-1990s? ; 10 times a year (with combined issues in January/ February and June/July), 1990s?-
⑫ 자원의 식별 근거로 사용된 호나 반복부분(iteration)에 관한 주기(2.20.13)	Volume 140, no. 1 iteration used as the basis for (January/February 2007)
⑬ 매체유형(3.2)	unmediated
⑭ 수록매체유형(3.3)	volume
⑮ 크기(3.4)	volumes
⑯ 입수조건(4.2)	$28.00 per year ($25.00 to students; $72.00 outside Canada)
⑰ 교신정보(4.3)	Canadian Institute of Chartered Accountants, 277 Wellington Street West, Toronto, Ontario M5V Canadian Institute of Chartered Accountants, 680 Sherbrooke Street West, 17th floor, Montreal, Quebec H3A 2S3
⑱ 내용유형(6.9)	text
⑲ 내용 언어(7.12)	In English; includes some text in French
⑳ 삽화내용(7.15)	illustrations portraits
㉑ 색상내용(7.17)	chiefly colour
㉒ 발행자(21.3)	Canadian Institute of Chartered Accountants
㉓ 관련 저작(25.1)	CA, Canadian chartered accountant
㉔ 관계 표시어(24.5)	continues(work)
㉕ 관련 표현형(26.1)	Also issued in an online edition containing breaking news, tas updates, job postings, archives, additional articles: http://www.camagazine.com
㉖ 관련 구현형(27.1)	Also available in microfilm and microfiche format

〈그림 4-7〉 연속간행물: 잡지

〈그림 4-7〉은 Canadian Institute of Chartered Accountants에서 발행하는 인쇄형 잡지 *CA magazine*로, 발행지는 Toronto와 Montreal 두 곳이다.

구현형의 속성을 기술하는 ①~⑰에는 연속간행물적인 특성과 인쇄자료의 특성을 포함하고 있다. 즉 핵심표제, 축약표제, 권호차/연월차 사항, ISSN, 발행빈도 등은 연속간행물에 기술되는 요소들이며, ⑨ 간행형태는 'serial'로 표시된다. 인쇄자료의 특성은 ⑬ 매체유형과 ⑭ 수록매체유형의 'unmediated'와 'volume'에서 확인할 수 있다.

표현형의 속성을 기술하는 ⑱~㉑에는 내용유형(text)과 함께 인쇄자료의 내용적 특성인 사용언어, 삽화, 색채 등이 포함된다. 해당 자료는 아래와 같이 *CA, Canadian chartered accountants*을 승계한 잡지로 인쇄형과 마이크로 형태로도 이용이 가능하다. 또한 해당 학회의 홈페이지에서도 이용가능한데, 온라인판은 인쇄형과는 달리 속보 및 구직 관련 자료들을 추가적으로 제공하고 있다. 따라서 해당 자료와 관련된 저작, 표현형, 구현형과의 관계는 다음과 같으며, ㉓~㉖에서 이에 대한 기록내용을 확인할 수 있다.

저작 A : *CA, Canadian chartered accountants* ← 관련 저작
저작 B : *CA Magazine* ← 해당 저작 (저작 A의 후속저작)
　표현형 B-1 : *CA Magazine*
　　구현형 B-1-1 *CA Magazine* [책자형] (Canadian Institute of Chartered Accountants)
　　구현형 B-1-2 *CA Magazine* [마이크로형태] ← 관련 구현형
　표현형 B-2 *CA Magazine on-line edition* ← 관련 표현형
　　구현형 B-2-1 B-2 *CA Magazine* (online edition containing breaking news, tax updates, job postings, archives, additional articles)

4.3 전거레코드 기술

4.3.1 개인명

Alice Munro
gender : female
born at Wingham, Ontario, 10 July 1931
Canadian short story writer

Novel : *Lives of Girls and Women* (1971)

[MARC 21, RDA, ISBD 구두점 적용]

008/33 a
010 $an 79063498
016 $a0101J7510
100 1 $aMunro, Alice,$d1931-
400 1 $aLaidlaw, Alice Ann,$d1931-
670 $aLives of girls and women, ©2005:$bcontainer (Alice Munro)
670 $aThe Canadian encyclopedia, via WWW, viewed on June 4, 2008$b(Alice Munro, nee Alice Laidlaw, short story writer, born at Wingham, Ontario, 10 July 1931)
670 $aHowells, Coral Ann. Alice Munro, 1998:$bpages xiii-xiv (Alice Ann Laidlaw born 10 July 1931 in Wingham, Ontario; marries James Armstrong Munro, 1951; marriage breaks up, 1973; marries Gerald Fremlin, 1976)
670 $aWikipedia, viewed on June 4, 2008$b(Alice Munro; Alice Ann Munro (néeeLaidlaw); born 10 July 1931 in Wingham, Ontario; Canadian short-story riter) $uhttp://en.wikipedia.org/wiki/ Alice_Munro
678 $aAlice Ann Munro (néee Laidlaw) is a Canadian short story writer and three-time winner of Canada's Governor General Award for English-language fiction. She was born 10 July 1931 in Wingham, Ontario. Married to James Munro in 1951, Alice Munro lived in Vancouver and Victoria, B.C. until her divorce in 1972, when she returned to Ontario to accept the position as Writer- in-Residence at University of Western Ontario. In 1980, Munro held the position of Writer-in-Residence at both University of British Columbia and University of Queensland. She currently lives in Clinton, Ontario. Additional biographical information may be found at $uhttp://en.wikipedia.org/wiki/Alice_Munro

RDA 요소(조항)	RDA에 의한 레코드 작성 예
① 채택 개인명(9.2.2)	Munro, Alice
② 이형 개인명(9.2.3)	Laidlaw, Alice Ann
③ 출생일자(9.3.2)	1931
④ 성별(9.7)	female
⑤ 출생지(9.8)	Wingham, Ont.
⑥ 개인과 관련된 국가(9.10)	Canada
⑦ 거주지(9.11)	Clinton, Ont.
⑧ 개인의 언어(9.14)	English
⑨ 직업(9.16)	Short-story writer
⑩ 전기정보(9.17)	Alice Ann Munro (néee Laidlaw) is a Canadian short story writer and three-time winner of Canada's Governor General Award for English-language fiction. She was born 10 July 1931 in Wingham, Ontario. Married to James Munro in 1951, Alice Munro lived in Vancouver and Victoria, B.C. until her divorce in 1972, when she returned to Ontario to accept the position as Writer-in-Residence at University of Western Ontario. In 1980, Munro held the position of Writer-in-Residence at both University of British Columbia and University of Queensland. She currently lives in Clinton, Ontario. Additional biographical information may be found at $uhttp://en.wikipedia.org/wiki/Alice_Munro
⑪ 개인 식별기호(9.18)	Library and Archives Cabada control number: 0101J7510
	Library of Congress control number: n 79063498
⑫ 식별상태(8.10)	fully established
⑬ 참고정보원(8.12)	Lives of girls and women, ©2005:$bcontainer (Alice Munro)
참고정보원(8.12)	The Canadian encyclopedia, via WWW, viewed on June 4, 2008 (Alice Munro, nee Alice Laidlaw, short story writer, born at Wingham, Ontario, 10 July 1931)
참고정보원(8.12)	Howells, Coral Ann. Alice Munro, 1998: p.xiii-xiv (Alice Ann Laidlaw born 10 July 1931 in Wingham, Ontario; marries James Armstrong Munro, 1951; marriage breaks up, 1973; marries Gerald Fremlin, 1976)
참고정보원(8.12)	Wikipedia, viewed on June 4, 2008(Alice Munro; Alice Ann Munro (néee Laidlaw); born 10 July 1931 in Wingham, Ontario; Canadian short story writer) $uhttp://en.wikipedia.org/wiki/ Alice_Munro

〈그림 4-8〉 개인명: 단편작가

〈그림 4-8〉은 캐나다의 단편작가 Alice Munro에 대한 전거레코드의 예시이다. RDA 제3부는 개인·가족·단체의 속성에 대한 기록으로, 개인을 식별하기 위한 요소는 제9장에서 설명하고 있다.

개인명 전거레코드에서 핵심적인 요소는 채택 개인명(9.2.2)으로, 기존 MARC 21에서 100 필드에 기술된 채택표목에 해당된다. 한편 채택명 이외의 이형 개인명에 대해서는 9.2.3에 기술한다. 이외에도 출생일자, 성별, 출생지, 관련 국가, 거주지, 언어, 직업, 전기정보 등도 개인에 대한 중요한 정보라 할 수 있다.

특히 ⑪에 기술된 개인 식별기호(9.18)는 개인명에 부과되는 고유한 식별기호를 나타내는데, 위에서는 캐나다국립도서관・문서관과 미국의회도서관에서 Alice Munro에게 부여한 고유기호를 의미한다. 개인 식별기호(9.18)는 앞서 설명한 채택 개인명(9.2.1)과 출생일자(9.3.2) 및 직업(9.16)과 함께 핵심요소에 해당된다.

⑫에 기술된 식별상태(8.10)는 개인 식별을 위한 데이터의 검증수준을 나타내는데, 'fully established(완전검증)', 'provisional(잠정검증)', 'preliminary(예비검증)' 등으로 기술된다. ⑬에 기술된 참고정보원은 개인명을 결정하거나 개인·가족·단체에 대한 속성을 식별하는데 사용된 정보원을 나타내며, 위 사례에서는 단행본 작품, 캐나다 백과사전, 연감, 위키피디아 등이 참고정보원으로 사용되고 있다.

[MARC 21, RDA, ISBD 구두점 적용]

008/33 a
016 $a0063G5964
100 $aMahbey, Judy
670 $aMunro, A. Lives of girls and women, ©2005:$bcontainer (Judy Mahbey)
670 $aJIMWIG WWW site, viewed June 4, 2008$b(Judy Mahbey; dual citizenship, U.S. and Canada; actor, voice-over artist, drama coach, acting teacher) $uhttp://www.jimwig.om/Judy.htm

RDA 요소(조항)	RDA에 의한 레코드 작성 예
① 채택 개인명(9.2.2)	Mahbey, Judy
② 성별(9.7)	female
③ 개인과 관련된 국가(9.10)	United States
개인과 관련된 국가(9.10)	Canada
④ 개인의 활동분야(9.15)	Actor, voice-over artist, drama coach, acting teacher
⑤ 개인 식별기호(9.18)	Library and Archives Canada control number: 0063G5964
⑥ 식별상태(8.10)	fully established
⑦ 참고정보원(8.12)	Munro, A. Lives of girls and women, ©2005: container (Judy Mahbey)
참고정보원(8.12)	JIMWIG WWW site, viewed June 4, 2008 (Judy Mahbey; dual citizenship, U.S. and Canada) http://www.jimwig.com/Judy.htm

〈그림 4-9〉 개인명: 배우

〈그림 4-9〉는 배우이면서 오디오북 *A Lives of girls and women*의 내레이션을 담당한 Judy Mahbey의 전거레코드이다. RDA 9장에서는 개인명을 선정하고 기록하며, 기타 식별 속성을 기록하기 위한 지침과 사용법을 제공하는데 개인명, 개인과 관련된 일자, 성별, 직함, 출생지, 사망지, 활동분야, 직업 등이 포함된다.

위의 사례에서 ③ 개인과 관련된 국가(9.10)는 'United States', 'Canada'로 복수 기술되는데 이는 Judy Mahbey가 이중 시민권을 가지고 있기 때문이다.

또한 ④ 개인의 활동분야(9.15)는 'Actor, voice-over artist, drama coach, acting teacher'로 기술된다. 이 요소는 해당 개인이 종사하고 있거나, 한때 종사했던 주력분야와 전문영역으로 동일개인명을 가진 사람들을 구분할 때 필수요소이다.

Lawrie Seligman
gender : male
filed of activity: Film editor, radioand television producer, theatre and opera director, cultural program supervisor

[MARC 21, RDA, ISBD 구두점 적용]

```
008/33    a
100 1  $aSeligman, Lawrie
400 1  $aSeligman, Lawrence
670    $aMunro, A. Lives of girls and women, ©2005:$btray card (LawrieSeligman)
670    $aBU Alumni Web, viewed June 4, 2008$b(Lawrence "Lawrie" Seligman of Edmonton,
       Alberta; cultural program supervisor for Spruce Grove, a small city west of
       Edmonton; previously he was a film editor at the National Film Board of Canada, a
       radio and television producer for the Canadian Broadcasting Corporation, and a
       theater and opera director)$uhttp://www.bu.edu/alumni/interests/classnotes/2005/07
       /2970.html
```

RDA 요소(조항)	RDA에 의한 레코드 작성 예
① 채택 개인명(9.2.2)	Seligman, Lawrie
② 이형 개인명(9.2.3)	Seligman, Lawrence
③ 성별(9.7)	male
④ 거주지(9.11)	Edmonton, Alta.
⑤ 개인의 활동분야(9.15)	Film editor, radio and television producer, theatre and opera director, cultural program supervisor
⑥ 식별상태(8.10)	fully established
⑦ 참고정보원(8.12)	Munro, A. Lives of girls and women, ©2005: tray card (Lawrie Seligman)
참고정보원(8.12)	BU Alumni Web, viewed June 4, 2008 (Lawrence "Lawrie" Seligman of Edmonton, Alberta) http://www.bu.edu/alumni/interests/classnotes/2005/07/2970.html

〈그림 4-10〉 개인명: 필름 편집자

〈그림 4-10〉은 캐나다에서 활동 중인 필름 편집자 Lawrie Seligman에 대한 전거레코드이다. Lawrie Seligman은 〈그림 4-3〉의 오디오자료의 제작자로, 영화 및 오페라 연출, 문화프로그램 감독 등 다양한 분야에서의 활동이력은 ⑤ 개인의 활동분야(9.15)로 기술 가능하다.

②번 항의 이형 개인명(9.2.3)은 개인이 채택명으로 선정된 이름과 다르게 알려져 있는 이름이 있는 경우 기술하는데, RDA에서 제시하고 는 이형명의 종류는 다음과 같다.

- 실명 : 필명이 채택명이고, 실명이 알려진 경우
  예) Munro, Hector Hugh(이형명-실명) — Saki(채택명-필명)
- 속명 : 종교상의 이름이 채택명인 경우
  예) Ratzinger, Joseph(이형명-속명) — Benedict XVI(채택명-교황)
- 종교명 : 속명이 채택명인 경우
  예) Louis(이형명-세례명) — Merton, Thomas(채택명-속명)
- 개명(改名) 전 이름 : 개명된 이름이 채택명인 경우
  예) Roughgarden, Jonathan(이형명-개명 전) — Roughgarden, Joan(채택명-개명 후)
- 개명 후 이름 : 개명되기 전의 이름이 채택명인 경우
  예) Schlossberg, Caroline Kennedy(이형명-개명 후) — Kennedy, Caroline(채택명-개명 전)
- 대체 언어명 : 다른 언어로 표현된 이름이 채택명인 경우
  예) Jeanne d'Arc(이형명) — Joan, of Arc(채택명-영어명)
- 기타 이형 이름 : 기타 이형이름이나 형식이 채택명인 경우
  예) Bonaparte, Napoléon(이형명) — Napoleon Ⅰ(채택명)
  Pierozzi, Antonio(이형명) — Antoninus(채택명)

J. M. Coetzee
gender: male
field of activity: Writer, literature professor

[MARC 21, RDA, ISBD 구두점 적용]

008/33 a
010 $an 83166192
100 $aCoetzee, J. M.,$d1940-
400 1 $aCoetzee, John Maxwell,$d1940-
400 1 $aКутзее, Дж. М.,$d1940-
400 1 $aКутзее, ДжонМаксвелл,$d1940-
400 1 $aKutzee, Dzh. M.,$d1940-
400 1 $aKutzee, Dzhon Maksvell,$d1940-
670 $aIn the heart of the country, 1977:$btitle page (J.M. Coetzee)
670 $aМедленный человек, 2006:$btitle page (Дж. М. Кутзее)
670 $aWikipedia, December 3, 2007$b(John Maxwell "J.M." Coetzee; born 9 February 1940) Russian site (Джон Максвелл Кутзее)$u http://en.wikipedia.org/wiki/J.M._Coetzee
670 $aNobel Foundation WWW site, viewed December 3, 2007$b(J.M. Coetzee; John Maxwell Coetzee; born in Cape Town, South Africa, 9 February 1940) $uhttp://nobelprize.org/nobel_prizes/literature/laureates/2003/coetzee-bio.html
678 $aCoetzee is an author and academic who was born in Cape Town, South Africa on February 9, 1940. From 1968 to 2000, he taught at the University of Cape Town and also at universities in the United States. He emigrated to Australia in 2002. He was awarded the Nobel Prize for Literature in 2003. Additional biographical information may be found at $uhttp://nobelprize.org/nobel_prizes/literature/laureates/2003/coetzee-bio.html

RDA 요소(조항)	RDA에 의한 레코드 작성 예
① 채택 개인명(9.2.2)	Coetzee, J. M.
② 이형 개인명(9.2.3)	Coetzee, John Maxwell
이형 개인명(9.2.3)	Кутзее, Дж. М.
이형 개인명(9.2.3)	Кутзее, Джон Максвелл
이형 개인명(9.2.3)	Kutzee, Dzh. M.
이형 개인명(9.2.3)	Kutzee, Dzhon Maksvell
③ 출생일자(9.3.2)	1940
④ 개인명의 완전형(9.5)	John Maxwell
⑤ 성별(9.7)	male
⑥ 출생지(9.8)	Cape Town, South Africa
⑦ 거주지(9.11)	Australia
⑧ 개인의 언어(9.14)	English
⑨ 직업(9.16)	Writer, literature professor
⑩ 전기정보(9.17)	Coetzee is an author and academic who was born in Cape Town, South Africa. From 1968 to 2000, he taught at the University of Cape Town and also at universities in the United States. He emigrated to Australia in 2002. He was awarded the Nobel Prize for Literature in 2003. Additional biographical information may be found at http://nobelprize.org/nobel_prizes/literature/ laureates/2003/coetzee-bio.html and at http://en.wikipedia.org/wiki/J.M._Coetzee
⑪ 개인 식별기호(9.18)	Library of Congress control number: n83166192
⑫ 참고정보원(8.12)	In the heart of the country, 1977: title page (J.M. Coetzee)
참고정보원(8.12)	Медленный человек, 2006: title page (Дж.М. Кутзее)
참고정보원(8.12)	Wikipedia, December 3, 2007 (John Maxwell "J.M." Coetzee; born 9 February 1940) Russian site (Джон Максвелл Кутзее) http://en.wikipedia.org/wiki/J.M._Coetzee
참고정보원(8.12)	Nobel Foundation WWW site, viewed December 3, 2007(J.M. Coetzee; John Maxwell Coetzee; born in Cape Town, South Africa, 9 February 1940) http://nobelprize.org/nobel_prizes/literature/laureates/2003/coetzee-bio.html

〈그림 4-11〉 개인명: 노벨문학상 수상자

〈그림 4-14〉는 2003년 노벨문학상 수상자인 J.M. Coetzee의 전거레코드이다. Coetzee, J. M.이 채택 개인명으로 기술되고 머리글자를 풀어 쓴 이름이나 러시아명 등은 이형명으로 기술되고 있다. ④ 개인명의 완전형(9.5)은 'John Maxwell'로 채택 개인명에서 머리글자로

만 표시된 부분을 완전하게 기술한다.

⑥ 출생지(9.8) 'Cape Town, South Africa', ⑦ 거주지(9.11) 'Australia'를 기술하여 같은 이름의 다른 사람들과의 구분을 한다. 출생지를 기술할 때에는 태어난 장소를 국가, 주, 시 단위까지 기술한다.

⑩ 전기정보(9.17)는 출생, 이력, 거주지 변경, 수상정보까지 개인의 이력이나 일생에 관한 정보를 주기한다. ⑬ 참고정보원(8.12)은 단행본의 표제면, 위키피디아, 노벨문학상 홈페이지 등 다양한 경로를 통해 정보를 입수하였음을 나타낸다.

Benedict XVI : the 265th Pope
Latin: Benedictus PP. XVI
Italian: Benedetto XVI
German: Benedikt XVI

birth name : Joseph Aloisius Ratzinger
born ; 16 April 1927,
Marktl am Inn, Germany
papacy began : 19 April 2005

[MARC 21, RDA, ISBD 구두점 적용]

008/33 a
010 $an 79106175
100 0 $aBenedict$bXVI,$cPope,$d1927 -
400 1 $aRatzinger, Joseph,$d1927 -
400 1 $aRatzinger, Josephus,$d1927 -
400 0 $aBenedictus$bXVI,$cPope,$d1927 -
400 0 $aBenedikt$bXVI,$cPope,$d1927 -
400 0 $aBenedicto$bXVI,$cPope,$d1927 -
400 0 $aBenoôt$bXVI,$cPope,$d1927 -
400 0 $aBenedetto$bXVI,$cPope,$d1927 -
400 0 $aBento$bXVI,$cPope,$d1927 -
510 2 $aCatholic Church.$bPope (2005 - : Benedict XVI) $0(DLC)n2005028574
670 $aDie Geschichtstheologie des heiligen Bonaventura, 1959:$btitle page(Dr. Joseph Ratzinger)
670 $aFaith, philosophy, and theology, ©1985:$btitle page (Joseph CardinalRatzinger) introduction (Cardinal Ratzinger)
670 $aVatican WWW site, April 20, 2005$b(habemus Papam … Josephum …Cardinalem Ratzinger, qui sibi nomen imposuit Benedictum XVI; Benedikt XVI; Benedict XVI; Benedicto XVI; Benoô XVI; Benedetto XVI; Bento XVI)
670 $aEncyclopædia Britannica online, June 4, 2008$b(Benedict XVI, Pope;Joseph Alois Ratzinger, born April 16, 1927; Joseph Ratzinger was electedby his fellow cardinals on April 19, 2005 and took the name Benedict XVI)
678 $aJoseph Alois Ratzinger was born on historical data April 16, 1927, inthe Bavarian village of Marktl am Inn. German law compelled Ratzinger to join the Hitler Youth when he turned 14; he refused to attend themeetings, however, and set his sights on entering the seminary. Shortly after the war, Joseph and his brother Georg entered Saint Michael Seminary in Traunstein, and they then studied at the Ducal Georgianum

of the Ludwig-Maximilian University of Munich. On June 29, 1951, they were ordained into the priesthood. In 1977 he was consecrated as the archbishop of Munich and Freising; later that year Pope Paul VI named him a cardinal. On November 25, 1981, Pope John Paul II appointed him prefect of the Congregation for the Doctrine of the Faith. In assuming his new post, Cardinal Ratzinger resigned the Munich archdiocese in early 1982 and became cardinal bishop of Velletri-Segni in 1993. In 1998 he became vicedean of the College of Cardinals and in 2002 dean. He was elected by his fellow cardinals on April 19, 2005, as the 264th successor to St. Peter, the apostle of Jesus Christ, first bishop of Rome, and first pope. The new pope took the name Benedict XVI.

RDA 요소(조항)	RDA에 의한 레코드 작성 예
① 채택 개인명(9.2.2)	Benedict XVI
② 이형 개인명(9.2.3)	Ratzinger, Joseph
이형 개인명(9.2.3)	Ratzinger, Josephus
이형 개인명(9.2.3)	Benedictus XVI
이형 개인명(9.2.3)	Benedikt XVI
이형 개인명(9.2.3)	Benedicto XVI
이형 개인명(9.2.3)	Benoôt XVI
이형 개인명(9.2.3)	Benedetto XVI
이형 개인명(9.2.3)	Bento XVI
③ 출생일자(9.3.2)	1927
④ 개인의 직함(9.4)	Pope
⑤ 성별(9.7)	male
⑥ 출생지(9.8)	Marktl am Inn, Germany
⑦ 전기정보(9.17)	Joseph Alois Ratzinger was born on April 16, 1927, in the Bavarian village of Marktl am Inn. German law compelled Ratzinger to join the Hitler Youth when he turned 14; he refused to attend the meetings, however, and set his sights on entering the seminary. Shortly after the war, Joseph and his brother Georg entered Saint Michael Seminary in Traunstein, and they then studied at the Ducal Georgianum of the Ludwig-Maximilian University of Munich. On June 29, 1951, they were ordained into the priesthood. In 1977 he was consecrated as the archbishop of Munich and Freising; later that year Pope Paul VI named him a cardinal. On November 25, 1981, Pope John Paul II appointed him prefect of the Congregation for the Doctrine of the Faith. In assuming his new post, Cardinal Ratzinger resigned the Munich archdiocese in early 1982 and became cardinal bishop of Velletri-Segni in 1993. In 1998 he became vicedean

	of the College of Cardinals and in 2002 dean. He was elected by his fellow cardinals on April 19, 2005, as the 264th successor to St. Peter, the apostle of Jesus Christ, first bishop of Rome, and first pope. The new pope took the name Benedict XVI
⑧ 개인 식별기호(9.18)	Library of Congress control number: n 79106175
⑨ 관련 단체(32.1)	Catholic Church. Pope (2005 - : Benedict XVI)
관련 단체(32.1)	Library of Congress control number: n 2005028574
⑩ 참고정보원(8.12)	Die Geschichtstheologie des heiligen Bonaventura, 1959: title page (Dr. Joseph Ratzinger)
참고정보원(8.12)	Faith, philosophy, and theology, ©1985: title page (Joseph Cardinal Ratzinger) introduction (Cardinal Ratzinger)
참고정보원(8.12)	Vatican WWW site, April 20, 2005 (habemus Papam … Josephum … Cardinalem Ratzinger, qui sibi nomen imposuit Benedictum XVI; Benedikt XVI; Benedict XVI; Benedicto XVI; Benoô XVI; Benedetto XVI; Bento XVI)
참고정보원(8.12)	Encyclopædia Britannica online, June 4, 2008 (Benedict XVI, Pope; Joseph Alois Ratzinger, born April 16, 1927; Joseph Ratzinger was elected by his fellow cardinals on April 19, 2005 and took the name Benedict XVI)

〈그림 4-12〉 개인명: 로마교황

〈그림 4-12〉는 2005년부터 현재까지 로마교황으로 재위하고 있는 Benedict 16세에 대한 전거레코드이다. Benedict라는 이름은 교황으로 선출된 이후 그가 선택한 이름으로, 이에 대한 영어명이 개인명으로 채택되고, 독일어, 이탈리어, 스페인어 등의 다양한 언어로 표현된 이름과 본명인 Joseph Ratzinger 등은 이형명으로 기술되고 있다.

④ 개인의 직함(9.4)에는 왕족(ex: king of Iraq) 및 귀족(ex: comte), 주교(bishop) 및 교황(pope)과 같은 교회내의 직위나 호칭 그리고 기타 종교적 호칭(ex: rabbi-유대교, swami-힌두교)을 나타내는 단어(구)가 기술된다.

한편 RDA 제9부에는 개인, 가족, 단체 간의 관계에 대한 기술을 규정하고 있는데, 위의 사례에서는 교황(개인)과 관계된 두 개의 단체를 관련 단체(32.1)에 기술하고 있다. 즉, 개인이 소속된 그룹, 기관, 회사 등의 단체를 기술하거나, 해당 전거데이터에 식별기호를 부여한 관련 기관을 식별기호와 함께 기술한다.

4.3.2 가족명

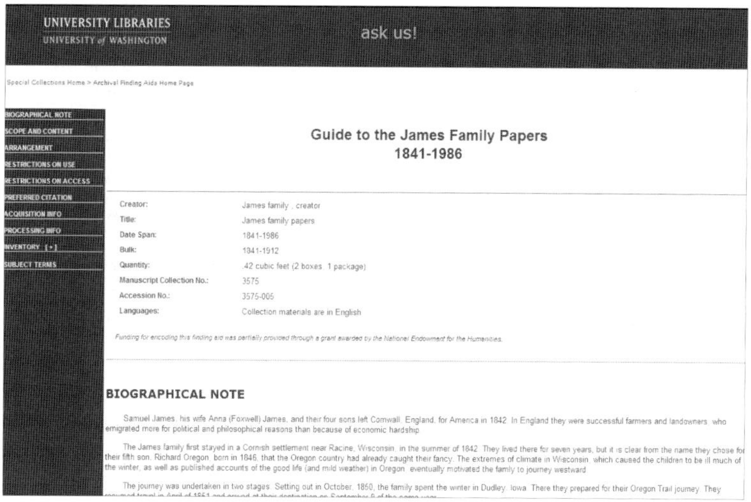

[MARC 21, RDA, ISBD 구두점 적용]

008/33 a
100 3 $aJames (Family :$cJamestown, Wash.)
670 $aJames family papers, 1841 - 1986 (bulk 1841 - 1912)
670 $aGuide to the James family papers, 1841 - 1986, via WWW, June 6, 2008 $uhttp://www.lib. washington.edu/specialcoll/findaids/docs/papersrecords/Jamesfamily3575.xml
678 $aSamuel James, his wife Anna Maria (Foxwell) James, and their sons left Cornwall, England, for America in 1842, having emigrated more for political reasons than because of economic hardship. The James family first lived in Wisconsin, but in 1850 - 1851, they journeyed by wagon train to Oregon. In 1852 they settled at Grand Mound Prairie (later known as Jamestown) on the Chehalis River in Washington, where they prospered for some years. Samuel James and his sons established new homesteads in what is now known as James Rock on Grays Harbor, Washington, in 1859. Samuel James died in 1866 and Anna Maria James died in 1879. Their descendents continued to live in and around Jamestown, Washington. More detailed biographical information may be found at $u http://www.lib.washington.edu/specialcoll/findaids/docs/papersrecords/Jamesfamily3575.xml

RDA 요소(조항)	RDA에 의한 레코드 작성 예
① 채택 가족명(10.2.2)	James
② 가족유형(10.3)	Family
③ 가족과 관련된 장소(10.5)	Jamestown, Wash.
④ 가족의 저명인물(10.6)	James, Samuel, 1805-1866
⑤ 가족사(10.8)	Samuel James, his wife Anna Maria (Foxwell) James, and their sons left Cornwall, England, for America in 1842, having emigrated more for political reasons than because of economic hardship. The James family first lived in Wisconsin, but in 1850-1851, they journeyed by wagon train to Oregon. In 1852 they settled at Grand Mound Prairie (later known as Jamestown) on the Chehalis River in Washington, where they prospered for some years. Samuel James and his sons established new homesteads in what is now known as James Rock on Grays Harbor, Washington, in 1859. Samuel James died in 1866 and Anna Maria James died in 1879. Their descendents continued to live in and around Jamestown, Washington. More detailed biographical information may be found at http://www.lib.washington.edu/speialcoll/findaids/docs/papersrecords/Jamesfamily3575.xml
⑥ 식별상태(8.10)	fully established
⑦ 참고정보원(8.12)	James family papers, 1841-1986 (bulk 1841-1912)
참고정보원(8.12)	Guide to the James family papers, 1841-1986, via WWW, June 6, 2008 http://www.lib.washington.edu/specialcoll/findaids/docs/papersrecords/Jamesfamily3575.xml

〈그림 4-13〉 가족명: James family

〈그림 4-13〉은 워싱턴 주 Jamestown의 연원이라 할 수 있는 James 가족에 관한 전거레코드이다. ① 채택 가족명(10.2.2)은 'James'로 기술하고 있으며 ④ 가족과 관련된 장소(10.5)는 가족의 거주지나 일정 관계를 맺는 장소를 기술하되, 부록 B.11의 약어법에 따라 국가, 주, 도, 지역 등을 적절하게 생략하여 기술한다.

④ 가족의 저명인물(10.6)은 동일 이름을 가진 가족 간을 구분할 때 핵심 요소로서 사용되는데, 'James, Samuel, 1805-1866'과 같이 '이름, 생몰년' 순으로 기술한다.

⑤ 가족사(10.8)는 가족의 역사를 담은 정보로써 James family의 이주 및 정착에 관한 내용을 담고 있다. 온라인자원에서 정보를 가져온 경우, 위의 예시와 같이 내용과 함께 온라인자원의 출처를 기술한다.

⑥ 식별상태(8.10)는 개인명과 동일하게 데이터의 검증수준을 'fully established(완전검증)', 'provisional(잠정검증)', 'preliminary(예비검증)'로 구분하여 기술한다.

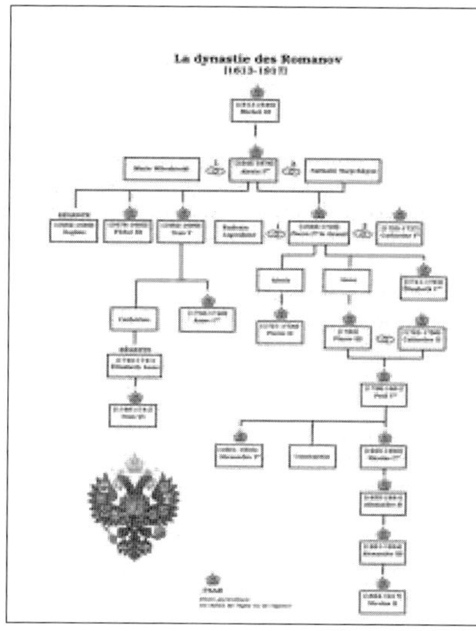

[MARC 21, RDA, ISBD 구두점 적용]

008/33
100 3 $aRomanov (Dynasty)
400 3 $aRomanoff (Dynasty)
400 3 $aRomanof (Dynasty)
400 3 $aРоманов (Dynasty)
400 3 $aΡομανώφ (Dynasty)
400 3 $aRomanoph (Dynasty)
400 3 $aHolstein-Gottorp-Romanov (Dynasty)
670 $aRomanov collection, 1894-1935 (bulk 1907-1918)
670 $aGrey, I. The Romanovs, 1970:$bpreface (Romanov dynasty; 17-20th centuries; Mikhail Fedorovich Romanov elected Tsar in 1613 at age 16)
670 $aCowles, V. The Romanovs, ©1971:$bpage 11 (Romanov dynasty; founded by Michael Feodorovich Romanov)
670 $aThe tragic dynasty, ©1969:$btitle page (Romanovs) page 9 (in 1613 a general assembly of Russians elected Michael Romanov as tsar)
670 $aThe Romanoffs, 1890.
670 $aThe last of the Romanofs, 1918.
670 $aThe Longman companion to Imperial Russia, 1689-1917, 2000:$bpage 28 (Romanov Dynasty, 1613-1917)
670 $aДинастия Романовых. 2006.
670 $aMSN Encarta online encyclopedia, June 4, 2008$b(Romanov, dynasty that ruled Russia for three centuries, from 1613 until the Russian Revolution in 1971) $uhttp://encarta.msn.com/encyclopedia_761559800/Romanov.html
670 $aEncyclopædia Britannica online, June 4, 2008$b(Romanov Dynasty; rulers of Russia from 1613 until the Russian Revolution of February 1917)
670 $aWikipedia, June 4, 2008$b(House of Romanov (Романов) was the second and last

imperial dynasty of Russia, which ruled the country from 1613 to 1761. From 1761 to 1917, Russia was ruled for five generations by a line of the House of Oldenburg descended from the marriage of a Romanov grand duchess to the Duke of Holstein-Gottorp. This line was officially also called Romanov, although genealogists sometimes style it, more accurately, Holstein-Gottorp-Romanov) Greek version (Οίγκο ςτων Ρομ άrvoβ (Дом Романовыχ) ήΡομανώrφ) Russian version (Романовы; Дом Ро ман овыχ)

678 $aThe Romanovs were a dynasty that ruled Russia for three centuries, from 1613 until the Russian Revolution in 1917. The Romanovs were descendants of a Moscow aristocrat whose daughter, Anastasia Romanovna, married Russian tsar Ivan IV Vasilyevich (Ivan the Terrible). The children of Anastasia's brother Nikita adopted the name Romanov in honor of their grandfather being the father of a tsarina. Nikita's grandson, Michael, became the first Romanov tsar. The Romanov succession of rule is as follows: Michael (reigned 1613-1645), Alexis I (r. 1645-1676), Fyodor III (r. 1676-1682), Peter the Great (r. 1682-1725), Catherine I (r. 1725-1727), Peter II (r. 1727-1730), Anna Ivanovna (r. 1730-1740), Ivan VI (r. 1740-1741), Elizabeth (r. 1741-1762), Peter III (r. 1762), Catherine the Great (r. 1762-1796), Paul I (r. 1796-1801), Alexander I (r. 1801-1825), Nicholas I (r. 1825-1855), Alexander II (r. 1855-1881), Alexander III (r. 1881-1894), and Nicholas II (r. 1894-1917)

RDA 요소(조항)	RDA에 의한 레코드 작성 예
① 채택 가족명(10.2.2)	Romanov
② 이형 가족명(10.2.3)	Romanoff
이형 가족명(10.2.3)	Romanof
이형 가족명(10.2.3)	Романов
이형 가족명(10.2.3)	Ρομααvώφ
이형 가족명(10.2.3)	Romanoph
이형 가족명(10.2.3)	Holstein-Gottorp-Romanov
③ 가족유형(10.3)	Dynasty
④ 가족과 관련된 장소(10.5)	Russia
⑤ 가족사(10.8)	The Romanovs were a dynasty that ruled Russia for three centuries, from 1613 until the Russian Revolution in 1917. The Romanovs were descendants of a Moscow aristocrat whose daughter, Anastasia Romanovna, married Russian tsar Ivan IV Vasilyevich (Ivan the Terrible). The children of Anastasia's brother Nikita adopted the name Romanov in honor of their grandfather being the father of a tsarina. Nikita's grandson, Michael, became the first Romanov tsar. The Romanov succession of rule is as follows: Michael (reigned 1613-1645), Alexis I (r. 1645-1676), Fyodor III (r. 1676-1682), Peter the Great (r. 1682-1725), Catherine I (r. 1725-1727), Peter II (r. 1727-1730), Anna Ivanovna (r. 1730 Peter

	III (r. 1762), Catherine the Great (r. 1762 - 1796), Paul I (r. 1796 - 1801), Alexander I (r. 1801 - 1825), Nicholas I (r. 1825 - 1855), Alexander II (r. 1855 - 1881), Alexander III (r.1881 - 1894), and Nicholas II (r. 1894 - 1917)
⑥ 식별상태(8.10)	fully established
⑦ 참고정보원(8.12)	Romanov collection, 1894 - 1935 (bulk 1907 - 1918)
참고정보원(8.12)	Grey, I. The Romanovs, 1970: preface (Romanov dynasty; 17 - 20th centuries; Mikhail Fedorovich Romanov elected Tsar in 1613 at age 16)
참고정보원(8.12)	Cowles, V. The Romanovs, ©1971: page 11 (Romanov dynasty; founded by Michael Feodorovich Romanov)
참고정보원(8.12)	The tragic dynasty, ©1969: title page (Romanovs) page 9 (in 1613 a general assembly of Russians elected Michael Romanov as tsar)
참고정보원(8.12)	The Romanoffs, 1890.
참고정보원(8.12)	The last of the Romanofs, 1918.
참고정보원(8.12)	The Longman companion to Imperial Russia, 1689 - 1917, 2000: page 28 (Romanov Dynasty, 1613 - 1917)
참고정보원(8.12)	Династия Романовых. 2006.
참고정보원(8.12)	MSN Encarta online encyclopedia, June 4, 2008 (Romanov, dynasty that ruled Russia for three centuries, from 1613 until the Russian Revolution in 1971) $uhttp://encarta.msn.com/encyclopedia_761559800/Romanov.html
참고정보원(8.12)	Encyclopædia Britannica online, June 4, 2008 (Romanov Dynasty; rulers of Russia from 1613 until the Russian Revolution of February 1917)
참고정보원(8.12)	Wikipedia, June 4, 2008 (House of Romanov (Романов) was the second and last imperial dynasty of Russia, which ruled the country from 1613 to 1761. From 1761 to 1917, Russia was ruled for five generations by a line of the House of Oldenburg descended from the marriage of a Romanov grand duchess to the Duke of Holstein-Gottorp. This line was officially also called Romanov, although genealogists sometimes style it, more accurately, Holstein-Gottorp-Romanov) Greek version (OίrκoϚτων Poμ ἀrvoβ (Дом Романовых) ἡPoμανώrφ) Russian version (Романовы; Дом Ро мановых)

〈그림 4-14〉 가족명: Romanov dynasty

〈그림 4-14〉는 1613년부터 1917년까지 304년 동안 러시아 제국을 통치한 로마노프 왕조에 대한 전거레코드이다. 영문명 'Romanov'가 채택 가족명(10.2.2)으로 기술되고 있으며, 러시아어, 프랑스, 에스페란토어 등의 다양한 언어명으로 이형 가족명(10.2.3)이 기술되고 있다.

③ 가족유형(10.3)에는 위 예시에서 기술된 'Dynasty'이외에도 'Family', 'Clan', 'Royal house' 등을 사용할 수 있다.

⑤ 가족사(10.8)에는 해당 가족의 역사와 관계된 정보를 한 개 이상의 문장으로 설명하는데, 위 사례에서는 로마노프 왕조의 성립과 계보에 대하여 상술하고 있다. 또한 가족사 기술 내용의 기초 자료라 할 수 있는 참고정보원(8.12)을 10개 이상 활용하고 있는데, 이 중 단행본에서 특정 부분을 참고한 경우 아래와 같이 "저자, 표제, 발행일자, 참고부분(해당 문장)"의 순서로 기술한다.

Grey, I. The Romanovs, 1970: preface (Romanov dynasty; 17 - 20th centuries; Mikhail Fedorovich Romanov elected Tsar in 1613 at age 16)

4.3.3 단체명

[MARC 21, RDA, ISBD 구두점 적용]

008/33 a
010 $an 79142877
016 $a0014B2725
110 2 $aInternational Business Machines Corporation
410 2 $aIBM
410 2 $aI.B.M.
410 2 $aInternational Business Machines Corp.
410 2 $aIBM Corporation
410 2 $aInternational Business Machines, Inc.
410 2 $aBig Blue (Firm)
410 2 $a国陔商业机器有限公司
410 2 $aآي بي إم
410 2 $aמבי
510 2 $wa $aComputing-Tabulating-Recording Company$0(DLC)n92106805
670 $aAnnual report of the International Business Machines Corporation for the year ended 1924
670 $aIBM systems journal, September 1962
670 $aSobel, R. I.B.M., colossus in transition, ©1981
670 $aStandard 0020 Poor, 1984$b(International Business Machines Corp.)
670 $aSupercomputer simulations in chemistry, ©1986:$bpage ii (IBM Corporation)
670 $aRISC System/6000 Power PC system architecture, 1994:$btitle page (International Business Machines, Inc.) page ii (International Business Machines Corporation)
670 $aIBM website, viewed July 13, 2008:$babout IBM/past, present and future/ history of IBM (IBM was incorporated in the state of New York on June 16, 1911 as the Computing-Tabulating-Recording Company (C-T-R); on February 14, 1924, C-T-R's name was formally changed to International Business Machines Corporation) $u http://www.ibm.com
670 $aWikipedia, viewed July 13, 2008$b(International Business Machines Corporation, abbreviated IBM and nicknamed "Big Blue") Arabic version (آي بي إم) Chinese version (国陔商业机器有限公司) Hebrew version (מבי)
670 $aThe company was incorporated in 1911 as the Computing-Tabulating-Recording Corporation. It adopted the current name in 1924. The company headquarters are located at 1 New Orchard Road, Armonk, NY 10504-1722 United States. A more detailed history of the company may be found at $uhttp://www-03.ibm.com/ibm/history/history/history_intro.html

RDA 요소(조항)	RDA에 의한 레코드 작성 예
① 채택 단체명(11.2.2)	International Business Machines Corporation
② 이형 단체명(11.2.3)	IBM
이형 단체명(11.2.3)	I.B.M.
이형 단체명(11.2.3)	International Business Machines Corp.
이형 단체명(11.2.3)	IBM Corporation
이형 단체명(11.2.3)	Big Blue
이형 단체명(11.2.3)	国陔商业机器有限公司
이형 단체명(11.2.3)	آي بي إم
이형 단체명(11.2.3)	מבי
이형 단체명(11.2.3)	Firm
③ 단체의 주소(11.9)	1 New Orchard Road, Armonk, NY 10504-1722 United States
④ 단체의 내력(11.11)	The company was incorporated in 1911 as the Computing-Tabulating-Recording Corporation. It adopted the current name in 1924. A more detailed history of the company may be found at http://www.03.ibm.com/ibm/history/history/history_intro.html
⑤ 단체 식별기호(11.12)	Library of Congress control number: n79142877
단체 식별기호(11.12)	Library and Archives Canada control number:0014B2725
⑥ 관련 단체(32.1)	Computing-Tabulating-Recording Company
관련 단체(32.1)	Library of Congress control number: n92106805
⑦ 관계 표시어(29.5)	predecessor
⑧ 식별상태(8.10)	fully established
⑨ 참고정보원(8.12)	Annual report of the International Business Machines Corporation for the year ended 1924
참고정보원(8.12)	IBM systems journal, September 1962
참고정보원(8.12)	Sobel, R. I.B.M., colossus in transition, ©1981
참고정보원(8.12)	Standard 0026; Poor, 1984 International Business Machines Corp.
참고정보원(8.12)	Supercomputer simulations in chemistry, ©1986: page ii (IBM Corporation)
참고정보원(8.12)	RISC System/6000 Power PC system architecture, 1994: title page (International Business Machines, Inc.) page ii (International Business Machines Corporation)
참고정보원(8.12)	IBM website, viewed July 13, 2008:$babout IBM/past, present and future/history of IBM (IBM was incorporated in the state of New York on June 16, 1911 as the Computing-Tabulating-Recording Company (C-T-R); on February 14, 1924, C-T-R's name was formally changed to International Business Machines Corporation) http://www.ibm.com
참고정보원(8.12)	Wikipedia, viewed July 13, 2008 (International Business Machines Corporation, abbreviated IBM and nicknamed "Big Blue") Arabic version ((آي بي إم) Chinese version(国陔商业机器有限公司) Hebrew version (מבי)

〈그림 4-15〉 단체명: 주식회사

〈그림 4-15〉는 컴퓨터 하드웨어, 소프트웨어 판매 및 기업 컨설팅과 서비스를 하는 IBM 사에 관한 전거레코드이다. ① 채택 단체명(11.2.2)은 IBM의 머리글자를 풀어 'International Business Machines Corp.'로 기술하고, ② 이형 단체명(11.2.3)은 'Big Blue', '國陔商業机器有限公司', 'آي بي إم', 'יבמ' 등 애칭이나 다른 언어로 표현된 단체명을 기술한다.

④ 단체의 내력(11.11)은 단체의 역사를 기술하는 요소로써 해당 내용과 함께 정보원을 표시한다. 위의 예시처럼 온라인 자원에서 정보를 가져온 경우 내용과 함께 정보원의 출처를 기술한다. 또한, 한 단체를 다른 단체들과 구분하기 위하여 ⑤ 단체 식별기호(11.12)를 표시하는데 식별기호 앞에 식별기호를 부여한 책임 기관명이나 기관의 식별표시를 기술한다.

⑥ 관련 단체(32.1)는 해당 단체와 관련된 단체 또는 해당 단체의 선행단체나 후속단체를 표시한다. 위의 예시에서는 두 개의 단체명과 함께 ⑦ 관계 표시어(29.5)를 기술하여 기술된 단체명과의 관계가 선행단체임을 나타낸다.

Queensland Government

Department of Natural Resources and Mines

[MARC 21, RDA, ISBD 구두점 적용]

008/33 a
010 $ano2008040819
110 1 $aQueensland.$bDepartment of Natural name Resources, Mines, and Energy
410 1 $aQueensland.$bNatural Resources, Corporate name Mines, and Energy, Department of
410 1 $aQueensland.$bNatural Resources, Corporate name Mines, and Energy
510 1 $wa $aQueensland.$bDepartment of Corporate name Natural Resources and Mines
510 1 $wb $aQueensland.$bDepartment of Corporate name Natural Resourcesand Water
670 $aLippia (Phyla canescens) in Queensland, ©2004:$btitle page Queensland Government, Natural Resources, Mines, and Energy) title page verso (Department of Natural Resources, Mines, and Energy)
675 $aToowoomba, ©2003: map recto (Department of Natural Resources and Mines; copyright State of Queensland, Dept. of Natural Resources and Mines); $aGentle, M. Red fox, ©2006: title page (Queensland Government, Natural Resources and Water) title page verso (Department of Natural Resources and Water)

RDA 요소(조항)	RDA에 의한 레코드 작성 예
① 채택 단체명(11.2.2)	Queensland. Department of Natural Resources, Mines, and Energy
② 이형 단체명(11.2.3)	Queensland. Natural Resources, Mines, and Energy, Department of
이형 단체명(11.2.3)	Queensland. Natural Resources, Mines, and Energy
③ 단체 식별기호(11.12)	Library of Congress control number: no2008040819
④ 관련 단체(32.1)	Queensland. Department of Natural Resources and Mines
⑤ 관계 표시어(29.5)	predecessor
⑥ 관련 단체(32.1)	Queensland. Department of Natural Resources and Water
⑦ 관계 표시어(29.5)	successor
⑧ 식별상태(8.10)	fully established

⑨ 참고정보원(8.12)	Lippia (Phyla canescens) in Queensland, ©2004: title page (Queensland Government, Natural Resources, Mines, and Energy) title page verso (Department of Natural Resources, Mines, and Energy)
참고정보원(8.12)	Toowoomba, ©2003: map recto (Department of Natural Resources and Mines; copyright State of Queensland, Dept. of Natural Resources and Mines)
참고정보원(8.12)	Gentle, M. Red fox, ©2006: title page (Queensland Government, Natural Resources and Water) title page verso (Department of Natural Resources and Water)

〈그림 4-16〉 단체명: 국가기관

〈그림 4-16〉은 오스트레일리아 퀸즐랜드 연방주의 자원광물에너지부(Department of Natural Resources, Mines and Energy)에 대한 전게레코드이다. 위 예시와 같이 단체명이 국가기관인 경우, MARC 21의 기술방식과 동일하게 관할명을 선행시키고 하위기관명을 기술하도록 하고 있다.

한편 해당 단체명이 변경된 경우, 변경이전 또는 이후의 단체명을 관련 단체(32.1)로 기술하는데, 이 때 관계 표시어(29.5)를 사용하여 관계의 특성을 명확하게 나타낼 수 있다.

④ 관련 단체(32.1) : Queensland. Department of Natural Resources and Mines

⑤ 관계 표시어(29.5) : predecessor

⑥ 관련 단체(32.1) : Queensland. Department of Natural Resources and Water

⑦ 관계 표시어(29.5) : successor

[MARC 21, RDA, ISBD 구두점 적용]

008/33	a
010	$ano2003077366
110 2	$aSnow Patrol (Musical group)
410 1	$aSP (Musical group)
510 2	$wa $aPolar Bear (Musical group : Dundee, Scotland)
670	$aSongs for polarbears, ©1998: label (Snow Patrol)
670	$aAllmusic.com Web site, June 6, 2008 (Snow Patrol; formed 1997 in Dundee, Scotland; genre: Rock; styles: Indie Rock, Alternative Pop/Rock)
670	$aOfficial Snow Patrol Web site, June 6, 2008 (Snow Patrol; SP) FAQ page (SP were originally called Polar Bear but had to change their name due to the Jane' s Addiction bassist also having a side project called Polar Bear. The name Snow Patrol came from a friend of the band who while called Polar Bear always referred to the group as Snow Patrol) http:// www.snowpatrol.com/

RDA 요소(조항)	RDA에 의한 레코드 작성 예
① 채택 단체명(11.2.2)	Snow Patrol
② 이형 단체명(11.2.3)	SP
③ 단체와 관련된 기타 표시(11.7)	Musical group
④ 단체 식별기호(11.12)	Library of Congress control number: no2003077366
⑤ 관련 단체(32.1)	Polar Bear (Musical group : Dundee, Scotland)
⑥ 관계 표시어(29.5)	predecessor
⑦ 식별상태(8.10)	fully established
⑧ 참고정보원(8.12)	Songs for polarbears, ©1998: label (Snow Patrol)
참고정보원(8.12)	Allmusic.com Web site, June 6, 2008 (Snow Patrol; formed 1997 in Dundee, Scotland; genre: Rock; styles: Indie Rock, Alternative Pop/Rock)

참고정보원(8.12)	Official Snow Patrol Web site, June 6, 2008 (Snow Patrol; SP) FAQ page (SP were originally called Polar Bear but had to change their name due to the Jane's Addiction bassist also having a side project called Polar Bear. The name Snow Patrol came from a friend of the band who while called Polar Bear always referred to the group as Snow Patrol) http://www.snowpatrol.com/

〈그림 4-17〉 단체명: 록 그룹

〈그림 4-17〉은 영국의 록 그룹 'Snow Patrol'의 전거레코드이다. 위의 예시처럼 채택 단체명이 단체로 확인되기 어려운 이름인 경우, ③ 단체와 관련된 기타표시(11.7)의 'musical group'과 같이 단체명에 적합한 언어로 기술하도록 한다. RDA에서는 단체와 관련된 기타표시의 종류를 다음과 같이 다양하게 제시하고 있다.

- 단체명으로 확인하기 어려운 이름

  예) Apollo 11(채택 단체명) — Spacecraft(기타표시)
  Rachel Ann(채택 단체명) — Sloop(기타표시)

- 관할명(시나 도시 이상의 정부에 대하여 적용, 채택 단체명과 동일 언어를 사용)

  예) Cork (Ireland) (채택 단체명) — County(기타표시)
  Darmstadt (Germany) (채택 단체명) — Landkreis(기타표시, district를 의미)

- 기타

  예) Church of God(채택 단체명) — Seventh Day(기타표시)
  Korea(채택 단체명) — North(기타표시)
  Korea(채택 단체명) — South(기타표시)
  Michigan(채택 단체명) — British Military government(기타표시)

또한, 선행단체나 후속단체가 있다면 ⑤ 관련 단체(32.1)에 단체명과 정보를 기술하고 ⑥ 관계 표시어(29.5)에 관계되는 용어를 기술한다. 즉, 위의 예시에서는 관련단체 'Polar Bear(Musical group : Dundee, Scotland)'와 관계 표시어 'predecessor'가 각각 기술되어 있다.

Vancouver 2010 Olympic Games

Host city : Vancouver, BC, Canada
Nations participating : 82
Athletes participating : 2,566
Opening ceremony : February 12
Closing ceremony : February 28
Officially opened by Governor General Michaëlle Jean[2]
Stadium : BC Place Stadium

[MARC 21, RDA, ISBD 구두점 적용]

008/33 a
010 $an 2006017550
111 2 $aOlympic Winter Games$n(21st :$d2010 :$cVancouver, B.C.)
411 2 $aWinter Olympics$n(21st :$d2010 :$cVancouver, B.C.)
411 2 $aVancouver Winter Games$d(2010)
411 2 $aWinter Games$n(21st :$d2010 :$cVancouver, B.C.)
670 $aThe Vancouver games, 2003:$bback cover (Vancouver selected by the International Olympic Committee as the site for the 2010 Winter Olympics)
670 $aVancouver 2010 Web site, viewed July 13, 2008:$bThe Winter Games/Vancouver 2010 timeline (Vancouver 2010 Winter Games; 2010 WinterGames; XXI Olympic Winter Games; February 12-8, 2010) $uhttp://www.vancouver2010.com/
670 $aInternational Olympic Committee Web site, viewed July 13, 2008:$bVancouver 2010 (Vancouver was elected Host City of the XXI Olympic Winter Games in 2010 at the 115th IOC Session in Prague on 2 July 2003; 12th to 28th February 2010) $uhttp://www.olympic.org/uk/games/vancouver/
678 1 $aVancouver, British Columbia, Canada was selected by the International Olympic Committee on July 2, 2003 as the host city for the 2010 Olympic Winter Games. The Games will be held from February 12-8, 2010.

RDA 요소(조항)	RDA에 의한 레코드 작성 예
① 채택 단체명(11.2.2)	Olympic Winter Games
② 이형 단체명(11.2.3)	Winter Olympics
이형 단체명(11.2.3)	Vancouver Winter Games
이형 단체명(11.2.3)	Winter Games
③ 회의장소 등(11.3.2)	Vancouver, B.C.

④ 회의일자 등(11.4.2)	2010
⑤ 회차(11.6)	21st
⑥ 단체의 내력(11.11)	Vancouver, British Columbia, Canada was selected by the International Olympic Committee on July 2, 2003 as the host city for the 2010 Olympic Winter Games. The Games will be held from February 12-8, 2010
⑦ 단체의 식별기호(11.12)	Library of Congress control number: n2006017550
⑧ 식별상태(8.10)	fully established
⑨ 참고정보원(8.12)	The Vancouver games, 2003: back cover (Vancouver selected by the International Olympic Committee as the site for the 2010 Winter Olympics)
참고정보원(8.12)	Vancouver 2010 Web site, viewed July 13, 2008: The Winter Games/Vancouver 2010 timeline (Vancouver 2010 Winter Games; 2010 Winter Games; XXI Olympic Winter Games; February 12-8, 2010) http://www.vancouver2010.com/
참고정보원(8.12)	International Olympic Committee Web site, viewed July 13, 2008: Vancouver 2010 (Vancouver was elected Host City of the XXI Olympic Winter Games in 2010 at the 115th IOC Session in Prague on 2 July 2003; 12th to 28th February 2010) http://www.olympic.org/uk/games/vancouver/

〈그림 4-18〉 단체명: 회의

〈그림 4-18〉은 캐나다 밴쿠버에서 개최된 제21회 동계올림픽을 회의명으로 기술한 전거레코드의 예시이다. MARC 21 전거레코드에서는 단체명과 회의명을 구분하여 각각 110과 111 필드에 기술하고, 비채택표목도 410과 411 필드에 구별하여 기술하고 있으나, RDA에서는 위의 예시와 같이 회의명을 단체의 범주에 포함하고 있다. 이때 회의명의 필수요소라 할 수 있는 회의장소(11.3.2), 회의일자(11.4.2), 회차(11.6) 등을 핵심요소로 기술하고 있다. 이 중 회의일자는 단일연도, 복수연도, 특정일(둘 이상의 회의를 구분하기 위함) 형태로 기술할 수 있다.

- 회의일자 등(11.4.2) : 1911-1912
  (채택 단체명 : Deutsche Antarktische Expedition 독일남극원정)
- 회의일자 등(11.4.2) : 1978 February 13-15
  (채택 단체명 : Federal-Provincial Conference of First Ministers)
- 회의일자 등(11.4.2) : 1978 November 27-29
  (채택 단체명 : Federal-Provincial Conference of First Ministers)

[MARC 21, RDA, ISBD 구두점 적용]

008/33 a
010 $an84018492
016 $a0014B2725
111 2 $aLewis and Clark Expedition$d(1804–1806)
411 2 $aCorps of Discovery$d(1804–1806)
411 2 $aLewis and Clarke Expedition$d(1804–1806)
411 2 $aCorps of Discovery Expedition$d(1804–1806)
411 2 $aLewis and Clark Corps of Discovery Expedition$d(1804–1806)
411 2 $aLewis & Clark Expedition$d(1804–1806)
411 2 $aMeriwether Lewis and William Clark Expedition$d(1804–1806)
500 1 $aLewis, Meriwether,$d 1774–1809 $0 (DLC)n79084458
500 1 $aClark, William,$d1770–1838 $0 (DLC)n50083307
670 $aA journal of the voyages and travels of a Corps of Discovery, under the command of Capt. Lewis and Capt. Clarke of the Army of the United States, from the mouth of the river Missouri through the interior parts of North America to the Pacific Ocean, during the years 1804, 1805, and 1806, 1807.
670 $aHistory of the expedition under the command of Captains Lewis and Clarke, to the sources of the Missouri, thence across the Rocky Mountains and down the River Columbia to the Pacific Ocean, 1817.
670 $aEncyclopædia Britannica$b(Lewis and Clark Expedition (1804–1806)
670 $aThis stretch of the river, ©006:$bpage ix (Lewis and Clark Corps of Discovery Expedition)
670 $aThe Washington experience of the Lewis & Clark Expedition, 2005.
670 $aWikipedia, June 9, 2008$b(Lewis and Clark Expedition; Meriwether Lewis and William Clark Expedition (1804–1806), headed by Meriwether Lewis and William Clark; first American overland expedition to the Pacific coast and back)$uhttp://en.wikipedia.org/wiki/Lewis_and_Clark
678 $aThe Lewis and Clark Expedition (1804–1806) was a U.S. military expedition led by Captain Meriwether Lewis (1774–1809) and Lieutenant William Clark (1770–1838) to explore the Louisiana Purchase and the Pacific Northwest. Over the duration of the trip, from May 14, 1804, to September 23, 1806, from St. Louis, Missouri, to the Pacific

Ocean and back, the Corps of Discovery, as the expedition company was called, traveled nearly 8,000 miles (13,000 km). The expedition contributed significant geographic and scientific knowledge of the West, aided the expansion of the fur trade, and strengthened U.S. claims to the Pacific. Clark' maps portraying the geography of the West, printed in 1810 and 1814, were the best available until the 1840s. More detailed histories of the expedition may be found at $uhttp://www.britannica.com/eb/article-9048028/Lewis-and-Clark-Expedition $aand at $uhttp://en.wikipedia.org/wiki/Lewis_and_Clark

RDA 요소(조항)	RDA에 의한 레코드 작성 예
① 채택 단체명(11.2.2)	Lewis and Clark Expedition
② 이형 단체명(11.2.3)	Corps of Discovery
이형 단체명(11.2.3)	Lewis and Clarke Expedition
이형 단체명(11.2.3)	Corps of Discovery Expedition
이형 단체명(11.2.3)	Lewis and Clark Corps of Discovery Expedition
이형 단체명(11.2.3)	Lewis & Clark Expedition
이형 단체명(11.2.3)	Meriwether Lewis and William Clark Expedition
③ 회의일자 등(11.4.2)	1804 - 1806
④ 단체의 내력(11.11)	The Lewis and Clark Expedition (1804 - 1806) was a U.S. military expedition led by Captain Meriwether Lewis (1774 - 1809) and Lieutenant William Clark (1770 - 1838) to explore the Louisiana Purchase and the Pacific Northwest. Over the duration of the trip, from May 14, 1804, to September 23, 1806, from St. Louis, Missouri, to the Pacific Ocean and back, the Corps of Discovery, as the expedition company was called, traveled nearly 8,000 miles (13,000 km). The expedition contributed significant geographic and scientific knowledge of the West, aided the expansion of the fur trade, and strengthened U.S. claims to the Pacific. Clark's maps portraying the geography of the West, printed in 1810 and 1814, were the best available until the 1840s. More detailed histories of the expedition may be found at http://www.britannica.com/eb/article-9048028/Lewis-and-Clark-Expedition and at http://en.wikipedia.org/wiki/Lewis_and_Clark
⑤ 단체 식별기호(11.12)	Library of Congress control number: n84018492
⑥ 관련 개인(30.1)	Lewis, Meriwether, 1774 - 1809
관련 개인(30.1)	Library of Congress control number: n79084458
⑦ 관계 표시어(29.5)	group member
⑧ 관련 개인(30.1)	Clark, William, 1770 - 1838
관련 개인(30.1)	Library of Congress control number:n50083307
⑨ 관계 표시어(29.5)	group member
⑩ 식별상태(8.10)	fully established

⑪ 참고정보원(8.12)	A journal of the voyages and travels of a Corps of Discovery, under the command of Capt. Lewis and Capt. Clarke of the Army of the United States, from the mouth of the river Missouri through the interior parts of North America to the Pacific Ocean, during the years 1804, 1805, and 1806, 1807
참고정보원(8.12)	History of the expedition under the command of Captains Lewis and Clarke, to the sources of the Missouri, thence across the Rocky Mountains and down the River Columbia to the Pacific Ocean, 1817
참고정보원(8.12)	Encyclopædia Britannica (Lewis and Clark Expedition (1804-1806)
참고정보원(8.12)	This stretch of the river, ©2006: page ix (Lewis and Clark Corps of Discovery Expedition)
참고정보원(8.12)	The Washington experience of the Lewis & Clark Expedition, 2005
참고정보원(8.12)	Wikipedia, June 9, 2008 (Lewis and Clark Expedition; Meriwether Lewis and William Clark Expedition (1804-1806), headed by Meriwether Lewis and William Clark; first American overland expedition to the Pacific coast and back) http://en.wikipedia.org/wiki/Lewis_and_Clark

〈그림 4-19〉 단체명: 탐험

〈그림 4-19〉는 토마스 제퍼슨 대통령의 명령에 따라 결성된 탐험대 'Lewis and Clark Expedition'에 대한 전거레코드로서, 미국 최초로 태평양 연안까지 육로 탐험을 성공시킨 것으로 알려져 있다. ③ 회의일자 등(11.4.2)은 각종 회의나 전시회, 박람회, 축제 등이 개최된 일자나 기간을 표시하는 속성으로, 위의 예시에서는 '1804-1806'로 기술함으로써 탐험의 기간을 나타내고 있다.

탐험대를 이끌었던 Lewis와 Clark은 해당 단체와 관련된 개인으로 기술 가능한데, 이 때 관계 표시어(29.5)를 사용하여 관계의 특성을 명확하게 나타낼 수 있다.

⑥ 관련 개인(30.1): Lewis, Meriwether, 1774-1809

관련 개인(30.1): Library of Congress control number: n79084458

⑦ 관계 표시어(29.5): group member

⑧ 관련 개인(30.1): Clark, William, 1770-1838

관련 개인(30.1): Library of Congress control number:n50083307

⑨ 관계 표시어(29.5): group member

4.3.4 저작

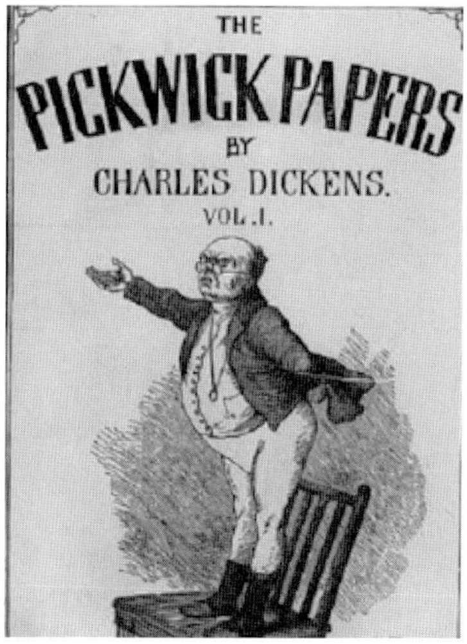

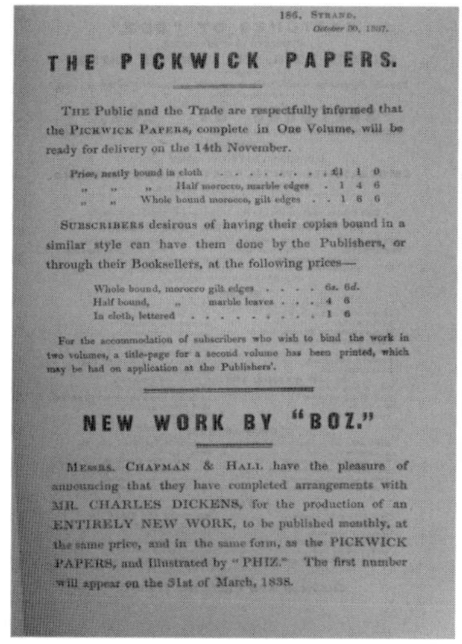

186, STRAND,
October 30, 1837.

THE PICKWICK PAPERS.

THE Public and the Trade are respectfully informed that the PICKWICK PAPERS, complete in One Volume, will be ready for delivery on the 14th November.

Price, neatly bound in cloth	£1	1	0
„ „ „ Half morocco, marble edges	1	4	6
„ „ Whole bound morocco, gilt edges	1	6	6

SUBSCRIBERS desirous of having their copies bound in a similar style can have them done by the Publishers, or through their Booksellers, at the following prices—

Whole bound, morocco gilt edges	6s.	6d.
Half bound, „ marble leaves	4	6
In cloth, lettered	1	6

For the accommodation of subscribers who wish to bind the work in two volumes, a title-page for a second volume has been printed, which may be had on application at the Publishers'.

NEW WORK BY "BOZ."

MESSRS. CHAPMAN & HALL have the pleasure of announcing that they have completed arrangements with MR. CHARLES DICKENS, for the production of an ENTIRELY NEW WORK, to be published monthly, at the same price, and in the same form, as the PICKWICK PAPERS, and Illustrated by "PHIZ." The first number will appear on the 31st of March, 1838.

[MARC 21, RDA, ISBD 구두점 적용]

008/33	a
010	$an79107984
100 1	$aDickens, Charles,$d1812-1870.$tPickwick papers
400 1	$aDickens, Charles,$d1812-1870.$tPosthumous papers of the Pickwick Club
670	$aDickens, Charles. The Pickwick papers, ©1964.
670	$aWikipedia, December 2, 2007$b(The Posthumous Papers of the Pickwick Club, better known as The Pickwick Papers, is the first novel by Charles Dickens) $uhttp://en.wikipedia.org/wiki/Pickwick_Papers
678	$aOriginally written as a serial and published in 19 issues over 20 months from March 1836 to October 1837. There was no issue in May 1837 as Dickens was in mourning for his sister-in-law.

RDA 요소(조항)	RDA에 의한 레코드 작성 예
① 창작자(19.2)	Dickens, Charles, 1812-1870
② 저작의 채택표제(6.2.2)	Pickwick papers
③ 저작의 이형표제(6.2.3)	Posthumous papers of the Pickwick Club
④ 저작의 형식(6.3)	Novel
⑤ 저작의 일자(6.4)	1836-1837
⑦ 저작의 내력(6.7)	Originally written as a serial and published in 19 issues over 20 months from March 1836 to October 1837. There was no issue in May 1837 as Dickens was in mourning for his sister-in-law

⑧ 저작의 식별기호(6.8)	Library of Congress control number: n79107984
⑨ 식별상태(5.7)	fully established
⑩ 참고정보원(5.8)	Dickens, Charles. The Pickwick papers, ©1964
참고정보원(5.8)	Wikipedia, December 2, 2007 (The Posthumous Papers of the Pickwick Club, better known as The Pickwick Papers, is the first novel by Charles Dickens) http://en.wikipedia.org/wiki/Pickwick_Papers

〈그림 4-20〉 저작: Charles Dickens의 소설

〈그림 4-20〉은 Charles Dickens의 첫 번째 소설로 알려진 *Pickwick papers*에 대한 전거레코드로, RDA의 이론적 배경이 되고 있는 FRBR 제1집단의 첫 번째 개체인 '저작(work)'에 대한 기술에 해당된다. 따라서 ① 창작자(19.2)를 제외한 모든 요소가 저작과 표현형의 속성을 기술한 5장과 6장의 요소들로 구성되어 있다.

지적 예술적 창작물로서 저작에 대한 기술요소는 창작자, 표제(채택표제, 이형표제), 저작의 형식, 발행일, 내력, 저작의 식별자, 참고정보원 등이다. 이 중 저작의 형식(6.3)은 저작이 속한 범주와 장르를 의미하며, 아래와 같이 하나의 저작과 동일한 표제를 가진 상이한 저작을 구별할 필요가 있는 경우 이를 핵심요소로 기술한다.

저작의 형식(6.3)	해당 저작	비 고
Play	Charlemagne	샤를마뉴라는 이름의 카드게임
Typestry	Charlemagne	샤를마뉴대제를 주제로 한 태피스트리 작품
Choreographic work	The nutcracker	호두까기 인형 안무작품
Computer file	NuTCRACKER	호두까기 인형 공연의 컴퓨터 파일)
Motion picture	Ocean's eleven. A film released in 1980	동영상
Radio program	War of the worlds	라디오 프로그램
Television program	War of the worlds	TV 프로그램
Chanson de geste	Guillaume	기욤을 주인공으로 한 武勳詩 (프랑스 서사문학)
Series	Scottish History Society	발행단체와 발행명이 동일
Poem	Chanson de Roland	'롤랑의 노래'라는 시

[MARC 21, RDA, ISBD 구두점 적용]

008/33 a
010 $an81138458
100 1 $aSchubert, Franz,$d1797 - 828.$tQuintets,$mpiano, violin, viola, violoncello, double bass,
$nD. 667,$rA major
400 1 $aSchubert, Franz,$d1797 - 828.$tQuintets,$mpiano, violin, viola, violoncello, doublebass, $nop. 114,$rA major
400 1 $aSchubert, Franz,$d1797 - 828.$tForellen-Quintett
400 1 $aSchubert, Franz,$d1797 - 828.$tQuintette de la truite
400 1 $aSchubert, Franz,$d1797 - 828.$tTrout quintet
400 1 $aSchubert, Franz,$d1797 - 828.$tForellenquintett
400 1 $aSchubert, Franz,$d1797 - 828.$tTrucha
400 1 $aSchubert, Franz,$d1797 - 828.$tФорелллен-квинтет
400 1 $aSchubert, Franz,$d1797 - 828.$tForellen-kvintet
400 1 $aSchubert, Franz,$d1797 - 828.$tQuintette 'a truite'^
400 1 $aSchubert, Franz,$d1797 - 828.$tTruite (Quintet)
400 1 $aSchubert, Franz,$d1797 - 828.$tTrota (Quintet)
400 1 $aSchubert, Franz,$d1797 - 828.$tForeliu kvintetas
400 1 $aSchubert, Franz,$d1797 - 828.$tGrand quintuor
400 1 $aSchubert, Franz,$d1797 - 828.$tForelle (Quintet)
670 $aSchubert, F. Forellen-Quintett, [1900s]:$btitle page (fü Klavier, Violine, Viola, Violoncello und Bass, DV667, Opus 114) cover (Quintette de la truite; Trout quintet)
670 $aDeutsch, O.E. Franz Schubert, thematisches Verzeichnis seiner Werke in chronologischer Folge, 1978$b(667. Quintett in A op. post. 114 ('orellenquintett', pf, v, va, vc, contrabasso (violone))
670 $aSchubert, F. Quintett fü Klavier, Violine, Viola, Violoncello und Kontrabass, A-Dur, Opus post. 114, D 667, ©1991:$bcover (subtitle: Forellen-Quintett)
670 $aSchubert, F. Piano quintet, 'he trout' 1941:$btitle page (Quinteto para piano 'a rucha')

670 $aSchubert, F. Фореллен-квинтет, соч.114, [1960s?]
670 $aSchubert, F. Klavier-Quintett, [1986?]:$btitle page (Forellenquintett; Piano quintet; Trout quintet; Quintette avec piano; Quintette 'a truite'
670 $aSchubert, F. Quintet in A major, D667: Trout, ©1993.
670 $aSchubert, F. Forellenquintett, ?1995:$blabel (The trout; La truite; La trota)
670 $aČurlionis, M.K. Kvartetas c-moll, ©2004:$blabel (Foreliųkvintetas = Forellenquintet / Franz Schubert)
670 $aSchubert, F. Grand quintuor : pour le piano-forte, violon, alto, violoncelle, & contrebass, æv. 114 ('he trout'), 1997.
670 $aGrove music online, viewed June 10, 2008$b('rout'Quintet (1819); in list of Schubert' chamber works: D 667, Piano Quintet, A, 'ie Forelle' pf, vn, va, vc, db, composed?aut. 1819, published 1829, op.114)
670 $aWikipedia, viewed June 10, 2008$b(The Trout Quintet is the popular name for the Piano Quintet in A major by Franz Schubert. In Otto Erich Deutsch' catalogue of Schubert' works, it is D. 667. The work was composed in 1819; it was not published until 1829, a year after his death; written for piano, violin, viola, cello, and double bass; known as the Trout because the fourth movement is a set of variations on Schubert' earlier Lied 'ie Forelle'(The Trout))

RDA 요소(조항)	RDA에 의한 레코드 작성 예
① 창작자(19.2)	Schubert, Franz, 1797 - 1828
② 음악저작의 채택표제(6.14.2)	Quintets
③ 음악저작의 이형표제(6.14.3)	Forellen-Quintett
음악저작의 이형표제(6.14.3)	Quintette de la truite
음악저작의 이형표제(6.14.3)	Trout quintet
음악저작의 이형표제(6.14.3)	Forellenquintett
음악저작의 이형표제(6.14.3)	Trucha
음악저작의 이형표제(6.14.3)	Фореллен-квинтет
음악저작의 이형표제(6.14.3)	Forellen-kvintet
음악저작의 이형표제(6.14.3)	Quintette "a truite"
음악저작의 이형표제(6.14.3)	Truite
음악저작의 이형표제(6.14.3)	Trota
음악저작의 이형표제(6.14.3)	Foreliu kvintetas
음악저작의 이형표제(6.14.3)	Grand quintuor
음악저작의 이형표제(6.14.3)	Forelle
④ 저작의 형식(6.3)	Quintet
⑤ 연주매체(6.15)	piano
연주매체(6.15)	violin
연주매체(6.15)	viola
연주매체(6.15)	violoncello
연주매체(6.15)	double bass

⑥ 음악저작의 숫자표시(6.16)	D. 667
음악저작의 숫자표시(6.16)	op. 114
⑦ 장조(6.17)	A major
⑧ 저작의 일자(6.4)	1819
⑨ 저작의 식별기호(6.8)	Library of Congress control number: n81138458
⑩ 식별상태(5.7)	fully established
⑪ 참고정보원(5.8)	Schubert, F. Forellen-Quintett, [1900s]: title page (fü Klavier, Violine, Viola, Violoncello und Bass, DV 667, Opus 114) cover (Quintette de la truite; Trout quintet)
참고정보원(5.8)	Deutsch, O.E. Franz Schubert, thematisches Verzeichnis seiner Werke in chronologischer Folge, 1978 (667. Quintett in A op. post. 114 ("Forellenquintett"), pf, v, va, vc, contrabasso (violone))
참고정보원(5.8)	Schubert, F. Quintett fü Klavier, Violine, Viola, Violoncello und Kontrabass, A-Dur, Opus post. 114, D 667, ©1991: cover (subtitle: Forellen-Quintett)
참고정보원(5.8)	Schubert, F. Piano quintet, "he trout" 1941: title page (Quinteto para piano "a trucha")
참고정보원(5.8)	Schubert, F. Фореллен-квинтет, соч. 114, [1960s?]
참고정보원(5.8)	Schubert, F. Klavier-Quintett, [1986?]: title page (Forellenquintett; Piano quintet; Trout quintet; Quintette avec piano; Quintette "a truite"
참고정보원(5.8)	Schubert, F. Quintet in A major, D667 : Trout, ©1993.
참고정보원(5.8)	Schubert, F. Forellenquintett, ©1995: label (The trout; La truite; La trota)
참고정보원(5.8)	Čurlionis, M.K. Kvartetas c-moll, ©2004:label (Foreliųkvintetas = Forellenquintet /Franz Schubert)
참고정보원(5.8)	Schubert, F. Grand quintuor : pour le piano-forte, violon, alto, violoncelle, & contrebass, … v. 114 ('he trout', 1997.
참고정보원(5.8)	Grove music online, viewed June 10, 2008('rout' Quintet (1819); in list of Schubert' chamber works: D 667, Piano Quintet, A, 'ie Forelle' pf, vn, va, vc, db, composed ?aut. 1819, published 1829, op.114)
참고정보원(5.8)	Wikipedia, viewed June 10, 2008 (The Trout Quintet is the popular name for the Piano Quintet in A major by Franz Schubert. In Otto Erich Deutsch' catalogue of Schubert' works, it is D. 667. The work was composed in 1819; it was not published until 1829, a year after his death; written for piano, violin, viola, cello, and double bass; known as the Trout because the fourth movement is a set of variations on Schubert' earlier Lied 'ie Forelle' (The Trout))

〈그림 4-21〉 저작: 슈베르트의 피아노 5중주곡

〈그림 4-21〉는 슈베르트의 피아노 5중주곡인 *op. 114, D. 667, "The Trout"* 즉, '송어'의 전거레코드 예시이다. 음악저작의 경우 RDA 제6장에서 저작과 표현형의 식별을 위해 음악저작의 표제, 연주매체, 음악저작의 숫자표시, 장조, 음악저작의 표현형에 관한 기타 식별특성 등에 관한 요소들을 기술한다.

② 음악저작의 채택표제(6.14.2)는 RDA 6.2.1의 표제기록에 관한 일반지침을 사용하여 기록하되 연주매체표시, 장조, 연속간행물·작품번호·주제별작품번호, 번호(표제의 중요부분이 아닌 경우), 작곡일자, 저작의 원표제부분이 아닌 형용사와 형용사어구 등은 선정된 표제에서 생략한다(6.14.2.4).

③ 음악저작의 이형표제(6.14.3)에는 상이하게 표현되는 언어형식이나 문자, 철자, 번자 등이 있다(6.14.3.4).

④ 저작의 형식(6.3)과 ⑤ 연주매체(6.15)는 동일한 표제를 가진 다른 음악저작을 구별할 경우 필요한 요소이며, 연주매체는 RDA 6.15.1.4-6.15.1.13의 지침을 적용하여 상세하게 기록한다.

또한, ⑥ 음악저작의 숫자표시(6.16)는 작곡가나 발행처, 음악학자가 음악작품에 부여한 연속적인 번호나 작품번호, 주제별 작품목록으로 위의 예시에서는 송어의 작품번호인 'D.667'과 'op. 114'로 기술하고 있으며 ⑦ 장조(6.17)에 'A major'로 기술함으로써 음악작품의 음조를 나타낸다.

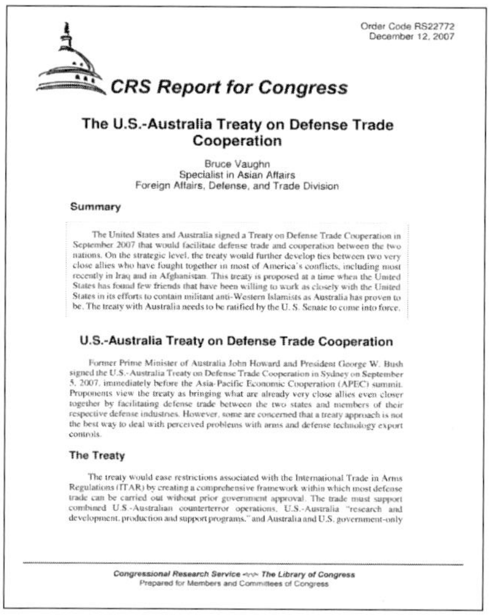

Order Code RS22772
December 12, 2007

CRS Report for Congress

The U.S.-Australia Treaty on Defense Trade Cooperation

Bruce Vaughn
Specialist in Asian Affairs
Foreign Affairs, Defense, and Trade Division

Summary

The United States and Australia signed a Treaty on Defense Trade Cooperation in September 2007 that would facilitate defense trade and cooperation between the two nations. On the strategic level, the treaty would further develop ties between two very close allies who have fought together in most of America's conflicts, including most recently in Iraq and in Afghanistan. This treaty is proposed at a time when the United States has found few friends that have been willing to work as closely with the United States in its efforts to contain militant anti-Western Islamists as Australia has proven to be. The treaty with Australia needs to be ratified by the U. S. Senate to come into force.

U.S.-Australia Treaty on Defense Trade Cooperation

Former Prime Minister of Australia John Howard and President George W. Bush signed the U.S.-Australia Treaty on Defense Trade Cooperation in Sydney on September 5, 2007, immediately before the Asia-Pacific Economic Cooperation (APEC) summit. Proponents view the treaty as bringing what are already very close allies even closer together by facilitating defense trade between the two states and members of their respective defense industries. However, some are concerned that a treaty approach is not the best way to deal with perceived problems with arms and defense technology export controls.

The Treaty

The treaty would ease restrictions associated with the International Trade in Arms Regulations (ITAR) by creating a comprehensive framework within which most defense trade can be carried out without prior government approval. The trade must support combined U.S.-Australian counterterror operations, U.S.-Australia "research and development, production and support programs," and Australia and U.S. government-only

Congressional Research Service ~~ The Library of Congress
Prepared for Members and Committees of Congress

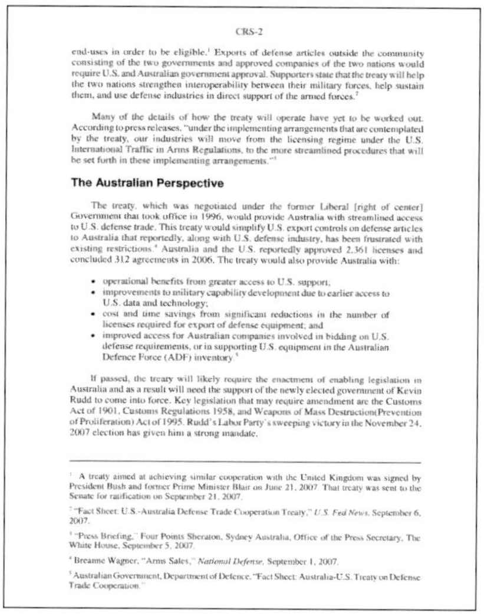

CRS-2

end-uses in order to be eligible.[1] Exports of defense articles outside the community consisting of the two governments and approved companies of the two nations would require U.S. and Australian government approval. Supporters state that the treaty will help the two nations strengthen interoperability between their military forces, help sustain them, and use defense industries in direct support of the armed forces.[2]

Many of the details of how the treaty will operate have yet to be worked out. According to press releases, "under the implementing arrangements that are contemplated by the treaty, our industries will move from the licensing regime under the U.S. International Traffic in Arms Regulations, to the more streamlined procedures that will be set forth in these implementing arrangements."[3]

The Australian Perspective

The treaty, which was negotiated under the former Liberal [right of center] Government that took office in 1996, would provide Australia with streamlined access to U.S. defense trade. This treaty would simplify U.S. export controls on defense articles to Australia that reportedly, along with U.S. defense industry, has been frustrated with existing restrictions.[4] Australia and the U.S. reportedly approved 2,361 licenses and concluded 312 agreements in 2006. The treaty would also provide Australia with:

- operational benefits from greater access to U.S. support;
- improvements to military capability development due to earlier access to U.S. data and technology;
- cost and time savings from significant reductions in the number of licenses required for export of defense equipment; and
- improved access for Australian companies involved in bidding on U.S. defense requirements, or in supporting U.S. equipment in the Australian Defence Force (ADF) inventory.[5]

If passed, the treaty will likely require the enactment of enabling legislation in Australia and as a result will need the support of the newly elected government of Kevin Rudd to come into force. Key legislation that may require amendment are the Customs Act of 1901, Customs Regulations 1958, and Weapons of Mass Destruction(Prevention of Proliferation) Act of 1995. Rudd's Labor Party's sweeping victory in the November 24, 2007 election has given him a strong mandate.

[1] A treaty aimed at achieving similar cooperation with the United Kingdom was signed by President Bush and former Prime Minister Blair on June 21, 2007. That treaty was sent to the Senate for ratification on September 21, 2007.

[2] "Fact Sheet: U.S.-Australia Defense Trade Cooperation Treaty," *U.S. Fed News*, September 6, 2007.

[3] "Press Briefing," Four Points Sheraton, Sydney Australia, Office of the Press Secretary, The White House, September 5, 2007.

[4] Breanne Wagner, "Arms Sales," *National Defense*, September 1, 2007.

[5] Australian Government, Department of Defence, "Fact Sheet: Australia-U.S. Treaty on Defense Trade Cooperation."

[MARC 21, RDA, ISBD 구두점 적용]

008/33 a

010 $ano2007157983

110 1 $aAustralia.$tTreaties, etc. $gUnited States,$d2007 September 5

410 1 $aUnited States.$tTreaties, etc. $gAustralia,$d2007 September 5

430 0 $aTreaty between the Government of Australia and the Government of the United States of America concerning Defense Trade Cooperation$d(2007)

430 0 $aTreaty between the Government of the United States of America and the Government of Australia concerning Defense Trade Cooperation$d(2007)

430 0 $aU.S.-Australia Defense Trade Cooperation Treaty$d(2007)

430 0 $aTreaty on Defense Trade Cooperation$d(2007)

430 0 $aAustralia-United States Treaty on Defense Trade Cooperation$d(2007)

430 0 $aAustralia-United States Treaty on Defence Trade Cooperation$d(2007)

430 0 $aAustralia US Treaty on Defense Trade Cooperation$d(2007)

430 0 $aAustralia-United States of America (US) Treaty on Defense Trade Cooperation$d(2007)

670 $aTreaty between the Government of Australia and the Government of the United States of America concerning Defense Trade Cooperation, 2007:$btitle page (Sydney, 5 September2007) $uhttp://www.defence.gov.au/publications/defencetradecooperation_treaty.pdf

670 $aTreaty with Australia concerning defense trade cooperation, 2007:$btitle page (Treaty between the Government of the United States of America and the Government of Australia Concerning Defense Trade Cooperation, done at Sydney, September 5, 2007)

670 $aU.S. Department of State website, June 12, 2008:$bBureau of Political-Military Affairs fact sheets (U.S.-Australia Defense Trade Cooperation Treaty; on September 5, 2007, President George W. Bush and Australian Prime Minister John Howard signed a Treaty on Defense Trade Cooperation) $uhttp://www.state.gov/t/pm/rls/fs/91763.htm

670 $aAustralian Department of Defence, US Defence Export Controls website, June 12, 2008 $b(Australia-United States Treaty on Defense Trade Cooperation; Australia-United States Treaty on Defence Trade Cooperation) fact sheet (Australia US Treaty on Defense Trade Cooperation; Australia-United States of America (US) Treaty on Defense Trade Cooperation) $uhttp://www.defence.gov.au/strategy/deco/usec/treaty.htm

678 $aThe treaty was signed by the then Prime Minister, John Howard, and the President of the United States, George W. Bush, in Sydney, Australia on 5 September 2007. The purpose of the treaty is to create a comprehensive framework for the two-way trade in defence articles, including equipment, spare parts, services, and related technical data within an approved community of government facilities and private companies in Australia and the U.S., without the need for licences. Additional information is available at $uhttp://www.defence.gov.au/strategy/deco/usec/treaty.htm

RDA 요소(조항)	RDA에 의한 레코드 작성 예
① 창작자(19.2)	Australia
창작자(19.2)	United States
② 법률저작의 채택표제(6.19.2)	Treaties, etc.
③ 법률저작의 이형표제(6.19.3)	Treaty between the Government of Australia and the Government of the United States of America concerning Defense Trade Cooperation
법률저작의 이형표제(6.19.3)	U.S.-Australia Defense Trade Cooperation Treaty
법률저작의 이형표제(6.19.3)	Treaty on Defense Trade Cooperation
법률저작의 이형표제(6.19.3)	Australia-United States Treaty on Defense Trade Cooperation
법률저작의 이형표제(6.19.3)	Australia-United States Treaty on Defence Trade Cooperation
법률저작의 이형표제(6.19.3)	Australia US Treaty on Defense Trade Cooperation
법률저작의 이형표제(6.19.3)	Australia-United States of America (US) Treaty on Defense Trade Cooperation
④ 조약의 조인일자(6.20.3)	2007 September 5
⑤ 조약 조인국(6.22)	Australia
조약 조인국(6.22)	United States
⑦ 저작의 내력(6.7)	The treaty was signed by the then Prime Minister, John Howard, and the President of the United States, George W. Bush, in Sydney, Australia on 5 September 2007. The purpose of the treaty is to create a comprehensive framework for the two-way trade in defence articles, including equipment, spare parts, services, and related technical data within an approved community of government facilities and private companies in Australia and the U.S., without the need for licences. Additional information is available at http://www.defence.gov.au/strategy/deco/usec/treaty.htm
⑧ 저작의 식별기호(6.8)	Library of Congress control number: no2007157983

⑨ 식별상태(5.7)	fully established
⑩ 참고정보원(5.8)	Treaty between the Government of Australia and the Government of the United States of America concerning Defense Trade Cooperation, 2007: title page (Sydney, 5 September 2007) http://www.defence.gov.au/publications/defencetradecooperation_treaty.pdf
참고정보원(5.8)	Treaty with Australia concerning defense trade cooperation, 2007: title page (Treaty between the Government of the United States of America and the Government of Australia Concerning Defense Trade Cooperation, done at Sydney, September 5, 2007)
참고정보원(5.8)	U.S. Department of State website, June 12, 2008: Bureau of Political-Military Affairs factnsheets (U.S.-Australia Defense Trade Cooperation Treaty; on September 5, 2007, President George W. Bush and Australian Prime Minister John Howard signed a Treaty on Defense Trade Cooperation) http://www.state.gov/t/pm/rls/fs/91763.htm
참고정보원(5.8)	Australian Department of Defence, US Defence Export Controls website, June 12, 2008 (Australia-United States Treaty on Defense Trade Cooperation; Australia-United States Treaty on Defence Trade Cooperation) fact sheet (Australia US Treaty on Defense Trade Cooperation; Australia-United States of America (US) Treaty on Defense Trade Cooperation) http://www.defence.gov.au/strategy/deco/usec/treaty.htm

〈그림 4-22〉 저작: 국가간 조약

〈그림 4-22〉는 미국과 호주 간의 방위 무역 협력 조약인 *U.S.-Australia Defense Trade Cooperation Treaty*의 전거레코드 예시이다.

① 창작자(19.2)는 조약대상국인 'Australia'와 'United States'를 각각 기술한다.

② 법률저작의 채택표제(6.19.2)는 조약 등의 경우, 'Treaties, etc.'로 나타내고, 상이하게 표현되는 언어형식이나 문자, 철자, 번자 등은 ③ 이형표제로 기술한다. 이때 법률저작의 채택표제 선정에 있어 법령 등의 경우에는 RDA 6.19.2.5-6.19.2.6, 조약 등의 경우에는 RDA 6.19.2.7-6.19.2.8에 제시된 지침을 적용한다.

저작이 조약인 경우, 조약의 조인일자(6.20.3)나 ⑤ 조약 조인국(6.22)이 대표적인 식별요소라 할 수 있는데 ④ 조약의 조인일자(6.20.3)는 조약이나 협정에 공식적으로 서명한 일자를 기록하며, ⑤ 조약 조인국(6.22)은 공식적으로 조약에 서명한 정부나 기관을 순서대로 기술한다.

[MARC 21, RDA, ISBD 구두점 적용]

008/33 a
010 $an97826312
130 0 $aNutcracker (Choreographic work)
430 0 $aNutcracker ballet (Choreographic work)
430 0 $aCasse noisette (Choreographic work)
430 0 $aNussknacker (Choreographic work)
430 0 $aPrincis riekstkodis (Choreographic work)
430 0 $aSchiaccia-noci (Choreographic work)
430 0 $aShchelkunchik (Choreographic work)
430 0 $aЩелкунчик(Choreographic work)
670 $aAnderson, Jack. The nutcracker ballet, ©1979.
670 $aNew York Public Library. Dance Collection. Dictionary catalog of the Dance Collection, 1974$b(The |Nutcracker; cross-references to The Nutcracker from Casse noisette, Nussknacker, Princis riekstkodis, Schiaccia-noci, and Shchelkunchik)
670 $aThe Oxford dictionary of dance, 2000$b(Nutcracker, The; ballet in two acts with choreography by Ivanov, libretto by Petipa, music by Tchaikovsky, and designs by M.I. Botcharov, K. Ivanov, and I. Vsevolojsky; premiered 18 Dec. 1892 at Maryinsky Theatre in St Petersburg; most performed ballet in the world; based on a story by E.T.A. Hoffmann, Der Nussknacker und der Mäseköig; little of the Ivanov choreography has survived and the ballet has been open to much reinterpretation by modern choreographers; virtually every large-scale ballet company in the world has its own version)
670 $aInternational encyclopedia of dance, 1998$b(Nutcracker, The; two-act ballet based on a fairy tale by E.T.A. Hoffmann; Russian title: Shchelkunchik; the perceived flaws of the first production induced later choreographers to seek new interpretations; there have been many restagings of The Nutcracker in the West)
670 $aДоброволЬская, Галина Николаевна. "Щелкунчик", 1996.

RDA 요소(조항)	RDA에 의한 레코드 작성 예
① 저작의 채택표제(6.2.2)	Nutcracker
② 저작의 이형표제(6.2.3)	Nutcracker ballet
저작의 이형표제(6.2.3)	Casse noisette
저작의 이형표제(6.2.3)	Nussknacker
저작의 이형표제(6.2.3)	Princis riekstkodis
저작의 이형표제(6.2.3)	Schiaccia-noci
저작의 이형표제(6.2.3)	Shchelkunchik
저작의 이형표제(6.2.3)	Щелкунчик
③ 저작의 형식(6.3)	Choreographic work
④ 저작의 식별기호(6.8)	Library of Congress control number: n97826312
⑤ 식별상태(5.7)	fully established
⑥ 참고정보원(5.8)	Anderson, Jack. The nutcracker ballet, ©1979
참고정보원(5.8)	New York Public Library. Dance Collection. Dictionary catalog of the Dance Collection, 1974 (The nutcracker; cross-references to The nutcracker from Casse noisette, Nussknacker, Princis riekstkodis, Schiaccianoci, and Shchelkunchik)
참고정보원(5.8)	The Oxford dictionary of dance, 2000 (Nutcracker, The; ballet in two acts with choreography by Ivanov, libretto by Petipa, music by Tchaikovsky, and designs by M.I. Botcharov, K. Ivanov, and I. Vsevolojsky; premiered 18 Dec. 1892 at Maryinsky Theatre in St Petersburg; most performed ballet in the world; based on a story by E.T.A. Hoffmann, Der Nussknacker und der Mäseköig; little of the Ivanov choreography has survived and the ballet has been open to much reinterpretation by modern choreographers; virtually every large-scale ballet company in the world has its own version)
참고정보원(5.8)	International encyclopedia of dance, 1998 (Nutcracker, The; two-act ballet based on a fairy tale by E.T.A. Hoffmann; Russian title: Shchelkunchik; the perceived flaws of the first production induced later choreographers to seek new interpretations; there have been many restagings of The Nutcracker in the West)
참고정보원(5.8)	ДоброволЬская, Галина Николаевна. "Щелкунчик", 1996.

〈그림 4-23〉 지작: 발레 공연작

〈그림 4-23〉은 발레 공연작인 '호두까기 인형'에 대한 전거레코드로, 이 작품은 호프만의 동화를 기초로 하여 Tchaikovsky의 음악에 Ivanov의 안무와 Petipa의 대본을 종합하여 1892년 러시아 상트페테르부르크에서 초연되었으며 지금까지 현대의 여러 안무가들에 의해 재해석되어온 작품이다.

하지만 위 사례는 특정인이 구성한 안무(표현형)나 특정 발레단의 공연을 수록한 영상 자료(구현형)가 아닌 독창적인 예술적 창작물로서 안무 작품 자체가 기술의 대상이 되고 있다. 따라서 표제(채택표제와 이형표제), 저작형식, 식별자, 참고정보원 등의 기본적인 기술요소만 포함되고 있고 창작자(19.2)나 저작의 일자(6.4) 등은 포함되어 있지 않다.

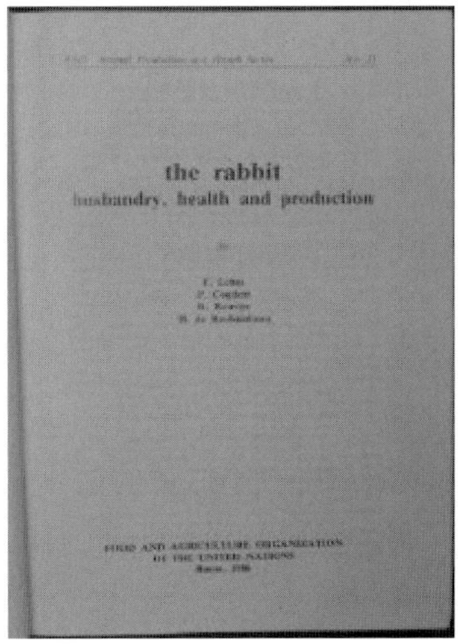

[MARC 21, RDA, ISBD 구두점 적용]

008/33 a
010 $an83742776
130 0 $aFAO animal production and health series
410 2 $aFood and Agriculture Organization of the United Nations.$tFAO animal production and health series
430 0 $a粮农组织 家畜O生产和卫生丛书
430 0 $aLiang nong zu zhi jia xu sheng chan he wei sheng cong shu
430 0 $aLoạ sáh vềchă nuô thúy củ FAO
667 $aNot the same as FAO animal production and health paper
670 $aFenn, M.G. Marketing livestock and meat, 1977:$btitle page (FAO animal production and health series)
670 $aAnimal health yearbook. Chinese. 家畜E卫生年鉴, 1986:$btitle page (粮农组织 家畜Q生产和卫生丛书 = Liang nong zu zhi jia xu sheng chan he wei sheng cong shu) page 4 of cover (FAO animal production and health series)
670 $aGöBo. Thứ ă gia sú nhiệ đ ở, 1993:$btitle page (Loạ sáh vềchă nuô thúy củ FAO) page 5 (FAO animal production and health series)

RDA 요소(조항)	RDA에 의한 레코드 작성 예
① 저작의 채택표제(6.2.2)	FAO animal production and health series
② 저작의 이형표제(6.2.3)	粮农组织 家畜生产和卫生丛书
저작의 이형표제(6.2.3)	Liang nong zu zhi jia xu sheng chan he wei sheng cong shu
저작의 이형표제(6.2.3)	Loạ sáh vềchă nuô thúy củ FAO
③ 저작의 식별기호(6.8)	Library of Congress control number: n83742776
④ 저작과 관련 있는 기타 개인이나 가족, 단체(19.3)	Food and Agriculture Organization of the United Nations

⑤ 식별상태(5.7)	fully established
⑥ 참고정보원(5.8)	Fenn, M.G. Marketing livestock and meat,1977: title page (FAO animal production and health series)
참고정보원(5.8)	Animal health yearbook. Chinese. 家畜卫生年鉴, 1986: title page (粮农组织 家畜生产和卫生丛书 = Liang nong zu zhi jia xu sheng chan he wei sheng cong shu) page 4 of cover (FAO animal production and health series)
참고정보원(5.8)	GöBo. Thứ ă gia sú nhiệ đ ớ, 1993: title page (Loạ sáh vềchă nuô thúy củ FAO) page 5 (FAO animal production and health series)
⑦ 목록자주기(5.9)	Not the same as FAO animal production and healthpaper

〈그림 4-24〉 저작: 총서

〈그림 4-24〉는 중국에서 출판된 총서인 *FAO animal production and health series*의 전거레코드 예시이다.

① 저작의 채택표제(6.2.2)와 함께 ⑥ 참고정보원(5.8)에서 입수된 다양한 ② 저작의 이형표제(6.2.3)를 기술하고 있다.

레코드 작성 대상의 여러 속성(저자명과 표제 등을 포함한)을 결정하는데 활용된 출판물이나 인터넷 자료를 의미하는 '참고정보원'은 그 대상에 따라 적용항목이 달라진다. 즉, 개인·가족·단체 등의 전거레코드에서는 8.12로 기술되지만, 위의 사례에서와 같이 저작과 표현형에 대한 기술에서는 5.8로 기술된다. 데이터의 검증수준을 표시하는 식별상태도 8.10과 5.7로 구분하여 각각 기술된다.

⑦ 목록자주기(5.9)는 저작이나 표현형의 전거형 접근점 작성에 도움을 주는 해설로써 다음과 같이 주기를 작성한다.

a) 전거형 접근점을 작성하는 데 적용한 특정 사용법에 관한 주기

b) 채택표제의 선정, 접근점의 형식 등을 근거화 하는 주기

c) 접근점 사용의 한정에 관한 주기

d) 유사한 표제를 가진 다른 저작에 관한 주기

[MARC 21, RDA, ISBD 구두점 적용]

008/33 a
010 $an42016902
130 0 $aMonograph (Institute of Applied Social and Economic Research)
410 2 $aInstitute of Applied Social and Economic Research.$tMonograph
430 0 $aMonographs (Institute of Applied Social and Economic Research)
430 0 $aMonograph series (Institute of Applied Social and Economic Research)
430 0 $aIASER monograph
530 0 $wa $aNew Guinea research bulletin
530 0 $wb $aMonograph (National Research Institute (Papua New Guinea))
670 $aThe demography of Papua New Guinea, ©1979:$btitle page(Monograph; Institute of Applied Social and Economic Research) page 160 (Monographs)
670 $aClunies Ross, Anthony. Migrants from fifty villages, ©1984:$btitle page (Monograph; Institute of Applied Social and Economic Research) page iii (Monograph series / Papua New Guinea Institute of Applied Social and Economic Research)
670 $aCrittenden, Robert. Integrated rural development programmes in Papua New Guinea, 1989:$btitle page (Monograph) title page verso (IASER monograph)
670 $aFour papers on the Papua New Guinea cattle industry, 1975: title page(New Guinea research bulletin) page v ('Monograph' will be published henceforth, replacing New Guinea research bulletin);$aThe law, politics, and administration of decentralisation in Papua New Guinea, 1992: title page (Monograph; NRI, the National Research Institute)

RDA 요소(조항)	RDA에 의한 레코드 작성 예
① 저작의 채택표제(6.2.2.)	Monograph
② 저작의 이형표제(6.2.3)	Monographs
저작의 이형표제(6.2.3)	Monograph series
저작의 이형표제(6.2.3)	IASER monograph
③ 저작의 기타 식별특성(6.6)	Institute of Applied Social and Economic Research
④ 저작의 식별기호(6.8)	Library of Congress control number: n42016902
⑤ 저작과 관련 있는 기타 개인이나 가족, 단체(19.3)	Institute of Applied Social and Economic Research
⑥ 관련 저작(25.1)	New Guinea research bulletin
⑦ 관계 표시어(24.5)	continues (work)
⑧ 관련 저작(25.1)	Monograph (National Research Institute (Papua New Guinea))
⑨ 관계 표시어(24.5)	continued by (work)
⑩ 식별상태(5.7)	fully established
⑪ 참고정보원(5.8)	The demography of Papua New Guinea, ©1979: title page (Monograph; Institute of Applied Social and Economic Research) page 160 (Monographs)
참고정보원(5.8)	Clunies Ross, Anthony. Migrants from fifty villages, ©1984: title page (Monograph; Institute of Applied Social and Economic Research) page iii (Monograph series / Papua New Guinea Institute of Applied Social and Economic Research)
참고정보원(5.8)	Crittenden, Robert. Integrated rural Guinea, 1989: title page (Monograph) title page verso (IASER monograph)
참고정보원(24.7)	Four papers on the Papua New Guinea cattle industry, 1975: title page (New Guinea research bulletin) page v ('Monograph' will be published henceforth, replacing New Guinea research bulletin)
참고정보원(24.7)	The law, politics, and administration of decentralisation in Papua New Guinea, 1992: title page (Monograph; NRI, the National Research Institute)

〈그림 4-25〉 저작: 학술저널

〈그림 4-25〉은 오스트레일리아의 Institute of Applied Social and Economic Research에서 발행했던 학술저널 *Monograph*에 대한 전거레코드 예시이다. 하지만 앞서 〈그림 4-7〉의 구현형으로서 특정한 인쇄잡지에 대한 서지레코드 기술과는 달리, 이 레코드는 해당 잡지의 표제(채택표제와 이형표제), 발행기관, 선행 및 후속저록 등과 이들에 대한 참조정보만을 기술하고 있다.

특히 해당 잡지는 New Guinea research bulletin → Monograph → Monograph (National Research Institute (Papua New Guinea)) 등의 승계 과정상의 중간 단계에 해당된다. 따라서 선행저록과 후속저록과의 연관성을 표시해주어야 하며, 그 특성을 25.1(관련저작)과 24.5(관계 표시어)를 이용하여 기술해주고 있다.

⑥ 관련 저작(25.1) : New Guinea research bulletin

⑦ 관계 표시어(24.5) : continues (work)

⑧ 관련 저작(25.1) : Monograph (National Research Institute (Papua NewGuinea))

⑨ 관계 표시어(24.5) : continued by (work)

한편 ⑤에 기술된 저작의 기타 식별특성(6.6)은 하나의 저작과 동일한 표제나 동일한 이름(개인 · 가족 · 단체)을 가진 상이한 저작을 구별하기 위한 특성으로, 기존에 기술항목으로 설정된 저작형식, 저작일, 저작의 원생산지 이외의 특성을 의미한다.

저작의 기타 특성(6.6)	해당 저작
Geological Survey(South Africa)	"Bulletin"이란 표제를 사용하는 서로 다른 저작
New York State Museum	
New Zealand. Ministtry of Education. Research and Statistics Division	
Anglo-Saxon poem	"Genesis"란 표제를 사용하는 서로 다른 저작
Middle High Gernab poem	
Old Saxon poem	
Galleria sabauda(Turin, Italy)	Jan van Eyck(얀 반 아이크)의 미술작품 "Saint Francis receiving the stigmata"의 서로 다른 소장자
Philadelphia Museum of Art	
Douglas	"Harlow"라는 제목의 영화(1965년)를 제작한 서로 다른 감독자(surname을 특성으로 기술)
Segal	
Canadian Broadcasting Corporation	"Othello"라는 표제를 가진 1963년 television program
WOR-TV (Television station: New York, N.Y.)	
Unnumbered	"Carribbean writers series"라는 표제를 갖는 저작(총서)의 기타 특성

4.3.5 표현형

[MARC 21, RDA, ISBD 구두점 적용]

```
008/33      a
010     $ano2008086112
100 1   $aDickens, Charles,$d1812-870.$tPickwick papers. $lPolish
400 1   $aDickens, Charles,$d1812-870.$tKlub Pickwicka
670     $aKlub Pickwicka, 1995.
```

RDA 요소(조항)	RDA에 의한 레코드 작성 예
① 창작자(19.2)	Dickens, Charles, 1812-1870
② 저작의 채택표제(6.2.2)	Pickwick papers
③ 저작의 이형표제(6.2.3)	Klub Pickwicka
④ 내용유형(6.9)	text
⑤ 표현형의 언어(6.11)	Polish
⑥ 표현형의 식별기호(6.13)	Library of Congress control number: no2008086112
⑦ 식별상태(5.7)	fully established
⑧ 참고정보원(5.8)	Klub Pickwicka, 1995.

〈그림 4-26〉 표현형: Charles Dickens의 소설(폴란드어)

〈그림 4-26〉은 Charles Dickens의 *Pickwick papers*의 표현형에 대한 전거레코드 예시이다. 앞서 살펴본 〈그림 4-20〉의 저작으로서의 속성을 기술한 저작의 형식(6.3), 저작의 일자(6.4), 저작의 내력(6.7) 등의 요소 기술과는 달리, 위의 예시에서는 동일저작에서 다른 표현형을 구분할 때 ⑤ 표현형의 언어(6.11)를 기술함으로써 식별이 가능하도록 한다.

[MARC 21, RDA, ISBD 구두점 적용]

008/33 a
010 $an97831700
130 0 $aNutcracker (Choreographic work : Baryshnikov)
670 $aThe nutcracker, 2004:$bcredits (an American Ballet Theatre and Mikhail Baryshnikov production; choreographer, Mikhail Baryshnikov)
670 $aInternational encyclopedia of dance, 1998$b(under Nutcracker, The: Mikhail Baryshnikov restaged the ballet in 1976 for American Ballet Theatre. Except for Vainonen's 'Waltz of the Snowflakes, 'the choreography was entirely Baryshnikov's)

RDA 요소(조항)	RDA에 의한 레코드 작성 예
① 저작의 채택표제(6.2.2.)	Nutcracker
② 저작의 형식(6.3)	Choreographic work
③ 표현형의 일자(6.10)	1976
④ 표현형의 기타 식별특성(6.12)	Baryshnikov
⑤ 표현형의 식별기호(6.13)	Library of Congress control number: n97831700
⑥ 식별상태(5.7)	fully established
⑦ 참고정보원(5.8)	The nutcracker, 2004: credits (an American Ballet Theatre and Mikhail Baryshnikov production; choreographer, Mikhail Baryshnikov)
참고정보원(5.8)	International encyclopedia of dance, 1998 (under Nutcracker, The: Mikhail Baryshnikov restaged the ballet in 1976 for American Ballet Theatre. Except for Vainonen's 'Waltz of the Snowflakes,' the choreography was entirely Baryshnikov's)

〈그림 4-27〉 표현형: 발레 공연작(Baryshnikov의 안무)

〈그림 4-27〉은 소련 연방 출신의 미국인 발레 무용수인 Mikhail Baryshnikov(미하일 바리시니코프)가 안무를 맡아 1976년 미국발레단(American Ballet Theatre)과 함께 공연한 "호두까기 인형"에 대한 전거레코드이다.

위 사례는 앞서 살펴보았던 〈그림 4-23〉의 발레 작품(저작)인 "호두까기 인형"에 대한 미하일 바리시니코프만의 구체적인 안무 버전으로서, ③ 표현형의 일자(6.10)와 ④ 표현형의 기타 식별특성(6.12)을 통해 표현형에 대한 특성을 기술해주고 있다.

"호두까기 인형"은 세계적 규모의 발레단은 그들만의 안무를 가지고 있다고 말할 수 있을 만큼 상당한 수의 안무가 발표되었다. 따라서 위의 미하일 바리시니코프의 안무뿐만 아니라 개별 안무 작품에 대하여 표현형 수준의 전거레코드의 작성이 가능하다.

참고문헌

강숙희. "FRBR의 기초수준 국가서지레코드 기본요건 도입에 관한 연구" 인천전문대학논문집, 제43집(2005), pp.317-337.

국립중앙도서관 도서관연구소 자료조직연구그룹. "영미권의 차세대 목록규칙: 자원의 기술과 접근(RDA)," 도서관연구소 웹진, 제40권(2009. 7. 31) – 제48권(2009. 12. 30).

국립중앙도서관. "한국문헌자동화목록형식(KORMARC)-통합서지용 개정(안) 소개 및 의견수렴," 전국도서관대회 워크숍, 제49회(2012. 10).

김소형. 영화정보를 위한 FRBR 모형 메타데이터 시스템 구현에 관한 연구. 박사학위논문, 성균관대학교 대학원 문헌정보학과, 2006.

김정현. "FRBR에 의한 국제표준번호들의 저작개념분석," 한국도서관정보학회지, 제35권, 제1호(2004), pp.215-235.

김정현. "서지적 관계를 기반으로 한 한국어 도서의 저작유형 분석," 한국도서관정보학회지, 제38권, 제3호(2007), pp.183-200.

김정현. "한국어 서지레코드에 있어 FRBR 모형의 유용성에 관한 연구." 한국문헌정보학회지, 제41권, 제4호(2007), pp.295-314.

김태수. 목록의 이해, 개정증보판. 서울 : 한국도서관협회, 2008.

김현희, 유영준, 박서은. "FRBR 모형의 KORMARC 데이터베이스로의 적용 가능성에 대한 실험적 연구 : 음악자료를 중심으로," 한국도서관정보학회지, 제38권, 제2호(2007), pp.185-202.

남태우, 김창하. 목록법이론. 대구 : 태일사, 2007.

노지현. 도서관목록의 유용성에 관한 연구 : 정보생태계의 변화와 관련하여. 박사학위논문, 부산대학교 대학원 문헌정보학과, 2003.

노지현. "한국의 도서관 환경에서 FRBR 모델의 의미," 한국도서관정보학회지, 제38권, 제2호(2007), pp.223-244.

노지현. "KORMARC 레코드에 대한 FRBR 모델의 적용 실험: 국립중앙도서관 서지레코드를 사례로 하여," 한국도서관정보학회지, 제39권, 제2호(2008), pp.291-312.

도태현. "RDA의 저작과 표현형의 접근점 규정에 관한 연구," 한국도서관정보학회지, 제43권, 제3호(2012), pp.27-48.

서은경. "FRBR 모형에 기반한 서지정보 인터페이스 개발에 관한 연구," 정보관리학회지, 제23권, 제4호(2006), pp.317-339.

오지영. 목록기능의 확장성에 관한 연구. 석사학위논문, 중앙대학교 대학원 문헌정보학과, 2005.

박지영, 김태수. "서지관계 유형의 확장 : RDA," 지식처리연구, 제8권, 제1/2호(2007), pp.1-16.

박진희. "RDA의 제정동향 및 내용구조에 관한 연구," 한국도서관정보학회지, 제40권, 제1호(2009), pp.317-338.

박진희. "RDA와 KCR4의 기술규칙 분석에 관한 연구," 한국도서관정보학회지, 제40권, 제2호(2009), pp.111-138.

송선경. 고서의 FRBR 모형 기반 서지레코드 요소에 관한 연구. 석사학위논문, 전남대학교 대학원 문헌정보학과, 2010.

안영희, 이성숙. "IFLA FRAD 모형이 관련 표준에 미친 영향 연구," 情報管理學會誌, 제26권, 제1호(2009), pp.279-303.

이경호. "RDA에 나타난 이용자 과업(User Task)에 대한 연구," 한국도서관정보학회지, 제43권, 제1호(2012), pp.99-122.

이경호, 김정현. 자료목록법, 제5판. 대구 : 인쇄마당, 2012.

이미화. "국제목록원칙 2009 제정에 따른 한국목록규칙의 방향성에 관한 연구," 한국문헌정보학회지, 제46권, 제2호(2012), pp.261-280.

이미화. "AACR2에서 RDA로 목록규칙 변화에 따른 KCR4의 고려사항에 관한 연구," 정보관리학회지, 제28권, 제1호(2011), pp.23-42.

이미화. "MARC 데이터의 RDA 저작 및 표현형 요소 분석을 통한 한국목록규칙 및 KORMARC의 고려사항," 한국도서관정보학회지, 제41권, 제2호(2010), pp.251-272.

이미화. "RDA 자원유형의 KCR4 적용에 관한 연구," 정보관리학회지, 제28, 제3호(2011), pp.103-121.

이석형. "FRAD 개념 모형 기반의 학술논문 전거데이터 구조에 관한 연구," 한국문헌정보학회지, 제45권, 제3호(2011), pp.235-257.

이성숙. FRBR 모형의 수용에 관한 연구. 박사학위논문, 연세대학교 대학원 문헌정보학과, 2004.

이성숙. "FRBR 모형의 적용전략에 관한 연구 : 해외사례를 중심으로," 한국문헌정보학회지, 제40권, 제3호(2006), pp.305-331.

이유정. "FRBR 실행을 위한 MARC 레코드 생성에 관한 연구," 한국도서관정보학회지, 제38권, 제1호(2007), pp.299-314.

이재선. "새로운 목록 원칙과 규칙 : ICP, ISBD, RDA를 중심으로," 한국비블리아학회 발표논집, 제21집(2009), pp.117-150.

이현주. 국악자료의 FRBR 모형 기반 서지정보시스템 구축 및 평가. 박사학위논문, 충남대학교 대학원 문헌정보학과, 2009.

저록작성원칙규범 : 국제목록원칙회의 채택, 1961. 10 파리, 해설판 / 해설과 예시: 에바 베로나 ; 번역: 김태수, 이재선. 서울 : 문헌정보처리연구회, 2005.

정옥경. "RDA 기술부에 대한 연구," 인천전문대학논문집, 제49집(2008), pp.363-383.

정옥경. "RDA의 접근점 제어데이터의 지침과 지시에 대한 연구," 인천전문대학논문집, 제51집(2009), pp.344-362.

정진규. 방송영상자료의 FRBR기반 서지구조모형에 관한 연구. 박사학위논문, 성균관대학교 대학원 문헌정보학과, 2007.

조재인. "RDA 구현 시나리오와 서지 제어의 장래에 대한 고찰," 한국문헌정보학회지, 제43권, 제3호(2009), pp.85-105.

조재인. "FRBR 알고리즘 분석 및 KORMARC 데이터베이스 적용방안," 한국문헌정보학회지, 제38권, 제3호(2004), pp.5-21.

조재인. "표현형 계층을 중심으로 한 FRBR 모형분석 및 목록 체계 수용에 관한 연구." 한국도서관정보학회지, 제36권, 제2호(2005), pp.221-239.

古川肇. "書誌レコードおよび典據レコードに關する規則の成立：RDAの完成," 資料組織化研究-e, No.59(2010. 12), pp.13-32.

古川肇. "刊行前後のRDA：RDAの適用への道程," 資料組織化研究-e, No.62 (2012. 4), pp.1-10.

古川肇. “RDAの評価,” 資料組織化研究-e, No.60(2011. 3), pp.1-9.

古川肇. “RDA最終草案の付録における關連表示,” 資料組織化研究-e, No.56(2008. 12), pp.23-25.

古川肇. “未來の書誌レコードおよび典據レコードに關する規則：RDA全体草案の完成,” 資料組織化研究-e, No.57(2009. 9), pp.20-35.

古川肇. “RDA全体草案とその前後,” カレントアウェアネス, No.299(2009. 3), pp.17-19.

谷口祥一, 緣川信之. 지식자원의 메타데이터, 최석두, 한상길 옮김. 서울 : 한울, 2011.

橋結秋子. “日本語書誌レコードにおけるFRBRモデルの有用性 : 著作パターンの分析.” 日本圖書館情報學會 三田圖書館情報學會 合同研究大會發表要綱, 2005, pp.153-156.

宮田洋輔. “目録規則改訂作業の構造：AACR2とRDAの開發過程の比較分析,”日本図書館情報學會春季研究集會發表要綱, 2009, pp.67-70.

鈴木啓子. “世界に向けての新しい目錄規則：RDA策定の動向--ある米國目錄司書からの報告,” 現代の図書館, 第46巻, 第3号(2008), pp.166-171.

渡邊隆弘. “新しい目錄規則(RDA)から得られるもの：機械可讀性の視点から,” 図書館界, 第63巻 第2号(2011), pp.114-121.

渡邊隆弘. “「國際目錄原則覺書」策定過程の諸論点：草案の変遷から,” 資料組織化研究-e, No.59(2010. 12), pp.1-12.

松井純子. “RDA改訂に見るFRBRの具体化：新時代の目錄規則を考える,” 図書館界, 第62巻, 第2号(2010), pp.182-192.

和中幹雄. “書誌コントロールの新たなフレームワークに向けた課題整理 : JAPAN/ MARC頒布開始から30年が経過して,” 図書館界, 第64巻, 第2号(2012), pp.122-132.

和中幹雄. “決定をRDA刊行後に持ち越した課題」から見るRDAの方向性 (1) 轉記の原則をめぐって,” 資料組織化研究-e, No.61(2011. 10), pp.10-30.

和中幹雄. “動向レビュー: 目錄に關わる原則と概念モデル策定の動向,” カレントアウェアネス, No.303(2010. 3), pp.23-27.

和中幹雄. “RDA：ウェブの世界に乗り出す目錄規則(解說),” カレントアウェアネス, No.311(2012. 3), pp.16-17.

和中幹雄. “國際目錄原則における「一般原則」について,” 資料組織化研究-e, No.58 (2010. 3), pp.1-15.

和中幹雄. "主題典據データの機能要件(FRSAD)の概要," 現代の図書館, 第48巻, 第4号(2010), pp.224-230.

ティレット, バーバラ B. "RDA：図書館をセマンティック・ウェブに適したものに," 大柴忠彦, 山崎幹子 譯, カレントアウェアネス, No.311(2012. 3), pp.17-23.

American Library Association. *Anglo-American Cataloging Rules*, 2nd ed. 2002 revision. Chicago : ALA, 2002.

Bennett, Rick, Brian F. Lavoie, and Edward T. O'Neill. "The Concept of a Work in WorldCat: An Application of FRBR." *Library Collections, Acquisitions and Technical Services*, Vol.27, No.1(2003), pp.45-59.

Bianchini, C. & M. Guerrini. "From Bibliographic Models to Cataloging Rules: Remarks on FRBR, ICP, ISBD, and RDA and the Relationships Between Them," *Cataloging & Classification Quarterly*, Vol.47, No.2(2009), pp.105-124.

Boeuf, Patrick Le. "FRBR and Further," *Cataloging & Classification Quarterly*, Vol.32, No.4(2001), pp.15-47.

Boeuf, Patrick Le. *Brave New FRBR World : Prepared for the 4th IFLA Meeting of Experts on an International Cataloguing Code(IME ICC 4), August 16-18, 2006, Seoul, South Korea* 〈http://www.nl.go.kr/icc/paper/ 2-1.pdf〉. (Boeuf, Patrick Le. 멋지고 새로운 FRBR의 세계, 이성숙 역 〈http://www.nl.go.kr/icc/down/070502_09_Kor.pdf〉) [cited 2012. 12. 10].

Cho, J. "A Study on the Application Method of the Functional Requirements for Bibliographic Records (FRBR) to the Online Public Access Catalog (OPAC) in Korean Libraries," *Library Collections, Acquisitions & Technical Services*, Vol.30 No.3/4(2006), pp.202-213.

Cutter, Charles Ammi. *Rules for Dictionary Catalog*, 4th ed. Washington, D.C. : Government Printing Office, 1904.

Danskin, Alan. *RDA : Resource Description and Access. A Prospectus*, 5JSC/RDA/Prospectus/Rev/7, 1 July 2009 〈http://www.rda-jsc.org/docs/5rda-prospectusrev7.pdf〉 [cited 2012. 12. 10].

Frodl, Christine. *Proposed Revision of Initial Articles*, 6JSC/Chair/3/rev, 16 December 2011 〈http://www.rda-jsc.org/docs/6JSC-Chair-3-rev.pdf〉 [cited 2012. 12.10].

Hart, Amy. *The RDA Primer : a Guide for the Occasional Cataloger*. Santa Barbara, Cal.

: Linworth, 2010.

Hickey, Thomas B. and Edward T. O'Neill. "FRBRizing OCLC's WorldCat," *Cataloging & Classification Quarterly*, Vol.39, No.3/4(2005), pp.239-251.

IFLA. *Statement of International Cataloguing Principles*, 2009 ⟨http://www.ifla.org.sg/VII/s13/icc/index.htm⟩ [cited 2012. 12. 10].

IFLA Study Group on the Functional Requirements for Bibliographic Records. *Functional Requirements for Bibliographic Records: Final Report*. München : Saur, 1998. (서지레코드의 기능상의 요건, 김태수 역. 서울 : 국립중앙도서관, 2003).

IFLA Working Group on Functional Requirements and Numbering of Authority Records(FRANAR). *Functional Requirements for Authority Data: a Conceptual Model: Final Report*. München : Saur, 2009. [IFLA 전거레코드의 기능 요건 및 번호 배정 실무진. 전거데이터의 기능 요건(FRAD): 개념모형. 김태수 역. 서울 : 국립중앙도서관, 2012].

ISBD Review Group. *ISBD : International Standard Bibliographic Description*, Consolidated edition. Berlin : De Gruyter Saur, 2011.

Joint Steering Committee for Development of RDA. *RDA : Resource Description & Access*. Chicago : American Library Association, 2010.

Kim, Jeong-Hyen and Ji-Hyun Moon. "Korean Books and FRBR: An Investigation," *Program: Electronic Library and Information Systems*, Vol.44, No.3(2010), pp.215-228.

Library of Congress. *Chapters 12-16, 23, 33-37 (Group 3 entities and 'subject')*, 6JSC/LC rep/3, 20 May 2011 ⟨http://www.rda-jsc.org/docs/ 6JSC-LC-rep-3.pdf⟩ [cited 2012. 12.10].

Library of Congress. *MARC 21 Format for Bibliographic Data: 1999 Edition Update No.1(October 2001) through Update No.15(September 2012)*. ⟨http://www.loc.gov/marc/bibliographic/ecbdhome.html⟩ [cited 2012. 12.10].

Library of Congress. *MARC 21 Format for Authority Data: 1999 Edition Update No.1(October 2001) through Update No.15(September 2012)*. ⟨http://www.loc.gov/marc/bibliographic/ecbdhome.html⟩ [cited 2012. 12.10].

Library of Congress. *MARC Code List for Relators* ⟨http://www.loc.gov/marc/relators/⟩ [cited 2012. 12. 10].

Library of Congress. *RDA in MARC, October 2012* ⟨http://www.loc.gov/marc/RDAinMARC-10-12.html⟩ [cited 2012. 12. 10].

Library of Congress. *Term and Code List for RDA Carrier Types* ⟨http://www.loc.gov/standards/valuelist/rdacarrier.html⟩ [cited 2012. 12. 10].

Library of Congress. *Term and Code List for RDA Content Types* ⟨http://www.loc.gov/standards/valuelist/rdacontent.html⟩ [cited 2012. 12. 10].

Library of Congress. *Term and Code List for RDA Media Types* ⟨http://www.loc.gov/standards/valuelist/rdamedia.html⟩ [cited 2012. 12. 10].

Oliver, Chris. *Introducing RDA : A Guide to the Basics*, ALA Edition. Chicago : American Library Association, 2010.

O'Neill, Edward T. "FRBR: Application of the Entity-relationship Model to Humphry Clinker," *Library Resources and Technical Services*, Vol.46, No.4(2002), pp.1-35.

Patton, Glenn E. "From FRBR to FRAD: Extending the Model," *World Library and Information Congress, 75th IFLA General Conference and Council, 23-27 August 2009, Milan, Italy* ⟨http://conference.ifla.org/past/ifla75/215-patton-en.pdf⟩ cited 2012. 12. 10].

Rodríguez, Elena Escolano & Dorothy McGarry. "Consolidated ISBD: a step forward," *WLIC: IFLA General Conference and Council(73rd : 2007 : Durban, South Africa)*, pp.1-18. ⟨www.ifla.org/IV/ifla73/papers/145-EscolanoRodriguez_McGarry-en.pdf⟩ [cited 2012. 12. 10].

Smiraglia, R. P. and G. H. Leazer, "Derivative Bibliographic Relationships; the Work Relationship in a Global Bibliographic Database," *Journal of the American Society for Information Science*, Vol.50(1999), pp.493-504.

Statement of Principles Adopted by The International Conference on Cataloguing Principles Paris, October 1961 ⟨http://www.nl.go.kr/icc/ paper/20.pdf⟩ [cited 2012. 12. 10].

Taniguchia, Shoichi. "Viewing RDA from FRBR and FRAD: Does RDA Represent a Different Conceptual Model?" *Cataloging & Classification Quarterly*, Vol.50, No.8(2012), pp.929-943.

Taylor, Arlene G. ed. *Understanding FRBR: What It Is and How It Will Affect Our Retrieval Tools*. Westport, Conn. : Libraries Unlimited, 2007. (Taylor, Arlene G. FRBR의 이

해. 오동근, 김정현, 여지숙, 배영활 공역. 대구 : 태일사, 2010).

Tillett, Barbara B. "Bibliographic Relationships," in *Relationships in the Organization of Knowledge*(edited by Carol A. Bean and Rebecca Green. Dordrecht : Kluwer Academic Pub., 2001), pp.19-35.

Tillett, Barbara B. "Keeping Libraries Relevant in the Semantic Web with RDA: Resource Description and Access," *Serials*, Vol.24, No.3(2011), pp.266-272.

Tillett, Barbara B. "FRBR and Cataloging for the Future." *Cataloging & Classification Quarterly*, Vol.39, No.3/4(2005), pp.197-205.

U.S. RDA Test Coordinating Committee. *Report and Recommendations of the U.S. RDA Test Coordinating Committee, 9 May 2011, revised for public release 20 June 2011.* 〈http://www.loc.gov/bibliographic-future/rda/source/rdatesting-finalreport-20june2011.pdf〉 [cited 2012. 12.10].

Welsh, Anne and Sue Batley. *Practical Cataloguing : AACR, RDA and MARC21.* London : Facet Publishing, 2012.

부록 1. 저록작성원칙규범[101]

국제목록원칙회의(파리, 1961년 10월)에서 채택된 것임

1. 저록작성원칙규범의 범위

여기에 제시한 저록작성원칙은 저자명을 표목으로 한 저록, 그리고 이 저자명 표목이 부적절하고 불충분한 경우에는 저작의 표제를 표목으로 한 저록을 통합하여, 이를 하나의 자모순으로 배열한 간본목록에서 단지 표목과 올림말(entry word)의 선정과 형식, 즉 저록의 순서를 결정하는 주된 요소에만 적용된다. 이 원칙은 특별히 대규모 종합도서관의 소장내역을 제시한 목록을 고려하여 입안된 것이지만 기타 도서관목록이나 다른 자모순 문헌목록에도 적용이 권장되고 있으며, 이 경우 이들 목록의 목적상 필요하다면 수정될 수도 있다.

2. 목록의 기능

목록은 다음을 확인하기 위한 효과적인 도구여야 한다.

2.1 특정 문헌의 소장 여부를 확인하는 것이다.

(a) 그 문헌의 저자와 표제로

(b) 저자가 해당 문헌에 기재되어 있지 않은 경우, 그 표제만으로

(c) 저자와 표제가 식별상 부적절하거나 불충분한 경우, 표제를 대체하는 적절한 대체 수단으로

2.2 (a) 특정 저자의 어떤 저작을 소장하고 있는가?

(b) 특정 저작의 어떤 판을 소장하고 있는가?

3. 목록의 구조

이러한 기능을 수행하기 위하여 목록은 다음과 같은 내용을 포함해야 한다.

101 저록작성원칙규범(Statement of Principles)의 전문은 아래의 번역을 인용한 것임. 저록작성원칙규범 : 국제목록원칙회의 채택, 1961. 10 파리, 해설판 / 해설과 예시: 에바 베로나 ; 번역: 김태수, 이재선(서울 : 문헌정보처리연구회, 2005), pp.1-11.

3.1 목록 대상인 각 문헌에 대해 최소한 하나의 저록을 포함해야 한다.

3.2 이용자의 관심을 고려하거나 해당 문헌의 성격상 필요한 경우에는 언제라도 특정 문헌과 관련하여 복수의 저록을 포함해야 한다. 예를 들면,

3.21 저자가 두 가지 이상의 이름이나 이름의 형식으로 알려져 있는 경우

3.22 저자명을 확인할 수 있으나 그 문헌의 표제면에 기재되어 있지 않은 경우

3.23 다수의 저자나 협력자들이 해당 문헌을 공동으로 저작한 경우

3.24 해당 문헌을 다수의 저자가 저작한 것으로 기재되어 있는 경우(실제와 달리)

3.25 해당 문헌이 여러 다른 표제로 알려진 저작을 포함하고 있는 경우

4. 저록의 종류

저록은 기본저록, 부출저록, 참조의 세 종류로 되어 있다.

4.1 각 문헌에 대해 하나의 저록, 즉 기본저록은 그 문헌을 식별하는데 필요한 모든 특성을 제시하는 완전한 저록이어야 한다. 기타 저록은 부출저록(기본저록에 기초하여 추가된 저록으로서, 표목을 달리하지만 기본저록에 포함된 정보를 반복한 저록)이거나 참조(이용자를 목록의 다른 위치로 안내하는)이다.

5. 복수저록의 사용

목록의 두 가지 기능(2.1과 2.2 참조)을 가장 효과적으로 수행하기 위하여 다음과 같은 저록이 필요하다.

5.1 해당 문헌에 기재된 저자명이나 표제에서 취한 표목아래 각 문헌에 대한 하나의 저록을 작성한다.

5.2 서로 다른 형식의 저자명이나 표제가 기재되어 있는 경우, 각 문헌에 대하여 하나의 특정한 형식의 저자명이나 하나의 특정한 표제로 구성된 통일표목아래 저록을 작성하고, 저자나 표제로 식별되지 않는 문헌에 대해서는 이 자료를 적절히 대체할 수 있는 통일표목을 작성한다.

5.3 적절한 부출저록 및 참조를 작성한다.

6. 저록의 유형별 기능

6.1 저자명아래 작성된 저작에 대한 기본 저록은 일반적으로 통일표목아래 작성되어야 한다. 표제아래 작성된 저작에 대한 기본저록은 그 문헌에 기재된 표제로 저록이

작성되고 여기에 통일표제아래 부출저록을 작성하거나, 아니면 통일표제로 저록이 작성되고 기타 표제아래 부출저록이나 참조를 작성한다. 널리 알려진 저작, 특히 관용표제로 알려진 저작에 대해 목록을 작성할 때에는 이 후자의 방식이 권장되고 있다(11.3 참조)[102].

6.2 동일 저자의 다른 이름이나 다른 형식의 이름을 표목으로 한 저록은 일반적으로 참조형식을 취해야 한다. 그러나 특수한 경우에는 부출저록을 사용할 수 있다.[103]

6.3 동일 저작의 다른 표제를 표목으로 한 저록은 일반적으로 부출저록의 형식을 취한다. 그러나 하나의 표목아래 다수의 부출저록을 하나의 참조로 대체할 수 있는 경우에는 참조를 사용할 수 있다[104].

6.4 공저자명, 협력자명 등의 이름을 표목으로 한 부출저록(혹은 적절한 경우에는 참조)도 작성해야 하고, 또 표제가 식별수단으로서 똑같이 중요한 경우에는 저자명아래 기본저록된 저작의 표제아래 부출저록을 작성해야 한다.

7. 통일표목의 선정

통일표목은 목록의 대상인 저작의 각 판이나 참고문헌에 기재된 이름(혹은 이름의 형식)이나 표제 중에서 가장 빈번하게 사용되는 것으로 전거형식이어야 한다.

7.1 각 판이 각기 다른 언어로 발간된 경우, 일반적으로 원어로 된 판에 기초한 표목을 우선해야 한다. 그러나 이 언어가 목록에서 일반적으로 사용되지 않는 경우에는 목록 전반에 걸쳐 사용되는 언어로 된 판과 참고문헌에서 표목을 취할 수 있다.

8. 단일저자

8.1 한 개인저자의 저작으로 확인된 저작의 각 판에 대한 기본저록은 그 저자명을 표목으로 하여 작성되어야 한다. 그 저자명이 표제면에 기재되어 있지 않은 경우, 각 판의 표제를 표목으로 한 부출저록이나 참조를 작성해야 한다.

8.2 저자 자신의 저작[105]의 각 판에서 가장 빈번하게 식별되는 이름을 통일표목으로 해야

---

102 표제아래 저록이 작성되는 저작을 처리하기 위해 설정된 이 원칙이 어떤 특정한 저자표목을 지닌 저록을 배열할 때에도 적용될 수 있다.

103 일단의 특수한 저작이 특정한 이름과 관련되어 있을 때

104 하나의 특수한 이형표제가 여러 판에 사용된 경우

105 7.1과 관련되어 있다.

하며, 대개는 각 판에 기재된 완전형식을 표목으로 하되, 다음의 경우는 예외로 한다.

8.21 전기서나 내력에 관한 저작, 문학작품에서 그 저자를 지시하거나 또는 저자 이외의 공적인 활동과 관련하여 다른 이름이나 다른 형식의 이름이 일반 관행으로 정해져 있는 경우에는 이 다른 이름이나 다른 형식의 이름을 통일표목으로 해야 한다.

8.22 같은 이름을 가진 다른 사람과 해당 저자를 구분하기 위해 필요하다면 추가로 식별특성을 보기(補記)해야 한다.

9. 단체아래 저록

9.1 저작에 대한 기본저록은 단체명을 표목으로 하여 작성되어야 한다(즉 단체명이나 종합명칭으로 알려진 기관이나 조직체, 집회).

9.1.1 비록 해당 단체의 임직원의 위치에 있는 사람이 서명한 것일지라도, 자료의 성격상 당연히 그 단체의 종합의지나 활동을 표현한 저작인 경우[106]

9.1.2 저작의 성격과 관련하여 표제나 표제면의 표현에서 그 단체가 그 저작의 내용에 종합적인 책임을 지고 있다는 것을 분명히 암시하는 경우[107]

9.2 기타의 경우, 저자의 역할에 비해 단체가 부차적인 기능을 수행한 경우(편자로서의 역할과 같이), 그 단체명아래 부출저록을 작성해야 한다.

9.3 의심스러운 경우, 단체명이나 표제, 개인저자명 중 하나로 기본저록을 작성할 수 있으며, 어느 경우이든 기본표목으로 선정되지 않은 것으로 부출저록을 작성한다.

9.4 단체명아래 저록이 작성된 저작에 대한 통일표목은 그 단체의 출판물에서 가장 빈번히 식별되는 단체명이어야 한다. 다음은 예외조항이다.

9.4.1 상이한 형식의 명칭을 해당 출판물에서 자주 발견할 수 있는 경우, 공식 명칭을 통일표목으로 해야 한다.

9.4.2 공식명칭이 여러 언어로 표현된 경우, 목록이용자들의 요구에 가장 적합한 언어로 된 공식명칭을 표목으로 해야 한다.

9.4.3 해당 단체가 일반적으로 관용명으로 알려져 있는 경우, 이 관용명(대개 목록에서 사용된 언어로)을 통일표목으로 해야 한다.

9.4.4 국가와 기타 영토 관할당국에 대해서는 목록이용자의 요구에 가장 적합한 언어로

---

106 공식보고서와 규정집, 성명서, 사업계획서, 종합적인 사업결과의 기록

107 일반적인 용어(Bulletin, Transactions 등)로 구성된 표제 전후에 단체명이 오는 연속간행물로서, 그 단체의 활동상을 어느 정도 포함하고 있는 연속간행물

서 현재 사용되고 있는 관계 관한당국의 명칭을 통일표목으로 해야 한다.

9.4.5 사소한 이름의 변경이라고 볼 수 없는 각기 다른 이름을 시대별로 사용한 단체의 경우, 각 저작에 대한 표목은 그 출판물의 발행 당시의 명칭이어야 하고, 이와 다른 명칭은 참조로 연결되어야 한다.[108]

9.4.6 해당 단체와 동일한 명칭을 가진 다른 단체를 구분하기 위하여 필요하다면 추가로 식별특성을 보기해야 한다.

9.5 헌법과 법률, 조약, 이와 유사한 특성을 지닌 특정한 일부 저작은 적절한 국명이나 기타 관할 당국명아래 저록이 작성되어야 하고, 그 자료의 성격을 나타내는 형식표제나 관용표제를 사용한다. 필요에 따라 원표제로 부출저록을 작성해야 한다.

9.6 상위단체에 종속된 단체의 저작은 그 종속 단체명아래 저록이 작성되어야 한다. 다음은 예외조항이다.

9.6.1 만약 그 명칭 자체가 종속관계나 종속기능을 암시하는 경우, 혹은 그 명칭 자체로는 종속단체를 식별하는데 불충분한 경우, 상위단체명을 표목으로 하고 종속단체명을 부표목으로 한다.

9.6.2 종속단체가 정부의 행정, 사법, 입법기관인 경우, 적절한 국명이나 기타 관할 당국명을 표목으로 하고 그 종속단체를 부표목으로 한다.

10. 복수의 저자

둘 이상의 저자[109]가 특정 저작에서 저작활동을 공유한 경우

10.1 특정 저자가 해당 문헌에서 대표저자로 기재되어 있고, 다른 저자가 종속적이거나 부수적인 역할을 한 경우, 그 저작의 기본저록은 그 대표저자명아래 작성되어야 한다.

10.2 대표저자가 기재되어 있지 않은 경우, 다음과 같이 기본저록을 작성해야 한다.

10.2.1 저자의 수가 2명이나 3명인 경우, 표제면의 제일 앞에 기재된 저자아래 기본저록을 작성하고, 나머지 저자명아래 부출저록을 작성한다.

10.2.2 저자의 수가 4인 이상인 경우, 그 저작의 표제아래 기본저록을 작성하고, 그 문헌에서 첫 번째 기재된 저자아래 부출저록을 작성하고, 필요에 따라 기타 저자 아래

108 연속된 이름을 통해 동일한 단체임이 분명한 경우, 다른 이름에서 최근 이름으로 참조를 만들어 최근 이름 아래 모든 저록을 모으는 것도 대안으로 인정할 수 있다.

109 이 절에서 '저자'라는 단어는 단체명아래 작성된 저록에서의 단체를 포함하는 의미로 사용되었다.

부출저록을 다수 작성할 수 있다.

10.3 합집[110]

여러 저자의 독립된 저작 혹은 저작의 편으로 구성된 합집에 대해서는 다음과 같이 기본저록을 작성해야 한다.

10.3.1 종합표제를 지니고 있는 경우 합집의 표제아래

10.3.2 종합표제가 없는 경우, 합집의 첫 번째 저작의 저자명이나 표제아래

10.3.3 이 두 가지 경우, 편찬자(여러 정보원으로부터 합집에 수록된 자료를 모으는 책임을 진 사람)를 알 수 있는 경우 편찬자명아래 부출저록을 작성해야 한다.

10.3.4 예외사항: 편찬자명이 표제면에 크게 인쇄되어 있는 경우, 이 편찬자명 아래 기본저록을 작성하고, 표제아래 부출저록을 작성한다.

10.4 연속된 분책(편)으로 구성된 저작에서 각 편의 저자가 다른 경우에는 첫 번째 분책의 저자아래 기본저록을 작성해야 한다.

11. 표제아래 저록이 작성되는 저작

11.1 표제아래(표제를 표목으로 한) 기본저록을 작성하는 저작은 다음과 같다.

11.1.1 저자를 확인할 수 없는 저작

11.1.2 4인 이상의 저자의 저작으로서 대표저자가 없는 경우(10.2.2 참조)

11.1.3 각기 다른 저자의 독립된 저작이나 저작의 편으로 구성된 합집으로서 종합표제로 발간된 경우

11.1.4 저자명이 아니라 주로 또는 흔히 표제로 알려진 저작(연속간행물과 정기간행물을 포함하여)

11.2 표제아래 부출저록이나 참조를 작성해야 한다.

---

110 이 회의의 대부분의 소수의견에서는 10.3의 내용을 수용하지 않고 다음과 같은 대안을 더 선호하였다. 즉, 10.3 상이한 저자의 독립된 저작이나 편으로 구성된 합집에 대한 기본저록은 다음과 같이 작성되어야 한다.

10.3.1 합집에 종합표제가 기재된 경우

10.3.1.1 편찬자명이 표제면에 기재된 경우 편찬자명아래(즉 합집에 포함된 자료를 다양한 정보원으로부터 모으는 책임을 진 사람)

10.3.1.2 편집자명이 표제면에 기재되지 않은 경우 합집의 표제아래

10.3.2 합집에 종합표제가 없는 경우, 합집의 첫 번째 저작의 저자명이나 표제아래

10.3.3 기본저록에서 표목으로 선정되지 않은 편찬자명아래(알 수 있는 경우), 그리고 편찬자명 아래 기본저록을 작성한 경우에는 표제아래 항상 부출저록을 작성해야 한다.

11.2.1 저자가 확인된 저작물에서 저자를 알 수 없는 판

11.2.2 저자명아래 기본 저록이 작성된 저작에서 그 표제도 저자와 똑 같이 중요한 식별 도구인 경우

11.2.3 단체명아래 기본저록이 작성된 저작으로서 해당 단체명이 포함되지 않았으면서 고유한 표제를 가진 경우

11.2.4 예외적으로 편찬자아래 기본저록이 작성된 합집

11.3 표제아래 저록이 작성되는 저작에서 통일표목(기본저록과 부출저록에 대해서는 6.1 참조)은 원표제 또는 그 저작의 여러 판에서 가장 빈번하게 사용된 표제여야 한다.[111] 다음은 예외로 한다.

11.3.1 해당 저작이 일반적으로 관용표제로 알려진 경우, 이 관용표제를 통일표목으로 해야 한다.

11.4 연속해서 간행되는 편이나 권이 각기 표제를 달리하는 저작에서, 그리고 대부분의 편이나 권이 서로 다른 표제를 가지고 있지 않은 경우, 첫 편의 표제를 통일표목으로 해야 한다.

11.5 연속간행물이 각기 다른 표제로 연속해서 간행되는 경우, 해당 표제를 지닌 일련의 호에 대해서는 그 표제아래 기본저록을 작성해야 하고, 적어도 직전선행표제와 직후의 후속표제를 알려주어야 한다. 이러한 일련의 호에 대해서는 선정된 하나의 표제아래 부출저록을 작성할 수 있다.[112] 그러나 표제의 변경이 아주 미미한 경우에는 가장 빈번히 사용된 형식을 모든 호에 대한 통일표목으로 채택할 수 있다.

11.6 다국가 간의 국제조약과 회의, 기타 특수한 범주의 출판물 가운데 고유성이 없는 표제로 발간된 출판물은 그 저작의 형식을 반영하기 위해 선정된 통일된 관용표목아래 저록을 작성할 수 있다.[113]

12. 개인명에서의 올림말

개인 저자명이 다수의 단어로 구성되어 있는 경우, 올림말의 선정은 가급적 그 저자가 국적을 가진 국가의 합의된 관습에 따라 결정되거나 혹은 이것이 불가능한 경우, 그 저자가 일반적으로 사용하고 있는 언어관습에 따라 결정된다.

---

111 7.1에 따른다.

112 목록상의 한 자리에 해당 연속간행물에 관한 정보를 전반적으로 수집하고자 하는 경우

113 이들 출판물을 목록상의 한 자리에 집중하고자 하는 경우

부록 2. 국제목록원칙규범[114]

서 언

일반적으로 파리원칙(Paris principles)으로 알려진 목록원칙규범은 1961년 국제목록원칙규범에서 승인되었다.[115] 목록작성을 위한 국제표준화의 기반으로 사용하기 위한 이 원칙의 목표는 분명히 달성되었다. 즉, 이 원칙이 선언된 이래 전 세계에서 제정된 대부분의 목록규칙은 엄밀하게 혹은 상당한 수준에서 이 파리원칙을 준용하였다.

40년 이상이 경과된 지금 국제적으로 일련의 공통된 목록원칙을 제정한다는 것은 비단 목록작성자에게 바람직한 일일 뿐만 아니라 전 세계적으로 온라인 열람용 목록을 이용하는 이용자들에게도 보다 바람직한 일이 되었다. 이제 21세기를 맞이하면서 IFLA는 도서관계의 온라인 목록과 그 이상의 것에도 적용할 수 있는 새로운 원칙규범을 마련하고자 노력해 왔다. 그 첫 번째 목표는 목록이용자의 편의를 도모하는 것이었다.

이 규범은 텍스트로 된 저작에서부터 모든 유형의 자료에 이르기까지, 또 표목의 선정과 형식에서부터 도서관 목록에 사용되는 서지데이터와 전거데이터의 모든 부문에 이르기까지 파리원칙의 적용범위를 대체하거나 확장한 것이다. 이 규범은 원칙과 목적(즉, 목록의 기능)뿐만 아니라 국제적으로 목록규칙에 포함되어야 할 규칙의 안내 및 탐색에 관한 안내와 검색능력을 포함한다. 이 규범에 포함된 내용은 다음과 같다.

1. 적용범위
2. 일반 원칙
3. 개체, 속성, 관계
4. 목록의 목적과 기능
5. 서지기술
6. 접근점
7. 탐색능력의 기반

114 국제목록원칙규범(The Statement of International Cataloguing Principles : ICP)은 IFLA 홈페이지에 각국의 언어로 번역되어 있다.
〈http://www.ifla.org.sg/VII/s13/icp/ICP-2009_ko.pdf〉 [cited 2012. 3. 10].

115 *International Conference on Cataloguing Principles*(Paris : 1961). Report. - London : International Federation of Library Associations, 1963, pp.91-96. Also available in: *Library Resources and Technical Services*, v.6(1962), pp.162-167 ; *Statements of principles adopted at the International Conference on Cataloguing Principles, Paris, October, 1961*. - Annotated edition / with commentary and examples by Eva Verona. - London : IFLA Committee on Cataloguing, 1971.

이 규범은 목록작성과 관련하여 전 세계의 위대한 전통에 기초하고 있으며,[116] IFLA에서 발간한 서지레코드의 기능 요건(FRBR)에서 제시한 개념모형에 기초하고 있다.[117]

이 규범이 서지데이터와 전거데이터의 국제적인 공유를 증대시키고, 국제적인 목록규칙을 개발하기 위하여 노력하는 목록규칙 작성자들에게 길잡이가 되기를 기대한다.

1. 적용범위

여기에 제시된 원칙들은 목록규칙을 제정할 때 지침으로 사용하기 위한 것이다. 이 원칙은 서지데이터와 전거데이터, 그리고 현행 도서관 목록에 적용된다. 또한 이 원칙은 도서관과 기록관, 박물관 그리고 기타 분야에서 작성한 서지파일과 다른 데이터파일에도 적용이 가능하다.

이 원칙은 모든 유형의 서지자원에 대한 기술목록법과 주제목록법에 일관되게 접근하는 것을 목표로 한다.

2. 일반원칙

여러 원칙은 목록규칙의 제정 방향을 제시한다.[118] 그 중에서도 최고의 원칙은 이용자의 편의를 고려하는 것이다.[119]

2.1 목록이용자의 편의

기술을 작성하고 접근에 필요한 이름의 제어형식을 결정할 때 이용자를 염두에 두어야 한다.

---

116 Cutter, Charles A.: *Rules for a Dictionary Catalog*, 4th ed., rewritten. Washington, D.C. : Government Printing Office, 1904, Ranganathan, S. R.: *Heading and Canons*. Madras [India]: S. Viswanathan, 1955, Lubetzky, Seymour. *Principles of Cataloging. Final Report. Phase Ⅰ: Descriptive Cataloging*. Los Angeles, Calif.: University of California, Institute of Library Research, 1969.

117 *Functional Requirements for Bibliographical Records: Final report*. Munich : Saur, 1998.

118 Svenonious가 다음의 문헌에서 언급한 Ranganathan과 Leibniz의 것을 토대로 한다. Svenonious, Elaine. *The Intellectual Foundation of Information Organization*. Cambridge, Mass.: MIT Press, 2000. p.68. 그리고 주제 시소러스에 관해서는 적용할 추가 원칙들이 있으나 이 규범에 아직 포함하지 않았다.

119 원칙 2.2에서 2.9까지는 특정 순서로 정해진 것은 아니다.

2.2 관용법

기술과 접근에 사용된 어휘는 대다수의 이용자가 사용하는 어휘와 일치해야 한다.

2.3 표현성

기술에서의 개체나 이름의 제어형식은 개체 자체를 묘사하는 방식에 기초해야 한다.

2.4 정확성

기술대상인 개체는 충실하게 표현되어야 한다.

2.5 충분성과 필요성

이용자의 과업을 충족시키는데 필요하고 아울러 개체를 고유하게 식별하는데 필수적인 기술의 데이터요소와 접근을 위한 이름의 제어형식 데이터 요소만을 포함해야 한다.

2.6 중요성

데이터 요소는 서지적으로 중요한 것이어야 한다.

2.7 경제성

목표를 달성하는데 또 다른 방법이 있을 때, 전반적으로 가장 경제적인 밥법을 우선으로 해야 한다(즉, 최소 비용이나 가장 단순한 접근방식을 고려해야 한다).

2.8 일관성과 표준화

기술과 접근점의 작성은 가능한 한 표준화되어야 한다. 이를 통해 보다 높은 일관성을 유지할 수 있고, 이것은 다시 서지데이터와 전거데이터의 공유 가능성을 증대시킨다.

2.9 통합성

모든 유형의 자료에 대한 기술 및 모든 유형의 개체에 대한 이름의 제어형식은 그것이 적합하다면 일련의 공통의 규칙에 기초해야 한다.

목록규칙의 각 조항은 정당성을 가져야 하며, 자의적으로 해석되어서는 안된다. 이러한 원칙은 특정 상황에서 상호 모순될 수 있고, 또 각기 정당성을 가지지만 현실적인 해결 방안을 취해야 하는 것임을 인정한다.

3. 개체, 속성, 관계

목록규칙은 서지세계의 개념모형[120]에서 정의한 개체(entity), 속성(attribute), 관계(relationship)를 고려해야 한다.

120 IFLA의 개념모형은 FRBR과 FRAD, FRSAD이다.

3.1 개체

서지데이터와 전거데이터는 다음의 개체를 표현할 수 있다.

저작; 표현형; 구현형; 개별자료[121]

개인; 가족; 단체[122]

개념; 대상; 사건; 장소[123]

3.2 속성

각각의 개체를 식별하는 속성은 데이터 요소로 사용되어야 한다.

3.3 관계

서지적으로 중요한 개체간의 관계는 식별되어야 한다.

4. 목록의 목적과 기능[124]

목록의 기능은 이용자가 다음의 사항을 효과적으로 효율적으로 수행할 수 있는 도구이어야 한다.

4.1 자원의 속성이나 관계를 이용하여 탐색한 결과로서 소장자료 중 서지자원을 탐색하는 일

4.1.1 단일자원을 탐색하는 일

4.1.2 다음과 같은 일련의 자원을 탐색하는 일

동일저작에 속하는 모든 자원

동일 표현형에 속하는 모든 자원

동일 구현형에 속하는 모든 자원

특정 개인이나 가족, 또는 단체와 관련된 모든 자원

특정 주제에 관한 모든 자원

일반적으로 탐색결과의 이차적인 제한을 위해 기타 기준(언어나 발행지, 발행년, 내용유형, 매체유형 등)으로 한정한 모든 자원

121 저작, 표현형, 구현형, 개별자료는 FRBR에서 설명한 제1그룹의 개체들이다.

122 개인, 가족, 단체는 FRBR과 FRAD에서 설명한 제2그룹의 개체들이다.

123 개념, 대상, 사건, 장소는 FRBR에서 설명한 제3그룹의 개체들이다. 모든 개체는 저작과 주제관계에 포함될 수 있다.

124 4.1~4.9는 다음의 자료에 기초한다. Svenonious, Elaine. *The Intellectual Foundation of Information Organization*. Cambridge, Mass.: MIT Press, 2000.

4.2 서지자원이나 에이전트를 식별하는 일

(즉, 기술된 개체가 찾고자 하는 개체에 해당하는지를 확인하거나 유사한 특징을 지닌 둘 이상의 개체를 구별하는 일)

4.3 이용자의 요구에 적합한 서지자원을 선정하는 일

(즉, 매체나 내용, 수록매체 등과 관련하여 이용자의 요구를 만족시키는 자원을 선정하는 일, 혹은 이용자의 요구에 적합하지 않은 자원을 제외하는 일)

4.4 기술된 개별자료를 입수, 혹은 접근을 확보하는 일

(즉, 구입이나 대출 등을 통해 이용자가 개별자료를 입수할 수 있도록 정보를 제공하는 일이나 원격자원에 온라인 연결을 통해 전자적으로 개별자료에 접근하는 일), 혹은 전거데이터나 서지데이터를 접근하거나 입수, 확보하는 일

4.5 목록의 안팎을 항해하는 일

(즉, 저작과 표현형, 구현형, 개별자료, 개인, 가족, 단체, 개념, 대상, 사건, 장소 간의 관계를 제시하는 것을 포함하여, 이에 대한 서지데이터와 전거데이터의 논리적 배열과 명확한 이동 방법을 제시하는 일)

5. 서지기술

5.1 일반적으로 각각의 구현형에 대해 독립된 서지기술을 작성해야 한다.

5.2 서지기술을 일반적으로 구현형의 대표적인 사례인 개별자료에 기초해야 하며, 구체화된 저작(여러 저작)과 표현형(여러 표현형)에 속한 속성을 포함할 수 있다.

5.3 기술 데이터는 국제적으로 합의된 표준에 근거해야 한다.[125]

5.4 기술부는 목록이나 서지파일의 목적에 따라 완전성의 수준을 달리할 수 있다. 완전성의 수준에 관한 정보는 이용자에게 전달되어야 한다.

6. 접근점

6.1 일반원칙

서지데이터와 전거데이터를 검색하기 위한 접근점은 다음의 일반원칙(2. 일반원칙 참조)에 따라 작성되어야 한다. 접근점은 제어될 수도, 그렇지 않을 수도 있다.

125 도서관분야에서는 국제적으로 합의된 국제표준서지기술(ISBD)을 표준으로 한다.

6.1.1 제어형 접근점(controlled access point)은 개인, 가족, 단체, 저작, 표현형, 구현형, 개별자료, 개념, 대상, 사건, 장소와 같은 개체에 대한 전거형식의 이름과 이형의 이름을 제공해야 한다. 제어형 접근점은 일단의 자원에 대한 서지레코드를 집중시키기 위해 필요한 일관성을 제공한다.

6.1.1.1 전거레코드는 접근점으로써 사용된 전거형식의 이름과 이형의 이름, 식별기호를 제어하기 위해 작성되어야 한다.

6.1.2 비제어형 접근점(uncontrolled access point)은 전거레코드에서 제어되지 않는 이름이나 표제(예, 구현형에 나타난 본표제), 부호, 키워드 등으로 서지데이터로 제공될 수 있다.

6.2 접근점의 선정

6.2.1 서지레드에 대한 접근에는 자원에서 구체화된 저작과 표현형에 대한 전거형 접근점(제어된), 구현형의 표제(대개는 제어되지 않은) 및 저작의 저작에 대한 전거형 접근점을 포함한다.

6.2.1.1 저작자로서의 단체

비록 그 단체의 임직원의 직위로 개인이 서명한 경우라 할지라도, 성격상 필연적으로 해당 단체의 종합적인 의지나 활동을 표현한 저작, 혹은 그 저작의 성격과 관련하여 표제의 용어가 그 단체가 그 저작의 내용에 종합적인 책임을 지고 있다는 것을 분명히 암시하는 저작에 한하여 단체를 저자로서 간주한다.

6.2.2 부차적으로는 기술대상인 서지자원을 탐색하고, 식별하는데 중요하다고 생각되는 개인이나 가족, 단체, 주제에 대한 전거형 접근점을 서지레코드에서 접근할 수 있어야 한다.

6.2.3 전거레코드의 접근점으로서 개체에 대한 전거형식의 이름뿐만 아니라 이형의 이름을 포함한다.

6.2.4 부차적인 접근은 관련된 개체의 이름을 통해서 이루어질 수 있다.

6.3 전거형 접근점(authorized access point)

개체의 이름에 대한 전거형 접근점은 개체명과 이형의 이름에 대한 식별기호와 함께 전거레코드에 수록되어야 한다. 전거형 접근점은 기본표현형식으로서 요구될 수 있다.

6.3.1 전거형 접근점은 표준에 따라 작성되어야 한다.

6.3.2 전거형 접근점의 언어와 문자

6.3.2.1 이름이 서로 다른 여러 가지 언어나 문자로 표현된 경우, 이름에 대한 전거

형 접근점은 원문의 언어와 문자로 표현된 저작의 구현형에 나타나 있는 정보를 우선으로 해야 한다.

6.3.2.1.1 그러나 이 원문의 언어나 문자가 해당 목록에서 일반적으로 사용되지 않는 경우, 전거형 접근점은 목록 이용자에게 가장 적합한 언어나 문자 중 구현형이나 참고정보원에 기재된 형식을 근거로 하여 정할 수 있다.

6.3.2.1.2 제어형 접근점, 혹은 전거형식의 이름이나 이형의 이름 중 하나를 통하여 가능하면 원문의 언어나 문자로 접근할 수 있어야 한다.

6.3.2.2 번자가 필요한 경우, 국제적인 문자변환 표준을 따라야 하다.

6.3.3 전거형 접근점의 선정

개체에 대한 전거형 접근점으로서 채택된 이름은 그 개체를 일관된 방식으로 식별할 수 있는 이름을 근거로 해야 한다. 이 이름은 구현형에서 가장 자주 나타나는 이름이거나 참고정보원에서 기재된 것으로 목록 이용자에게 적합하여 널리 인정되는 이름(예, 관용명)이어야 한다.

6.3.3.1 개인, 가족, 단체에 대한 전거형 접근점의 선정

개인, 가족, 단체가 이형의 이름을 사용하는 경우에는 각각의 신원을 구별하기 위해 전거형 접근점을 근거로 하나의 이름을 선정해야 한다.

6.3.3.1.1 이형의 이름이 구현형이나 참고정보원에 나타나는 경우와 이러한 이형이 동일한 이름의 다른 표현(예, 완전형과 축약형)을 근거로 하지 않는 경우에는 다음과 같은 우선순위에 따른다.

6.3.3.1.1.1 일반적으로 알려진(혹은 관용적인) 이름이 나타나 있는 경우에는 공식적인 이름보다는 일반적으로 알려진 이름을 채택한다. 또는

6.3.3.1.1.2 일반적으로 알려진 이름이나 관용명이 기재되지 않은 경우에는 공식적인 이름을 채택한다.

6.3.3.1.2 하나의 이름을 약간 변경한 이름이라고 볼 수 없는 상이한 이름을 일정기간 계속 사용한 단체인 경우, 이름의 중대한 변경이 확인된 각 개체는 새로운 개체로 간주되어야 한다. 각각의 개체에 대한 해당 전거데이터는 보통 관련된 단체명의 변경 이전의 전거형식과 변경 이후의 전거형식을 연결해야 한다.

6.3.3.2 저작과 표현형에 대한 전거형 접근점의 선정

한 저작이 복수의 표제를 지닌 경우, 그 저작/표현형에 대한 전거형 접근점

의 기반으로 하나의 표제를 채택해야 한다.

6.3.4 전거형 접근점에 대한 이름의 형식

6.3.4.1 개인명의 형식

여러 단어로 구성된 개인명인 경우, 전거형 접근점에 대한 첫 단어의 선정은 구현형이나 참고정보원에 기재된 것으로 그 개인과 주로 관련된 국가나 언어의 관행에 따라야 한다.

6.3.4.2 가족명의 형식

가족명이 여러 단어로 구성된 경우, 전거형 접근점의 첫 단어의 선정은 구현형이나 참고정보원에 기재된 것으로 그 가족과 주로 관련된 국가나 언어의 관행에 따라야 한다.

6.3.4.3 단체명의 형식

단체에 대한 전거형 접근점에 대하여, 이름은 구현형이나 참고정보원에 기재된 순서대로 한다. 다음의 경우는 예외로 한다.

6.3.4.3.1 단체가 관할 구역이나 지역 당국에 소속된 경우, 전거형 접근점은 목록 이용자의 요구에 가장 적합한 언어와 문자와 관련하여 현재 사용되고 있는 해당 관할구 명칭의 형식을 포함해야 한다.

6.3.4.3.2 단체명이 종속관계이거나 종속적인 기능을 의미하는 경우, 또는 종속단체를 식별하기에 불충분한 경우, 전거형 접근점은 상위단체의 이름으로 시작되어야 한다.

6.3.4.4 저작/표현형에 대한 이름의 형식

저작이나 표현형, 구현형, 개별자료의 전거형 접근점은 독립된 표제일 수 있고, 저작의 저작자(자작자들)에 대한 전거형 접근점과 결합된 표제일 수 있다.

6.3.4.5 이름 간의 구별

필요하다면, 동일한 이름을 지닌 다른 개체와 구별하기 위해, 더 상세한 식별특성을 개체에 대한 전거형 접근점의 일부로 포함해야 한다. 바람직하다면, 동일한 식별특성을 이형의 이름의 일부로 포함할 수 있다.

6.4 이형의 이름

전거형 접근점으로 어떠한 이름을 선정하더라도 제어된 접근을 위해 이형의 이름을 포함해야 한다.

7. 탐색능력의 기반

7.1 탐색

접근점은 서지레코드와 전거레코드의 요소로서, 1) 서지레코드와 전거레코드, 그리고 이들 레코드와 관련된 서지자원의 확실한 검색을 제공하고, 2) 탐색결과를 한정한다.

7.1.1 탐색장치

특정 도서관의 목록이나 서지파일에서 이용할 수 있는 장치의 수단을 통하여 이름과 표제, 주제를 탐색하고 검색할 수 있어야 한다(완전형식의 이름이나 키워드, 어구, 절단검색, 식별기호 등에 의해).

7.1.2 필수 접근점(essential access point)

필수 접근점은 서지레코드와 전거레코드에서 각 개체의 주된 속성과 관계에 기초한 접근점이다.

7.1.2.1 서지레코드에서는 다음의 사항을 필수 접근점으로 한다.

- 저작자 이름에 대한 전거형 접근점 혹은 둘 이상의 저작자 이름이 기재된 경우에는 첫 번째 저작자 이름의 전거형 접근점
- 저작/표현형의 전거형 접근점(저작자에 대한 전거형 접근점을 포함할 수 있다)
- 구현형의 본표제 혹은 보충표제
- 구현형의 출판년 또는 발행년(복수연도인 경우도 있음)
- 저작에 대한 제어형 주제어 및 혹은 분류기호
- 기술된 개체의 표준번호, 식별기호, 등록표제

7.1.2.2 전거레코드에서는 필수 접근점으로 다음의 사항을 포함한다.

- 개체의 전거형 이름이나 표제
- 개체의 식별기호
- 개체의 이형의 이름 혹은 개체의 표제

7.1.3 부차적 접근점(additional access point)

서지기술이나 전거레코드의 기타 사항에 속하는 속성은 선택적인 접근점으로 혹은 탐색에서 여과장치나 탐색의 제한도구로 사용될 수 있다.

7.1.3.1 서지레코드에서 그러한 속성은 다음의 사항이 포함되지만 이들로 한정되는 것은 아니다.

- 첫 번째 이외의 저작자명

· 저작자 이외의 역할을 수행한 개인명이나 가족명, 단체명(예, 연주자)

· 이형표제(예, 대등표제, 권두표제 등)

· 총서의 전거형 접근점

· 서지레코드 식별기호

· 구현형에 포함되어 있는 표현형의 언어

· 발행지

· 내용유형

· 수록매체유형

7.1.3.2 전거레코드에 속하는 부차적 속성은 다음의 사항이 포함되지만 이들로 한정되는 것은 아니다.

· 관련된 개체의 이름이나 표제

· 전거레코드 식별기호

7.2 검색

동일한 접근점을 지닌 여러 레코드를 검색하는 경우, 레코드는 되도록 접근점의 언어와 문자에 관련된 표준에 따라 목록 이용자에게 편리한 논리적인 순서로 제시되어야 한다.

국문 색인

ㄱ

ㄴ

ㄷ

ㄹ

ㅁ

ㅂ

ㅅ

ㅇ

ㅊ

ㅋ

ㅌ

영문 색인

| 저자소개 |

김정현 金正賢

- 경북대학교 도서관학과 (문학사)
- 경북대학교 대학원 도서관·정보학과 (도서관학석사)
- 중앙대학교 대학원 문헌정보학과 (문학박사)
- 한국도서관협회 목록위원회 위원장
- 한국도서관·정보학회 부회장 및 편집위원장
- 전남대학교 문헌정보학과 교수 (현)

[주요저서]

뉴미디어와 도서관 (공저, 1992), 도서관정보관리편람 (공편, 1994), 자동화목록법 (공저, 1998), 자료조직연습론 (저서, 1999), 도서관자료목록법 (공저, 2000), 문헌분류의 실제 (저서, 2001, 2009), 목록조직의 실제 (저서, 2001, 2006, 2011), 전자자료조직론 (저서, 2002), 자료목록법 (공저, 2003, 2005, 2007, 2009, 2012), 자료조직론 (공저, 2005), 국제표준서지기술법: 계속자료용 (공역, 2006), 재외한인 정보자원 생성과 변천 (공저, 2008), 대학원생을 위한 논문작성법 (공저, 2008), 국제연속간행물번호편람: 목록편 (역서, 2009), 비도서자료의 이해 (공저, 2010), FRBR의 이해 (공역, 2010) 외 학술논문 다수

문지현 文至賢

- 전남대학교 문헌정보학과 (문학사)
- 전남대학교 대학원 문헌정보학과 (문헌정보학석사)
- 전남대학교 대학원 문헌정보학과 (문헌정보학박사)
- 한국도서관협회 분류위원회 위원 (현)
- 전남대학교 문헌정보학과 강사 (현)

[주요논문 및 저서]

국제표준서지기술법: 계속자료용 (공역, 2006), 비도서자료의 이해 (공저, 2010), 한국십진분류법 농학분야의 분류체계에 관한 연구 (2000), 농학분야 인터넷자원의 분류체계에 관한 연구 (2002), Michael Gorman의 도서관 활동과 사상에 관한 연구 (2005), 국내 어린이도서관의 분류표 현황분석에 관한 연구(2007), 어린이도서 분류법 개발 연구 (2008), LCSH 한국관련 주제명표목의 변천과정에 관한 연구 (2009), DDC 간략판의 변천과정에 관한 연구 (2009), Korean Books and FRBR: An Investigation (2010), 「国立国会図書館件名標目表」의 한·중 관련 주제명표목에 대한 비교분석 (2011), 「中国分类主题词表」의 한·일 관련 주제명에 대한 비교 분석 (2011)

김효숙 金孝淑

- 목포대학교 의류학과 (이학사)
- 전남대학교 대학원 문헌정보학과 (문헌정보학석사)
- 전남대학교 대학원 문헌정보학과 (박사과정수료)
- 전남대학교 도서관 사서 (현)

[주요논문 및 저서]

국제표준서지기술법: 계속자료용 (공역, 2006), 비도서자료의 이해 (공저, 2010), 한국십진분류법 가정학류의 분류표 개선에 관한 연구 (2004)

RDA의 이해
- AACR2에서 RDA로 -

인쇄 | 2013년 2월 20일
발행 | 2013년 2월 25일

저자 | 김정현 · 문지현 · 김효숙
발행 | 지병문
발행처 | 전남대학교출판부

등록 | 1981. 5. 21. 제53호
주소 | 500-757 광주광역시 북구 용봉로 77
전화 | (062) 530-0571~2, **마케팅부** 530-0573
팩스 | (062) 530-0579
홈페이지 | http://www.cnup.co.kr

값 18,000원

ISBN 978-89-6849-005-7 (93010)